Die schönsten Pferdegeschichten der Welt

Die schönsten Pferdegeschichten der Welt

*Herausgegeben
von Claudia Ehmann*

*Illustrationen
von Eckhard Westermeier*

Delphin Verlag

Schutzumschlag: Design-Team, München
Umschlagbild: Corot, Reiter im Wald
Gesamtherstellung: Welsermühl, Wels
Printed in Austria
ISBN 3.7735.5111.8

Inhalt

Zur gefälligen Einstimmung

Pferdeschicksal – Menschenschicksal

Pferd und Reiter

Die wilden, die freien Pferde

Phantastische Geschichten und Märchen

Zur gefälligen Einstimmung

Robert Musil

Kann ein Pferd lachen?

Ein angesehener Psychologe hat den Satz niedergeschrieben: ». . . denn das Tier kennt kein Lachen und Lächeln.«

Das ermutigt mich zu erzählen, daß ich einmal ein Pferd lachen gesehn habe. Ich dachte bisher, das könne man alle Tage behaupten, und getraute mich nicht, Aufhebens davon zu machen; aber wenn es etwas so Kostbares ist, will ich gern ausführlich sein.

Also es war vor dem Kriege; es könnte ja sein, daß seither die Pferde nicht mehr lachen. Das Pferd war an einen Schilfzaun angebunden, der einen kleinen Hof umgrenzte. Die Sonne schien. Der Himmel war dunkelblau. Die Luft äußerst milde, obwohl man Februar schrieb. Und im Gegensatz zu diesem göttlichen Komfort fehlte aller menschliche: Mit einem Wort, ich befand mich bei Rom, auf einem Landweg vor den Toren, an der Grenze zwischen den bescheidenen Ausläufern der Stadt und der beginnenden bäuerlichen Campagna.

Auch das Pferd war ein Campagnapferd: jung und zierlich, von dem wohlgeformten kleinen Schlag, der nichts Ponyartiges hat, auf dem ein großer Reiter aber aussieht wie ein Erwachsener auf einem Puppenstühlchen. Es wurde von einem lustigen Burschen gestriegelt, die Sonne schien ihm aufs Fell, und in den Achseln war es kitzlig. Nun hat ein Pferd sozusagen vier Achseln und ist darum vielleicht doppelt so kitzlig wie der Mensch. Außerdem schien aber dieses Pferd auch noch je eine besonders empfindliche Stelle an der Innenseite der Schenkel zu haben, und jedesmal wenn es dort berührt wurde, konnte es sich vor Lachen nicht halten.

Schon wenn sich der Striegel von weitem näherte, legte es die Ohren zurück, wurde unruhig, wollte mit dem Maul hinfahren und entblößte, wenn es das nicht konnte, die Zähne. Der Striegel aber marschierte lustig weiter, Strich vor Strich, und die Lippen gaben nun immer mehr das Gebiß frei, indes sich die Ohren immer weiter, zurücklegten und das Pferdchen von einem Bein auf das andere trat.

Und plötzlich begann es zu lachen. Es fletschte die Zähne. Es suchte mit der Schnauze den Burschen, der es kitzelte, so heftig es konnte, wegzustoßen; in der gleichen Weise, wie das eine Bauernmagd mit der Hand tut, und ohne daß es nach ihm gebissen hätte. Es trachtete auch, sich zu drehen und ihn mit dem ganzen Körper fortzudrängen. Aber der Knecht blieb im Vorteil. Und wenn er mit dem Striegel in der Nähe der Achsel anlangte, hielt es das Pferd in keiner Weise mehr aus; es wand sich auf den Beinen, schauderte am ganzen Leib und zog das Fleisch von den Zähnen zurück, so weit es nur konnte. Es benahm sich dann sekundenlang genau so wie ein Mensch, den man dermaßen kitzelt, daß er nicht mehr lachen kann.

Der gelehrte Zweifler wird einwenden, daß es dann eben doch nicht hat lachen können. Darauf ist ihm zu antworten, daß dies insofern richtig sei, als der von beiden, der jedesmal vor Lachen wieherte, der Stallbursche war. Das scheint in der Tat nur ein menschliches Vermögen zu sein, vor Lachen wiehern zu können. Aber trotzdem spielten die beiden sichtlich in Übereinstimmung, und sobald sie wieder von vorn begannen, konnte gar kein Zweifel daran bestehen, daß auch das Pferd lachen wollte und schon auf das wartete, was kommen werde.

So schränkt sich der gelehrte Zweifel an der Fähigkeit des Tieres darauf ein, daß es nicht über Witze zu lachen vermag.

Das aber ist dem Pferd nicht immer zu verübeln.

Pferdeschicksal – Menschenschicksal

Michail Scholochow

Trofim und das Fohlen

Dicht neben einem von smaragdgrün schillernden Schmeißfliegen umschwärmten Düngerhaufen kam am hellichten Tage das kleine Fohlen zur Welt und sah als erstes unmittelbar über sich die leichten, bläulichen, allmählich sich auflösenden Wölkchen eines geplatzten Schrapnells. Der heulende Ton des Geschosses zwang den noch feuchten Körper des Neugeborenen zwischen die Beine der Mutter. Entsetzen war das erste Gefühl, das den kleinen Hengst auf der Erde erwartete. Das unheimliche Rauschen des Kartätschenhagels veranlaßte die Mutter des Fohlens – eine Fuchsstute, deren Besitzer der Soldat Trofim war –, sich schwerfällig zu erheben und sich mit einem kurzen ängstlichen Wiehern dem Düngerhaufen zu nähern, an den sie sich, instinktiv Schutz suchend, eng anschmiegte.

Im Vorgarten des Bauernhauses umschwärmten Bienen summend die aufgeblühten Mohnblumen; aus dem Haus selbst hörte man das wimmernde Stöhnen eines verwundeten MG-Schützen. Auf der Wiese hinter dem eroberten Kosakendorf verklangen die letzten Schüsse . . .

Die Fuchsstute beleckte liebevoll ihr Erstgeborenes, und dieses, sich an dem prallen Euter der Mutter festsaugend, wurde sich zum erstenmal seines Daseins bewußt und spürte die beglückende mütterliche Zärtlichkeit.

Als die letzten Einschläge der Granaten nur noch aus der Ferne zu hören waren, trat Trofim, die Tür hinter sich zuschlagend, aus dem Bauernhaus und näherte sich dem Pferdestall. An dem Düngerhaufen vorbeigehend, sah er seine Fuchsstute – und an ihrem Euter saugte, vor Anstrengung zitternd, ein neugeborenes Fohlen. Mit einem unsicheren Blick auf die Stute begann Trofim in seinen Taschen herumzukramen, zog endlich mit einer unbeholfenen

Bewegung seinen Tabakbeutel hervor und murmelte: »So ... Hast also tatsächlich gefohlt ... Die passendste Zeit hast du dir dazu ausgewählt, das kann man wohl sagen ...« Die Stute war zum Skelett abgemagert, aber in ihren Augen leuchtete stolzes Mutterglück, und ihre atlasglänzende Oberlippe krümmte sich wie zu einem Lächeln.

Trofim führte sie in den Stall, band ihr den Haferbeutel um den Hals, lehnte sich an das Scheunentor und sagte, mit einem scheelen Blick auf das Fohlen: »Ein liederliches Frauenzimmer bist du, daß du es weißt! Wenn du wenigstens mit Ignats' preisgekröntem Hengst angebandelt hättest, wäre alles weniger arg, aber so ... Was soll ich nun mit dem Pferdchen machen, hm?«

Das Fohlen stand auf seinen dünnen, struppigen Beinen daneben und schaute Trofim unschuldig an. »Soll ich es nicht lieber gleich erschießen?« überlegte dieser.

In der Bauernstube, in der der Schwadronschef sich einquartiert hatte, entspann sich an diesem Abend das folgende Gespräch:

»Es fiel mir schon lange auf«, sagte Trofim, »daß sich meine Stute schonte – weder traben noch galoppieren wollte sie. Ich beobachtete sie daraufhin und merkte zu meinem Schrecken, daß sie trächtig war ... Das Fohlen ist ein hübscher brauner Hengst ...«

»Das ist mir gleich«, fiel ihm der Schwadronschef ins Wort, »ob er braun ist oder ein Rappe – er muß erschossen werden! Mit einem Fohlen am Hals werden wir ja mehr einem Zigeunerhaufen als einer militärischen Einheit gleich sein. Und wenn zufällig der Oberbefehlshaber auftauchen sollte – was dann? Er wird das Regiment antreten lassen, und das Fohlen wird verspielt mit hocherhobenem Schweif vor der Front herumtanzen. Das geht nicht. Das wäre für das ganze Regiment eine Blamage!«

Am nächsten Morgen verließ Trofim, den Revolver in der Hand, das Bauernhaus. Der Schwadronschef, der auf der Schwelle saß, fragte ihn: »Gehst du das Fohlen erschießen?«

Trofim machte nur schweigend eine Handbewegung und

setzte seinen Weg zum Pferdestall fort. Der Schwadronschef wartete, den Kopf in die Hände gestützt, auf den Schuß. Es vergingen etwa drei Minuten – es fiel kein Schuß. Trofim kam aus dem Stall heraus.

»Nun, was ist?« fragte der Schwadronschef.

»Anscheinend ist der Schlagbolzen nicht in Ordnung«, antwortete Trofim verlegen, »er schlägt den Zündstift nicht durch.«

»Zeig einmal den Revolver her.« Trofim reichte ihn zögernd seinem Vorgesetzten. Dieser zog den Verschluß heraus und sagte, mit den Augen zwinkernd: »Da stimmt etwas nicht. Es ist ja keine Patrone drin.«

»Das gibt es ja nicht!« schrie Trofim aufgeregt.

»Und ich sage dir, es ist keine Patrone drin.«

»Ich habe die leere Hülse hinter dem Stall weggeworfen . . .«

»Hör zu, Trofim«, sagte der Schwadronschef nachdenklich, »hol der Teufel das Fohlen . . . Soll es bei der Mutter bleiben . . . Wenn einmal der Bürgerkrieg zu Ende ist, wird man Pferde noch und noch zu den Feldarbeiten brauchen . . . Und auch der Armeebefehlshaber wird sich damit abfinden müssen: Das Fohlen braucht unbedingt die Muttermilch. Auch er selbst hat als Säugling an der Mutterbrust gelegen . . . Und wir beide auch. So ist es nun einmal im Leben.«

Etwa einen Monat später stand Trofims Schwadron bei der Stanitza Ustj-Chopjorskaja im Gefecht mit einer Hundertschaft zarentreuer Kosaken. Es begann schon zu dämmern, als der Befehl zur Attacke kam. Auf halbem Wege merkte Trofim, den Säbel schwingend, daß er hoffnungslos hinter seinen Kameraden zurückblieb. Weder die Nagaika, noch die Trense, die ihre Lippen blutig riß, konnte seine Stute dazu bringen, in Galopp zu fallen: Mit hocherhobenem Kopf wieherte sie heiser und tänzelte so lange auf einem Fleck, bis das Fohlen mit wehendem Schweif sie erreicht hatte. Trofim sprang aus dem Sattel, steckte den Säbel in die Scheide und riß mit wutverzerrtem Gesicht seinen Karabiner von der Schulter. Die rechte Flanke seiner

Schwadron stand bereits im Kampf mit den Kosaken. Unter den Hufen der Pferde dröhnte dumpf die Erde. Eine Sekunde lang blickte Trofim den Kämpfenden nach und zielte dann auf den wie gemeißelten schönen Kopf des jungen Hengstes. Ob seine Hand dabei zitterte oder etwas anderes die Ursache des Fehlschusses war, jedenfalls machte das Fohlen nach der Detonation einen lächerlichen Luftsprung mit seinen dünnen Beinen, wieherte mit kläglicher Stimme und trollte sich zur Mutter. Laut fluchend schwang sich Trofim in den Sattel und jagte zu der Stelle, wo die bärtigen altgläubigen Kosaken den Schwadronschef und drei seiner Begleiter arg bedrängten.

In dieser Nacht biwakierte die Schwadron in der Steppe unweit einer nicht sehr tiefen Schlucht. Das Rauchen war verboten – die Pferde wurden nicht abgesattelt. Eine reitende Patrouille, die von der Rekognoszierung des Donufers zurückgekehrt war, berichtete, daß sich an der Notbrücke, die den Fluß überquerte, starke Kräfte des Gegners konzentrierten.

Vor Sonnenaufgang kam der Schwadronschef an Trofim heran, setzte sich neben ihn und sagte, sinnend auf die verblassenden Sterne blickend: »Das Fohlen mußt du unbedingt erschießen, Trofim, es stört und beunruhigt unsere Leute während des Kampfes, weil es zwischen den anderen Pferden dauernd herumhetzt. Ich weiß es von mir selbst: Wenn ich den kleinen Kerl anschaue, zittert meine Rechte, und ich kann mit dem Säbel nicht richtig zuhauen . . . Das kommt daher, weil der Anblick des jungen Tieres zu sehr an Friedenszeiten erinnert – und wozu das im Krieg!«

Gegenüber dem uralten Kloster ist die Strömung des Don reißend und gefährlich. An einer Stelle jedoch, dort wo der Fluß eine Krümmung macht, fließt er ruhiger; eben diese Stelle hatten die Kosaken besetzt und von dort her das Feuer eröffnet. Um ihren Angriffen zu entgehen, blieb dem Schwadronschef nichts anderes übrig, als zu versuchen, mit seinen Leuten das gegenüberliegende Ufer schwimmend zu erreichen. Den Befehl dazu hatte er bereits erteilt.

Zu Mittag stürzte der Schwadronschef sich als erster mit seinem Falben in die Fluten; ihm folgten lärmend 108 halbnackte Reiter mit ihren Pferden. Drei mit den Sätteln beladene Boote wurden ins Wasser gelassen. Eines davon steuerte Trofim, nachdem er seine Stute dem Rottenführer Netschepurenko übergeben hatte.

Trofim warf die Ruder in das Boot, erhob sich und hielt unter den vielen schwimmenden Pferden besorgt Ausschau nach dem Kopf seiner Fuchsstute. Endlich erblickte er sie, und neben ihr auch das Fohlen, das plötzlich jammernd zu wiehern begann. Dieses Wiehern war so hell und durchdringend, daß es ihm ans Herz griff . . . Und etwas Sonderbares geschah mit diesem harten Mann: Während der verflossenen fünf Kriegsjahre hatte er dem Tod des öfteren ins Auge geschaut – es hatte ihm nicht viel ausgemacht. Jetzt aber erbleichte er, packte das Ruder und führte das Boot gegen die Strömung dorthin, wo der Strudel das bereits entkräftete Fohlen herumwirbelte. Netschepurenko machte verzweifelte Anstrengungen, Trofims Stute neben seinem Pferd an das andere Ufer zu bringen. Es gelang ihm aber nicht – sie schwamm mit heiserem Wiehern zu ihrem Fohlen. Dieses wurde von der Strömung weit abgetrieben.

Trofim ruderte aus Leibeskräften, aber dennoch kam das Boot nur zentimeterweise vorwärts . . .

An dem eben verlassenen rechten Donufer erschienen mehrere Kosaken und schossen auf Trofim. Ein Offizier schrie seinen Leuten etwas zu und fuchtelte mit der Pistole herum . . .

Das Wiehern des Fohlens wurde immer seltener, seine Schreie waren bereits matt und kraftlos. Man hörte den Offizier brüllen: »Sofort das Feuer einstellen!«

Fünf Minuten später war Trofim bei dem Fohlen. Mit der linken Hand den kalten Leib des Tieres umfassend, war er mit übermenschlicher Anstrengung bestrebt, samt dem Fohlen das rettende Ufer zu erreichen . . . Dabei drang ihm so viel Wasser in Nase und Mund, daß er es, mit Galle

vermischt, wieder erbrach. Keiner der Kosaken schoß ihm nach.

Noch eine letzte, verzweifelte Bemühung – und Trofims Füße berührten festen Boden.

Vollkommen erschöpft, zog er den nassen Körper des Fohlens an Land. Im Wald hörte er die Stimmen seiner bereits gelandeten Kameraden; irgendwo in der Ferne dröhnten dumpf die Kanonen.

Trofims Fuchsstute stand da, schüttelte das Wasser ab und beleckte zärtlich ihr Kind.

Taumelnd vor Schwäche erhob sich Trofim, ging schwerfällig einige Schritte durch den Sand und fiel plötzlich zu Boden. Es war ihm, als ob ein glühender Stich seine Brust durchbohrt hätte . . .

Schon niederkniend, hörte er das Echo des Schusses, der ihn von hinten getroffen hatte . . . Auf dem rechten Donufer stand ein bärtiger Kosak und repetierte kaltblütig den Verschluß seines Karabiners . . .

Im Sand, zwei Schritte von dem Fohlen entfernt, wand sich Trofim in Todeszuckungen, und seine vom Wasser kalten und blauen Lippen, die schon fünf Jahre lang kein Kind mehr geküßt hatten, umspielte ein glückliches Lächeln.

Scholem Alejchem

Methusalem – Lebensgeschichte eines jüdischen Pferdes

I

Methusalem, so nannten ihn die Leute, denn er war an Jahren vorgerückt und hatte keinen einzigen Zahn mehr im Maul; nur zwei oder drei Wurzeln waren ihm geblieben, auf denen er, wenn er überhaupt etwas zu fressen bekam, nur mit Mühe kaute. Auch sonst war er schon recht mitgenommen: eigentlich ein armer Klepper mit wundem Rükken, steifen Beinen, spitz herausragenden Schulterblättern und eingefallenen Seiten. Die Unterlippe hing ihm tief herab, und daß sein Fell hier und da schon kahl und sein Schwanz ganz dünn geworden war, rundete das Bild gar traurig ab.

Beim Kasryl diente Methusalem auf seine alten Jahre und zog mit schleppendem Gang dessen Fuhrwerk mit dem Wasserfaß durch die Straßen der Stadt. Wohl war er brav und arbeitsam, aber wie müde war der Arme oft von all der Plackerei. Waren alle Einwohner vom Städtl mit Wasser versorgt, dann tat es ihm unendlich wohl, wenn Kasryl ihn abschirrte, ihm Stroh vorschüttete und er die Schütte leeren durfte, die ihm Kasryls Frau mit einer Miene vorsetzte, mit der man einem lieben Gast eine Schüssel Fische oder eine Mehlspeise reicht.

Diese Schütte erwartete Methusalem jeden Abend mit wahrer Sehnsucht. Immer fand er darin einen Brocken aufgeweichtes Brot, etwas Grütze und andere Speisereste, die er auch ohne Zähne kleinbekam. Was Kasryls Frau in der Küche nur irgend entbehren konnte, hob sie auf für Methusalem, damit der Gute doch auch etwas Leckeres kriegte, und wenn der arme Gaul alles bedächtig geschluckt hatte, wandte er seinen großen Kopf zu seiner

Herrin, als wollte er sagen: »Habt Dank . . .« Dabei ließ er seine Unterlippe noch tiefer hängen, schloß dann sein einziges sehendes Auge und fiel in melancholisches Sinnen.

II

Glaubt indessen nicht, meine Herrschaften, daß Methusalem immer so war, wie ich ihn soeben geschildert. In seiner Jugendzeit, da er als Füllen neben seiner Mutter hertrabte, meinte jeder, es würde ein recht hübsches Pferd aus ihm werden. Ja, man prophezeite ihm, daß er, vor eine Equipage gespannt, mit den schönsten und schnellsten Pferden um die Wette laufen würde.

Als er schließlich zu einem schmucken Pferd herangewachsen war, wurde er eines Tages auf den Markt geführt. An die fünfzigmal hieß es hin- und hertraben. Man öffnete ihm das Maul, besah sich sein Gebiß, hob seine Beine und untersuchte seine Hufe, bis ihn am Ende ein dicker Bauer kaufte.

Aber ach! Mit diesem Augenblick begann für den armen Gaul das Leben eines Sklaven; ein Besitzer löste rasch den andern ab, unaufhörlich ging es von Ort zu Ort, das Ziehen großer, schwerer Wagen mit Lasten bis zu dreißig Pud, das Waten in Schmutz und Schlamm riß nicht ab und noch weniger der Hagel von Peitschenhieben, Stockschlägen und Fußtritten, die man ihm in die Seiten, auf Kopf, Hals, Beine und alle übrigen Körperteile versetzte.

III

Eine Zeitlang hatte er einen Postwagen zu ziehen. »Klinglingling! Klinglingling!« läutete dabei wie besessen ein Glöckchen zwischen seinen Ohren. In einem fort hieß es dieselbe Strecke laufen. Hin und zurück, hin und zurück, wie ein Verrückter . . . Als er kaum mehr zu Luft kam, verschacherte man ihn an einen Bauern, der ihn die schwerste Arbeit tun ließ. Methusalem mußte die Egge, den Pflug und in der heißen Erntezeit von früh bis spät Leiterwagen mit hochaufgetürmtem Getreide ziehen, dann

Wagen voll Wasserfässer, auch Mistführen – mit einem Wort, es war ein wahrer Frondienst, und dem armen Gaul wurde ganz elend davon. Da ging es wieder einmal zum Pferdemarkt, und weil Methusalem schon recht klapprig geworden war, fand sich als Käufer nur ein Zigeuner. Der aber trieb auf den Jahrmärkten solche Possen und quälenden Kunststücke mit ihm, daß Methusalem sie sein Leben lang nicht vergessen kann. Als er nun einen Sommer lang, nur schlechtes Heu und kaum ein Haferkorn im Magen, auf allen Jahrmärkten ringsum sein Springen und Tänzeln vorgeführt hatte, und das immer im Takte der sausenden Peitsche seines augenblicklichen Herrn, geriet er an einen Fuhrmann, der einen schweren, eisenbeschlagenen Wagen besaß, mit vielen Glöckchen behangen und mit einem sonderbaren Leinwanddach versehen.

Von diesem Fuhrmann erhielt Methusalem so viele Peitschenhiebe und Stockschläge, als ob der glaubte, er müsse ihm sein Fell gerben, denn darunter sei nicht Fleisch und Blut, sondern ein Sack voll Stroh. Freilich hatte Methusalem zwei Leidensgefährten, die mit ihm das mächtige Fuhrwerk zogen, aber weil der Fuhrmann so ein richtiger Mordskerl war, verabreichte er jedem seiner drei Pferde die gleiche Portion an Hieben und Püffen ... Ein Glück noch, daß es bei diesem Unhold einen Tag in der Woche gab, an dem Methusalem unbehelligt im Stalle stand, fressen durfte und nichts zu tun brauchte. Vergeblich strengte Methusalem dann seinen Pferdeverstand an, um zu begreifen, was das für ein Tag war, an dem er sich nicht vom Fleck zu rühren brauchte. »Warum um alles in der Welt kann das nicht auch an den anderen Tagen der Woche so sein?« fragte er sich immer wieder. Und blinzelnd, die Ohren gespitzt, betrachtete er von der Seite seine beiden Kameraden und schnoberte schließlich – Antwort suchend – an ihren Köpfen.

IV

Eines Tages kam es soweit, daß Methusalem, der Arme, in einer Tretmühle Dienst tun mußte. Das war keine Besserung, o nein. Von früh bis spät trat er in dem knarrenden, unablässig sich drehenden Gehäuse auf der Stelle und schluckte riesige Mengen von Staub und Spreu, ganz betäubt von dem ewigen »Krach – krach – krach« des Räderwerks.

»Wann nimmt das ein Ende?« fragte sich der arme Gaul so manches Mal und wollte wenigstens einen Augenblick ruhen. Aber man ließ ihm keine Zeit zum Verschnaufen; vor der Tretmühle stand jemand, der ohne Unterlaß auf ihn einschlug und dabei schrie: »Hoi – ho! Hoi – ho!«

»Irgendein wildes Tier!« dachte Methusalem und blickte den Mann mit der Peitsche von der Seite an. »Ich wünsche dir, daß du nur einen Tag an meiner Stelle wärst – mit Peitschenhieben ohne Ende und dem endlosen Treten auf immer ein und demselben Fleck . . .«

Nichts mehr erinnerte an das stramme Pferd, das einst vergnügt zum Markt gelaufen war. Matt und schwach war Methusalem geworden, der ständige Staub hatte sein eines Auge blind gemacht und das andere entzündet, und die Beine waren dünn und steif wie Besenstiele. Da führte ihn der Müller hinweg auf den Markt, in der stillen Hoffnung, irgend jemanden mit dem alten Gaul anzuschmieren. Er hatte ihn geschrubbt und gestriegelt, den Schwanz in die Höhe gebunden und ihm die Hufe mit einer Wichse geschwärzt, doch all dies half nichts: die Welt läßt sich nicht betrügen; schon gar nicht auf dem Pferdemarkt. Obgleich ihn der Müller pikste und zwickte, damit er recht keck und munter dreinschaue, ließ Methusalem den Kopf voll Demut hängen, hielt sich in den Beinen, als wären sie verstaucht, schob die Unterlippe ein wenig zur Seite, und aus seinem sehenden Auge quoll eine Träne nach der anderen! . . . Nein, der findet bestimmt keinen Käufer! Wohl traten einige Leute auf ihn zu, blickten ihm aber nicht einmal ins Maul; sie spuckten verächtlich vor ihm aus und gingen weiter. Nur einer von ihnen war offenbar kauflustig, indessen ging es ihm nicht um den ganzen Methusalem, sondern nur um dessen Fell. Jedoch – man wurde sich nicht einig, weil der Händler schwor, die Kosten für Abdecken und Gerben überstiegen den Wert des Fells . . .

Und doch war dem armen Gaul beschieden, im Alter noch einmal glückliche Tage zu sehen, denn Kasryl kam und kaufte ihn.

V

Bis zu diesem Tage war Kasryl, ein breitschultriger Jude mit platter Nase und bärtigem Gesicht, zugleich Fuhrmann und sein eigener Gaul gewesen, denn er hatte sich selbst vor die Karre mit dem Wasserfaß gespannt und war jahraus, jahrein durchs Städtl gezogen.

Kasryl hatte im Laufe seines Lebens alle Art von Not und Elend mitgemacht, und trotzdem war er frei von Neid geblieben. Nur wenn jemand an ihm vorüberfuhr, blieb er stehen, und lange, lange folgte sein Blick dem munter dahintrabenden Pferd. Ein Pferd besitzen, das war sein einziger Wunsch. Doch bei aller Sparsamkeit, die er sich auferlegte, hatte er noch immer nicht das nötige Kapital zusammengebracht. Nichtsdestoweniger versäumte er nie, sich auf den Jahrmärkten die angebotenen Pferde zu besehen. Nur so zum Vergnügen: Sehen kostet ja nichts. Als er nun eines Tages inmitten des Marktgetriebes den unglücklichen Gaul gewahrte, der nicht einmal angebunden worden war, weil er zu schwach zum Fortlaufen schien, da blieb Kasryl stehen und fühlte sein Herz klopfen. Es war ihm sofort klar, daß dieses Pferd zu seinem schmalen Beutel passen würde.

Und so war es auch. Kasryl brauchte nicht lange zu feilschen. Nachdem er den Gaul gekauft, eilte er fröhlichen Herzens mit ihm heim nach Mazepowka. Als er die Türe seiner Hütte öffnete, kam ihm seine Frau erschrocken entgegen.

»Was ist das? . . . Gott mit dir! . . .«

»Ich hab ihn gekauft! So wahr ich ein Jude bin, ich hab ihn gekauft!«

Nun wußten die Eheleute freilich nicht, wohin mit dem Pferd, denn einen Stall besaßen sie nicht. Hätten sie sich nicht vor den Nachbarn geschämt, würden sie es am liebsten in die Stube geführt haben. So banden sie es an den Zaun, besorgten ein wenig Heu und Stroh, und dann standen sie vor dem bedächtig fressenden Pferdl, blickten es unverwandt an, und ihre guten Gesichter leuchteten wie die Sonne. Währenddessen liefen aber alle Nachbarn zusammen und bestaunten das Fabelwesen, das Kasryl sich vom Jahrmarkt mitgebracht hatte, und wie sollte es anders sein: sie lachten und spotteten über den armen Gaul.

»Das ist ja gar kein Pferd, das ist ein Maulesel«, witzelte einer von ihnen.

»I wo denn?« widersprach ein anderer, »das ist ein Vogelschreck!«

»Nein, nicht doch! Das ist ein Wesen, das nur aus Geist besteht«, entschied ein Dritter. »Man muß es vor Luftzug hüten, denn ein heftiger Wind könnte es – Gott bewahre! – in die weite Welt forttragen!«

»Wie alt mag er wohl sein, dieser Klepper?« fragte jemand.

»Jedenfalls hat er mehr Jahre auf dem Buckel als Kasryl mitsamt seiner Frau.«

»Soviel Jahre wie Methusalem vielleicht . . .«

»Methusalem! Methusalem!«

Und von dieser Stunde an hieß der arme Gaul bei den Leuten von Mazepowka nur noch »Methusalem«.

VI

Es geht ihm bei den Kasryls so gut wie nie zuvor, denn seine Arbeit ist kaum erwähnenswert: Eine Karre mit einem Wasserfaß ziehen und vor jedem Hause stillhalten – ist das Arbeit? Und sein Herr! Nicht ein einziges Mal schlug oder schimpfte er ihn; die Peitsche hielt er nur so – der Parade halber! Und dann das Fressen! Hafer bekommt Methusalem zwar nie zu sehen, aber was würde ihm der Hafer auch nutzen, da er ja zum Kauen keine Zähne mehr hat?

Sind die weichen Brotreste, die Kasryl täglich für ihn sammelt, nicht viel besser? Und nun gar die Art und Weise, wie seine Herrin ihm die Strohschütte reicht! Mit gekreuzten Armen steht sie dann vor ihm; ihre Augen strahlen vor Entzücken, daß Methusalem – unberufen –

einen solchen Appetit entwickelt! Bei Anbruch der Nacht schüttet sie gar einen Haufen Stroh für ihn in die Diele, und alle Augenblicke erscheint bald sie, bald ihr Mann, um nachzuschauen, ob er nicht etwa – Gott bewahre – gestohlen wurde!

Ganz in der Frühe, wenn, wie es heißt, selbst der liebe Gott noch schläft, macht sich Kasryl schon mit Methusalem zu schaffen. Behutsam spannt er sein Pferd vor den Wagen, setzt sich auf die Deichsel, und während er zum Fluß hinunterfährt, singt er fröhlich in den Morgenwind . . . Hat Kasryl das Faß dann mit Wasser gefüllt, legt er den Weg zum Städtl zu Fuß zurück; er singt nicht mehr, sondern watet zusammen mit dem Pferdl durch den Straßenkot und ruft, die Peitsche schwingend, in den Straßen: »Wasser, ihr Leut, gutes, frisches Wasser!«

Und Methusalem schleppt seine Beine, nickt mit dem Kopfe und denkt von Zeit zu Zeit mit einem verstohlenen Blick auf seinen Herrn: »Solang ich ein Pferd bin, ist mir das noch nicht passiert, bei einem so guten, närrischen Kauz zu dienen!«

VII

Daß es einem immerfort gut geht auf dieser Welt, das ist ein Ding der Unmöglichkeit. Wohl fühlte sich Methusalem bei den Kasryls vollkommen glücklich; von ihrer Kinderschar, den Nachbarskindern und überhaupt der gesamten Jugend des Städtls hatte er aber manche Quälerei zu ertragen.

Nicht etwa, daß sie ihn haßten – Gott behüte! Vom ersten Augenblick an, da er im Städtl erschienen war, hatte das kleine Gesindel ihn liebgewonnen, aber diese Liebe war das reinste Unglück für den armen Gaul. Ach! Wenn die Kinder ihn doch weniger geliebt und dafür mehr Mitleid mit ihm gehabt hätten! Vornehmlich waren es natürlich Kasryls Kinder, die ihm keine Ruhe ließen. Statt brav in der Schulstube, im Cheder, zu sitzen, schwärmten sie viel lieber barfuß ums Haus und neckten den armen Gaul. So wollten sie einmal, als niemand sie sah, herausbekommen, ob denn Methusalem genauso empfinde wie ein

Mensch. Als erstes verabreichten sie ihm ein paar ganz leichte Hiebe – nichts; sie kitzelten ihn an den Beinen – nichts; sie versetzten ihm einen Stoß aufs Ohr – der Gaul zuckte kaum. Erst als sie begannen, ihm mit Strohhalmen das Auge mit dem weißen Star zu kitzeln, war es klar, daß er spüren konnte wie ein Mensch, denn er blinzelte und schüttelte den Kopf, als wollte er sagen: »Also – das gefällt mir nun gar nicht mehr!«

Es stand demnach fest: Methusalem war nicht empfindungslos. Das Spiel konnte weitergehen. Die Kinder zogen eine Borste aus einem Besen und schoben sie dem Pferd in eine seiner Nüstern. Das gepeinigte Tier machte einen Luftsprung, drehte sich um sich selbst und wieherte so laut auf, daß Kasryl erschreckt aus der Tür stürzte.

»Ihr Faulpelze!« schrie er. »Ihr Lausbuben! Was treibt ihr da mit dem Pferdl? Fort mit euch in den Cheder, ihr Halunken!«

Die Lausbuben stoben auf und davon und flohen in die sichere Schulstube.

VIII

Einer der Cheder-Schüler war der kleine Ruben; ein gescheiter Junge, aber – daß Gott ihn behüte und beschütze! – was für ein Übermut! Jedem mußte er etwas zum Possen tun. Auf allen Heuböden, in allen Kellern stöberte er umher: Hühner, Gänse, Enten scheuchen, Ziegen schrecken, Katzen quälen – von Schweinen gar nicht zu reden –, das war sein größtes Vergnügen. Schläge von der Mutter, regelrechte Prügel vom Cheder-Melamed, gelegentliche Püffe von den Nachbarsleuten blieben wie auch die reichlich ihm nachgeschickten Flüche vollkommen erfolglos. Eben erst war er durchgeprügelt worden, eben noch hatte er bittere Tränen vergossen, und schon streckte er jemandem wieder die Zunge heraus, ließ die Unterlippe hängen oder blies die Backen rund wie Äpfel auf. Immer war er gesund, immer lustig, und daß seine Mutter eine arme Witwe war, die vom Morgen bis spät in die Nacht hinein sich abrackerte und sich jedes Jahr einen Rubel für seinen Unterricht absparte – das kümmerte ihn nicht im geringsten . . .

Als der kleine Ruben im Cheder von Kasryls Kindern erfuhr, ihr Vater hätte ein Pferd vom Jahrmarkt heimgebracht, sprang er auf seinen Schemel und rief laut:

»Kinder, heute noch wird ein Fiedelbogen gemacht!«

Hier muß erwähnt werden, daß Ruben ein glühender Musikfreund war. Er hatte eine glockenhelle Stimme, sang leidenschaftlich gern und kannte alle Melodien auswendig. Sein sehnlichster Wunsch war, eine Fiedel zu besitzen; hörte er irgendwo Geige spielen, wurde er fast bewußtlos vor Freude. Da nun aber vom Kauf einer richtigen Fiedel gegenwärtig überhaupt keine Rede sein konnte, hatte er sich mittlerweile ein kleines Instrument aus Holz gebastelt und für die Saiten Bindfaden aus Mutters Vorrat verwandt. Selbstverständlich bekam er dafür von der Mutter einen tüchtigen Rüffel:

»Ein Musikant willst du werden? Was? Nicht erleben sollst du es!«

Gegen Abend, als Chajm-Chune, der Melamed, den Cheder schloß und die Kinder nach Hause schickte, liefen sie allesamt zu den Kasryls, um Methusalems Bekanntschaft zu machen. Ruben rief begeistert, das sei ein herrliches Roß; es würde aus seinem Schwanz Haare zu Violinsaiten hergeben, soviel man nur wolle.

»Laßt uns doch gleich probieren!«

Mit diesen Worten schlich er sich hinter Methusalem und begann, ihm Haare aus dem Schwanz zu zupfen. Solang sich Ruben mit einzelnen Haaren begnügte, stand Methusalem ruhig, als dächte er:

»Die Haare aus dem Schwanz? Was kann mir das schaden? I, was da, ein Haar mehr oder weniger . . .«

Als Ruben aber den gesamten Schwanz in Angriff nahm und mit einem Ruck eine ganze Strähne ausriß, fuhr es Methusalem zornig durch den Kopf:

»Laß ein Schwein in deine Stube, und es kriecht dir auf den Tisch!«

Und sogleich versetzte er Ruben mit dem Hinterhuf einen Schlag ins Gesicht und spaltete ihm die Lippe.

»Geschieht dir recht ... Sehr gut ist's so ... Oh, ich Unglückliche!«

So jammerte Jenta, Rubens Mutter. Klagend und weinend machte sie dem Jungen kalte Umschläge auf die blutende Lippe, lief dann händeringend zu Cheijne, der weisen Frau, die Wunden besprach, machte mit ihrem Jammern alle Leute wirr und war nicht zu beruhigen.

IX

Der kleine Ruben war jedoch, gottlob, ein Kind, bei dem alles im Handumdrehen heilte. So war denn die Lippe auch bald zusammengewachsen, und schon hatte der Junge wieder etwas Neues ausgeheckt. Ein Spazierritt auf Methusalem – das mußte prächtig sein! Und zwar sollten alle Schüler des Cheder – so sein Plan – auf einmal aufsitzen. Wie das aber anstellen, ohne daß es jemand merkt? Auch dafür wußte Ruben einen Rat: am Sabbath – nach dem Mittagessen, wenn alles schläft – ist die rechte Zeit für diesen Jokus.

»Darf man denn aber am Sabbath reiten?« wandte eines der Kinder ein.

Doch Ruben hatte die richtige Antwort:

»Ein Esel bist du!« sagte er. »Nennst du das Reiten? Das ist nichts als ein Spiel!«

Der Sabbath kam, und als zu gewohnter Stunde sich alle im Städtl und also auch Kasryl und seine Frau aufs Ohr gelegt hatten, schlich unsere kleine Rasselbande leise in den Flur, wo nichtsahnend Methusalem stand, führte ihn hinters Haus, wo Ruben sogleich begann, ihn nach Kräften herauszuputzen.

Als erstes flocht er Methusalems Mähne in viele dünne Zöpfe und steckte Strohhalme hinein. Dann setzte er dem Guten eine Narrenkappe aus Packpapier auf und knüpfte sie an seinem Hals mit Bändern fest. Zu guter Letzt band er ihm einen alten Reisigbesen an den Schweif, damit der lustiger ausschaue und auch länger sei.

Wie nun Ruben den armen Methusalem derart herausgeputzt hatte, klatschten die Kinder Beifall und begannen,

alle miteinander an ihm hochzuklettern. Wer es zuerst schaffte, der saß fest; die übrigen sollten später drankommen. Mittlerweile liefen sie hinter dem Pferd her, versuchten es anzuspornen und sangen auf Rubens Geheiß:

»Seht, so geschieht dem Pferde, dem Ruben eine so große Ehre erweist!«

Nun, allerdings hatte Methusalem gar keine Lust zum Galoppieren, sondern ging gemächlich vorwärts, Schritt für Schritt. Warum auch sollte er sich beeilen? War heute nicht Ruhetag?

Aber Ruben hörte nicht auf, das Pferd zu knuffen, ihm die Fersen in die Seiten zu schlagen, an der geflochtenen Mähne zu zerren und dabei aus Leibeskräften sein Gefolge anzuschreien:

»Daß euch der . . . seid ihr stumm geworden? Singt lauter!«

Und Methusalem klapperte weiter; er dachte im stillen:

»Die amüsieren sich schön, die kleinen Strolche! Nun ja, ich gönne es ihnen, das Vergnügen . . .«

Als ihm aber nun das übermütige Völkchen toller und toller zusetzte, da schien es ihm doch geraten, sich etwas flotter in Marsch zu setzen. Aber o Schreck! da schlug der Besen an seine Beine! Methusalem lief rascher, der Besen peitschte stärker. Entsetzt begann er zu springen, worüber seine Quälgeister hocherfreut waren. Zu allem Überfluß rief Ruben: »Hopp – hopp – hopp!« Und schließlich fielen alle von Methusalems Rücken auf die Erde.

Methusalem aber, von seiner Bürde befreit, begann wie wahnsinnig zu galoppieren, jagte und jagte in wilden Sprüngen die Straße entlang, dem Ortsausgang zu, an den Mühlen vorbei und weit, weit in die Felder und Wiesen hinein.

Als die Hirten den rasenden, sonderbar geputzten Gaul erblickten, liefen sie lachend hinter ihm her, warfen Steine und Stöcke und hetzten die Hunde auf ihn. Die ließen sich nicht lange bitten, setzten dem armen Methusalem nach, hatten ihn bald schon erreicht, und kläffend fielen sie ihn an, die einen packten ihn an den Fesseln, die anderen verbissen sich in seinen Hals. Schwer atmend, verzweifelt wiehernd wehrte sich Methusalem. Nicht lange ... ein kurzer Kampf nur, und seinem irdischen Dasein war ein Ende gesetzt.

X

Tags darauf erhielten die Jungen ihre wohlverdiente Strafe. Beim Sturz vom Pferd hatten sie sich zwar Nasen und Schädel aufgeschlagen, unnachsichtig aber erhielten sie ihre Prügel: erst daheim und dann im Cheder eigenhändig vom Melamed Chajm-Chune. Die reichlichsten Prügel erhielt der Schlingel Ruben, und das nicht nur, weil er der Anstifter gewesen war. Die anderen Sünder weinten wenigstens beim Strafvollzug – Ruben indes lachte aus vollem Halse. Fassungslos schlug ihn der Melamed stärker, Ruben jedoch lachte nur um so mehr, und je mehr er lachte, desto kräftiger schlug Chajm-Chune. Das Lachen hörte nicht auf, und Chajm-Chune, schon ganz außer Atem, wurde davon angesteckt: so schlug er und lachte, und alle Schüler lachten mit ihm.

So laut war das Gelächter, daß alle Nachbarn zusammenliefen.

»Was ist das? Was für ein Lärm ... Warum lacht ihr so?«

Aber niemand konnte vor Lachen Antwort geben, alle wiesen nur auf den prügelnden, lachenden Melamed und auf den lachenden Ruben, der sich wie ein Aal unter den Schlägen wand. Da mußten auch die Nachbarn lachen, immer mehr und immer lauter, und zuletzt lagen alle Leute auf der Erde und hielten sich die Bäuche vor Lachen.

Zwei Menschen nur lachten nicht: das war der Fuhrmann Kasryl und seine Frau. Stirbt jemandem – Gott behüte! – ein Kind, so kann er nicht mehr Tränen weinen, als Kasryl und sein Weib vergossen – über ihr armes Pferdl, ihren lieben Gefährten, über Methusalem.

Pandelis Prevelakis

Mönche und Pferde

(Samstag des Lazarus, morgens)

Der Samstag war immer ein glorreicher Tag für den Klosterbäcker. Schon vom Vorabend an knetete er den Teig und plackte sich am Ofen ab, um Brotlaibe genug zu haben zum Austeilen an die Taglöhner und die Pächter der Klosterländereien, an die Hirten und die Feldhüter, die in aller Herrgottsfrühe aus der ganzen Umgegend zusammenkamen, um sich ihren Wochenvorrat zu holen. Das Refektorium des Klosters ächzte unter dem Andrang so vieler Menschen, denn eh sie sich alle ihren vollen Brotsack über die Schulter warfen, setzte sich die ganze Schar miteinander rings um die Tafel und aß unter den Augen des dienenden Bruders das in Wein gebrockte Brot. Manchmal kam auch der Abt selbst, um stolz seine braven Leute zu mustern wie ein Befehlshaber, der auf einen Feldzug auszieht.

An jenem Samstag, dem Lazarustag, hatte jeder der Männer, die im Kloster zusammengeschwärmt waren, außer dem Brot auch noch fünf Pfund Salzoliven in seinen Sack zu packen, um über die Fastentage der Karwoche zu kommen. Das hatte ihren Appetit noch gesteigert. Sie aßen und tranken, ohne zu sprechen, indes der Bäcker ihnen aus seinem Fensterchen zuschaute und wartete, daß seine Zeit kam. Das niedrige Refektorium mit den geschwärzten Deckenbalken duftete nach dem warmen Brot, das all die andern Gerüche überdeckte, die der Landarbeiter und der Hirt mit sich herumschleppen. Selbst der Zitronenbaum, der seine Blüten vor dem eisenvergitterten Fenster wiegte, kam nicht dagegen an. Nur wenn man sich neben einen der Tischgenossen gesetzt hätte, wäre einem der Geruch von

Leder oder von Knoblauch oder von Kräutern des Gebirges in die Nase gestiegen.

Es mochten rund zwanzig Männer dort versammelt sein. Alle in der einheimischen Tracht – Hemd, doppelreihige Weste, gebauschte Hose aus Kaliko und Schaftstiefel – und auf dem Kopf ein schwarzes Kopftuch oder eine Mönchskappe. Die meisten trugen die Bärte ungeschnitten, und manche hatten sie nach der Gewohnheit der Hirten behandelt, das heißt, sie ringsherum mit glühender Holzkohle gesengt, so daß sie unter ihrem Kinn in eine lange Spitze ausliefen. Das Messer in dem mehrmals um den Leib geschlungenen Gürtel fehlte bei keinem, ganz zu schweigen von den Feldhütern, die bis an die Zähne bewaffnet waren mit gekreuzten Patronengurten über der Brust und mit der Doppelflinte zwischen den Schenkeln, wie sie da saßen. Zwei, drei Mönche, die den Klosterpächtern Anweisungen zu geben hatten, standen an der Tür – auch sie warteten, daß ihre Zeit kam. Mönche und Laien wirkten wie aus einem Felsen jenes Berges gehauen, den sie über sich hatten. Ihre tägliche Fron und die Unschuld ihrer Seele – ich will sagen: ihr Sich-Fügen in ihre bescheidenen Pflichten, hatten ihnen die Unerschütterlichkeit des Steins verliehen. Ihr Aussehen bezeugte ihr reines Gewissen, das die nicht kennen, die in der Welt leben.

Ein hochgewachsener Mann trat durch die Tür des Refektoriums und hielt auf der Schwelle einen Augenblick inne, eh er sich zu den anderen setzte. Seine Kleidung – doppelreihige Weste, Stiefelhose und Schaftstiefel – wies ihn als Laien aus, wiewohl er die Mönchskappe trug. Er mochte ein Laienbruder sein, wie sie diejenigen nennen, die sich dem Kloster widmen, ohne mehr als einer bloßen Handauflegung gewürdigt worden zu sein, oder ein Novize, der wartete, daß die drei Jahre seiner Erprobung herumgingen, die ihm die Zeit geben sollten, selbst über sein Schicksal zu entscheiden, und seinen Novizenmeister in den Stand setzen sollten, seine Beständigkeit im Gehorsam, in der Keuschheit und der Armut zu beurteilen. Er neigte seinen Kopf vor den Patres, die wartend an der Tür standen, und wünschte einen guten Morgen.

»Willkommen, Lukas! Willkommen, Lehrer!« waren von allen Seiten die Grüße zu hören.

Es war nicht schwer zu erkennen, daß die Versammelten ihn liebten und achteten.

Einige von den Leuten des Klosters, die fertig waren mit Essen, begannen sich vor dem Fensterchen des Bäckers anzustellen, und der schob ihnen die Brotlaibe, immer zwei oder drei auf einmal, über das breite Sims – der Jubel stand ihm dabei im Gesicht geschrieben. In diesem Augenblick war er nicht der Mönch Anthimos, er war das Heilige Kloster von Sankt Konstantin selbst, die Mutter der Armen, die Scharen von Leuten und Mönchen des Klosters das tägliche Brot gab. Auf der anderen Seite des Bäckers stand ein junger Klosterschüler vor einem großen tönernen Ölgefäß und teilte mit einer Holzkelle die Salzoliven dazu aus.

»Der Ofen hat dir wieder dein Brot verbrannt!« meinte ein Spaßvogel zu Anthimos.

»Hast du dem Armen was zu essen gegeben und zum Mitnehmen in seinem Beutel?« fragte ihn ein anderer und deutete mit den Augen auf einen Bettler, der sich ins Refektorium gedrängt hatte.

Anthimos tat, als hörte er nicht, und fuhr fort zu lächeln.

»Ist Nikodemus nicht seine Brote holen gekommen?« fragte er aus seinem Fensterchen.

»Ich fürchte, Nikodemus hat seine letzten Brote gegessen«, gab ihm Lukas zur Antwort. »Der Vater Abt und ich wollen gerade gehn und sehn, ob er noch irgendeine Arznei brauchen kann.«

»Was machen die Pferde im Gestüt?« fragte der Bäcker nun.

»Eine Stute hat gefohlt. Zwei andere sind soweit.«

Lukas warf sich seinen Sack über die Schulter und ging auf die Tür zu. Unter dem Türsturz, auf dem Christus der Herr dargestellt war, nahm er seine Mönchskappe ab und schlug sein Kreuz; dabei murmelten seine Lippen etwas. Zwei Spannen oberhalb des Christusbildes hatte sich eine Schwalbe darangemacht, am Deckenbalken festgekrallt ihr Nest wieder neu zu bauen.

Der Klosterhof empfing Lukas mit Schweigen. Selbst die Kirche schien stumm, mochte auch die Tür offenstehen. Das Licht der Morgendämmerung hatte die Männer, die doch eben noch wie aus dem Felsen gehauen gewirkt hatten, aufgesogen, als wären sie Schemen. Über dem mauerumschlossenen Kloster leuchtete das Himmelsgewölbe, rötlich glühend in seinem Scheitelpunkt. Die Zypressen erschienen Lukas bläulich und schwerelos, als hätten sie sich von ihren Wurzeln losgelöst in ihrem Verlangen, höher hinaufzusteigen.

›Ach, so ist auch mein eigenes Verlangen!‹ dachte er. ›Und doch: wohin haben mich zweieinhalb Jahre Probezeit gebracht? Daß ich keine andere Erlösung sehe als den Tod!‹

Er ging zum Hoftor des Klosters hinaus und blieb neben einem Mäuerchen stehen, wo an einem Steinring eine weiße Stute mit schwerem Leib angebunden war.

Das Geräusch von Kies unter dem Schritt des Abtes ließ nicht lange auf sich warten. Er kam näher und hatte mit dem um seine Mitte gewundenen Gürtel seine schwarze, enge Soutane hochgebunden, so daß seine hohen Stiefel zu sehen waren. Sein magerer Körper bewegte sich straff und sehnig. Seine fünfzig Jahre verriet nur sein grauer Bart.

»Gehn wir, mein Sohn! Pack den Sack auf den Sattel und laß uns gehn! ... Hinunter werd' ich nicht reiten«, schloß er seine Worte, »die Schneeweiße ist hochträchtig.«

»Wie lange wird's noch dauern, bis sie fohlt?«

»Ein paar Tage. Die elf Monate, seit sie gedeckt worden ist, sind herum.«

Die beiden Männer nahmen den Pfad, der bei der Klosterquelle herauskommt. Die Stute folgte ihnen mit behutsamem Tritt, die Zügel am Sattel befestigt.

Die Feuchtigkeit der Klamm schlug ihnen ins Gesicht. Von der Stelle, an der sie sich befanden, geht ein tiefer Erdriß aus, der zum Meer hin immer schmaler wird. Zwei Wände einander gegenüber, gespalten – so meinst du – durch ein göttliches Feuer, bilden eine enge Schlucht. Stellenweise kommen die Wände einander so nahe, daß die wilden Zypressen ihre Zweige ineinander verschlingen;

und sie wachsen so senkrecht hinunter auf den Grund, daß es selbst für eine Ziege kein Durchkommen gibt.

Die Sonne hatte das Himmelsgewölbe erhellt, doch sie war noch nicht bis in die Klamm gedrungen. Die Gegend rings um die Quelle hatte noch die Kühle der Nacht bewahrt. Kühle, Hufschläge von Pferden, Nachtigallenschlagen, Glockengeläut von Ziegen ... Der geringste Laut verstärkte sich hier unten und hallte zwiefach wider. Die aschgrauen Felsen wirkten wie gebaut aus lauter Platten, zwischen denen das Wasser heraustropfte. In den Felsspalten hatten die Wildtauben und die Eulen ihre Nester. Die Erdbeerbäume waren mannshoch. In der Nase kitzelte einen ein Geruch von Feuerstein, auf den der Stahl geschlagen hat.

Neben der Quelle lag ein Platanenstamm, weichfleischig wie eine eßbare Frucht, den sie ausgehöhlt hatten, um das Wasser zu sammeln. Lukas zäumte die Stute ab und ließ sie sich sattrinken. Die Mähne und die Stirnfransen verdeckten ihr die Augen mit ihrer Seide, als sie sich hinabbeugte, um zu trinken. Ihr weißer Körper schien aus Marmor geschnitten, wie er sich nun gegen die Myrtensträucher abzeichnete.

Soviel Schönheit ließ den Novizen nicht unberührt. Wieder murmelten seine Lippen etwas. Er zog sein Messer aus dem Gürtel und schärfte die Schneide an der steinernen Quellfassung mit einer Hast, als schickte er sich an, sich selbst umzubringen.

Der Abt trat auf einen Stein und saß auf, dabei geschickt seine Soutane unter seine Schenkel breitend. Er überquerte die gewölbte Brücke, die die Schlucht überspannt, und nahm den Pfad, der am Rande des Abgrunds entlangläuft. Lukas folgte, mit dem Sack auf dem Rücken – sein Schatten fiel unter die Hufe der Stute, und er prüfte sie als Kenner: tadelloser Gang trotz der Schwere ihres Leibes, Mähne und Schweif üppig, glattes Fell, Hufe ohne Risse oder Ringe ...

›Eine schöne Mutter! Sie wird ein wunderschönes Fohlen werfen!‹ dachte der Fußgänger. Ein über das andere Mal streckte er da, wo der Weg sich verengte, seine Hand aus und tätschelte ihr die Hinterbacken. Ein Stück weiter kam er, eine Abkürzung benutzend, vor ihrem Kopf heraus und bewunderte ihre klugen Augen, in denen sich die Welt widerspiegelte.

»Ein schönes Geschöpf!« sagte er laut, daß ihn der Abt hörte.

»Ich lasse sie im Gestüt, bis sie fohlt.«

»Werden wir sie auch dieses Jahr zum Hengst bringen?«

»Wollen sehn, wie ihre erste Geburt wird.«

Zwei Gewehrschüsse weit von dort, wo sie gerade entlangzogen, war ein donnernder Knall zu hören. Der Wind trug ihnen einen Geruch von Sprengpulver zu.

»Sie lassen Sprengladungen hochgehn«, sagte Lukas. »Sie bauen die Straße.«

»Brauchen sie noch lange, bis sie beim Kloster ankommen?«

»Ein, zwei Monate werden sie brauchen. Jetzt arbeiten sie unterhalb vom Gestüt.«

»Scheuen die Pferde bei den Sprengungen?«

»Ja, sie scheuen.«

»Ich werd' dem Pferdeknecht sagen, er soll die Stute von der Straße fernhalten.«

»Wie soll er das denn machen? Sie wird doch auch mit der Herde laufen.«

»Mal sehn, ob sie das tut. Sie ist's nicht gewohnt.«

Der Novize ließ seine Augen nicht von der Schneeweißen. Einesteils empfand er Mitgefühl für ihren Zustand und andernteils Ehrfurcht vor der Heiligkeit, die ihr hochträchtiger Leib ausstrahlte. Jeder ihrer Tritte zeigte, daß sie an die Last dachte, die sie in sich trug. ›Ein geglücktes Geschöpf! Nur die Sprache fehlt ihr!‹ sagte er bei sich. ›Aber auch der Reiter steht ihr nicht nach!‹ setzte er hinzu und hob die Augen zu seinem Abt.

Stute und Reiter waren wahrhaftig ein Bild! Der Wind zerzauste die Schneeweiße, und ihre lange Mähne peitschte die Soutane des Abts, so daß man meinte, beide hätten Flügel bekommen. Der Abt saß im Sattel mit der Leichtigkeit des Mannes, der als junger Bursch das Reiten gelernt hat. Vom Huf des Pferdes bis zur Mönchskappe des Reiters waren Bewegung und Schwingung der beiden eines. Das leiseste Stutzen des Menschen teilte sich dem Gang des Tieres mit, als kreiste in ihnen dasselbe Blut.

›Ein guter Reiter ist mein Abt und ein verständiger Hausvater, aber mittelmäßig in der Theologie‹, dachte der Novize, seine Bewunderung einschränkend.

Das war die Wahrheit! Der Abt war aus Erde erschaffen. Getreu seinem Gelübde, barmherzig und nicht überheblich, doch ohne das Verlangen nach dem Unsichtbaren.

›Ich werd' ihn sich nicht den Schädel einrennen lassen. Ich werd' ihn in Zucht nehmen, und dann werd' ich ihn weihen‹, sagte sich der Abt seinerseits. ›Zweieinhalb Jahre Probezeit haben gezeigt, wer er ist: eine gequälte Seele, die das Himmelreich gewinnen kann.‹

»Lukas! Hast du nach Nikodemus gesehn? Glaubst du, daß Gott ihm noch Tage gegeben hat?«

»Dem ist das Brot verleidet, Vater Abt.«

»Weißt du, wer an seine Stelle kommt, wenn der Herr ihn abberuft?«

»Ich weiß es. Ich hab's von dem Augenblick an gewußt, als du mich mitnahmst. Aber ich bin nicht würdig.«

»Würdig oder unwürdig: du brauchst ein Jahr Ruhe.«

»Bedenk das ein zweites Mal, Vater Abt. Was wird aus dem Gestüt werden, jetzt zur Frühjahrszeit, wo sie alle fohlen? Und ich . . . was wird aus mir ohne die Pferde?«

»Gott wird sich deiner erbarmen.«

»Ich hab' Angst, ich verlier' den Verstand in der Einsamkeit, allein mit den Ausgeburten meiner Phantasie . . . Brauch' ich nicht noch die Erleuchtung durch meinen Nächsten?«

»Ich hab' gesehn, wie weit dich die Menschen gebracht haben!«

Lukas gab dem Abt keine Antwort. In Gedanken war er in Nikodemus' Einsiedelei, einer Terrasse in einer Erdfalte, mitten in der Schlucht, wo ein Mönch das Gemüse für das Kloster anbaut. Um in diesen *Brunnen* – wie sie's nennen – hinabzugelangen, gibt es nur eine Leiter aus Weinreben, die vom Rand des Abgrunds hinunterhängt.

Die beiden Männer waren auf die Höhe hinausgekommen. Das Plateau öffnete sich frischgrün vor ihnen, mit dem hohen Himmel darüber und mit einer einsamen Lerche, die – an einem unsichtbaren Faden schwebend – im Licht zuckte. Unter dem wilden Birnbaum, wo sie haltgemacht hatten, um ein wenig Atem zu holen, war eine Stelle, die schlammig war von Wasser, das weiter oben aus der Erde sprudelte. Von hier aus bot sich den Blicken das Kloster dar, dessen Zinnen und Glockentürme die Morgensonne vergoldete. Außerhalb seiner Umfassungsmauer war ein Weinberg zu sehen, der sich bis zu einem Pinienwäldchen hinaufzog. Dahinter erhob sich der Berg, bewaldet an seinem Fuß, kahl in halber Höhe und schneebedeckt auf seinem Gipfel.

Der Abt stieg ab und begann, seinen vom Wind zerwühlten Bart zu glätten, indem er mit seinen Fingern wie mit zwei Kämmen von den Schläfen bis zum Kinn hindurchfuhr. Seine Füße mußten irgendwelche Kräuter zertreten haben, denn es duftete stark.

Die Schneeweiße schwang ihren Kopf hin und her, weil sie ihnen zeigen wollte, daß sie zu lange säumten auf diesem allen Winden ausgesetzten Fleck, indes der Schweiß, der sie bedeckte, eisig wurde. Sie stellte ihre kleinen Ohren auf und richtete sie gegen das Gestüt. Dann wandte sie ihren Hals zur Seite und rieb ihr Maul am Sack des Novizen, in dem das Brot war. Der Abt kraulte sie am Hals, da senkte sie den Kopf und klemmte ihm die Hand unter ihrem Kinn ein.

»Komm, gehn wir!« sagte der Abt und saß auf.

Die Stute zog sorgsam ihre Hufe aus dem Schlamm und nahm willig den Weg, der zum Gestüt führte. Er war blütenübersät da, wo er unbetreten war, und lief als Doppelband durch den Klee.

Der Lärm der Menschen, die an der Straße bauten, kam jetzt von unten herauf. Offenbar arbeiteten die einen mit Schaufeln und Spitzhacken, und die anderen zerschlugen mit dem Hammer Steine zu Schotter. Eine Straßenwalze dröhnte und ratterte mit ihren Eisenteilen ein Stück weiter weg.

Der Abt lenkte die Schneeweiße durch eine leichte

Berührung mit den Absätzen auf den Feldrain, stellte sich in den Steigbügeln auf und überschaute von oben die Schar der hart arbeitenden Männer. Durch das Laub der Bäume hindurch sah er rot die Wunde der aufgerissenen Erde leuchten, deren Geruch ihm in die Nase drang. Gefällte Bäume, meist Ölbäume und Johannisbrotbäume, waren dahin und dorthin gerollt, und ihre Wurzeln standen in die Luft. Felsen, durch die Sprengladungen von ihrer Stelle bewegt, hatten sich vom Berghang losgerissen. Es bekümmerte den Abt, die Unbarmherzigkeit der Menschen zu sehen.

»Konnten sie's denn nicht behutsamer machen?« meinte er zum Novizen und wußte selbst nicht, ob er recht hatte, so aufgebracht zu sein.

»Die ungerechte Hand zerstört den gerechten Berg!« erwiderte jener, ohne zu zögern.

Der Abt wandte sich dem Innern des Feldes zu. Irgendwo in der Nähe tummelten sich Pferde, und ihr Hufgetrappel ließ das Plateau erdröhnen.

»Laß uns jetzt zu unsern Pferden gehn!«

Als sie sich dem Gestüt näherten, war das erste Geschöpf, dem sie begegneten, ein weißgrauer Wallach, der mit breitem Gang vor ihnen vorbeilief. Das Tier war langschädlig und starkknochig, aber es hatte derartige Quasten an seinen Fesselgelenken, daß sie ihm das Aussehen eines armen Bergbauern mit seinen Schuhquasten gaben.

»Schau dir diese Sorglosigkeit und Gutherzigkeit an!« sagte der Abt, seinen Kummer abschüttelnd.

Weiter drüben, im Schatten einer Eiche, sahen sie einen alten Hengst dahinsiechen, der all seine frühere Kraft und Stärke eingebüßt hatte und jetzt seine Gerste als Gnadenbrot aß. Das Tier war schwärzlich mit weißen, von den Jahren schmutzig verfärbten Flecken auf Schultern und Brust. Auf seinen eingefallenen Rippen und seiner haarlosen Kruppe saßen wie angeklebt die Pferdebremsen, die zu verjagen sein Schweif zu dürftig war. Seine Hinterbeine, einst die Säulen seines Hengsttums, wenn er sich erhob, um die Stuten zu bespringen, waren durchgebogen wie Säbel.

Der alte Hengst konnte nicht mehr auf seinen Füßen stehen, weil sie alle vier schmerzten. Bemüht, einen nach dem anderen auszuruhen, knetete er unaufhörlich den Boden wie einen Teig. Wäre nicht dies Kneten gewesen, so hätte man gemeint, er schliefe einen traumlosen Schlaf.

»Grüß dich, alter Scheck!« begrüßte ihn der Novize und griff in seinen Sack, um ihm einen Kanten von seinem Brot zu geben.

Das Pferd blinzelte mit den Augen, ohne sich zu rühren, und ließ ein Stöhnen hören.

»Aha! Du sühnst deine Sünden!« verspottete der Abt den Novizen.

Er verspottete ihn, aber er bereute es schon, denn er erinnerte sich des Grolls, den der Novize gegen seinen Vater in sich trug, mochte der auch inzwischen tot sein.

»Ich sühne, aber es gibt keine Sühne dafür«, sagte der andere und biß die Zähne zusammen.

Der Abt saß ab und zog die Stute am Zügel hinter sich her. Sein Blick lief zum Brunnen hinüber, wo die Pferde versammelt waren. Ihre Leiber bildeten einen Schober, aus dem ein paar Köpfe hervorragten über ihren Kruppen, die in der Sonne glänzten. Der Ziehbrunnen mit seinem Gabelpfosten und seinem Schwengel sprang zwei Mannshöhen über sie hinaus.

Der Abt betrachtete die Herde mit Besitzerstolz, und seine Augen leuchteten.

»In alten Zeiten«, begann er zu erzählen, »ernährte unser Kloster hundert Mönche, und jeder Mönch drei Pferde: einen Schimmel, einen Fuchs und einen Rappen. Als sie einst das Kastell der Amazone belagerten, umritten sie es des Morgens mit den Schimmeln, des Mittags mit den Füchsen und des Abends mit den Rappen. Und die Leute im Kastell ließen sich täuschen und meinten, es sei von dreihundert Reitern eingeschlossen . . .«

»Vater Abt, zuviel Stolz tut nicht gut!« sagte der Novize mit einem gutmütigen Auflachen.

»Wie? Sollen wir unsere Vergangenheit verleugnen?« meinte der Abt unschuldig, als hätte er eine wahre Geschichte erzählt.

Ein Pferdeknecht löste sich von der Herde und kam auf sie zu. Er war ein kurzer, stämmiger Mann, ungehobelt und schmutzig, der ein halbes Jahrhundert der Fron hinter sich haben mußte. Seine Zehen schauten aus seinem Schuhwerk heraus, und seine gebauschte Hose war durchlöchert wie ein Sieb. Aber sein Gesicht war fröhlich, seine Backen waren rot und Bart und Schnurrbart schwarz und dicht. In seiner rechten Hand hielt er eine Gerte von einer Wildolive, die ihm als Peitsche diente.

»Willkommen, Pater Dionysios!« begrüßte er den Abt.

Er nannte ihn nicht Abt oder Vater Abt, denn er kannte ihn seit ihren Kindertagen.

»Guten Morgen, Anagnostis. Wie steht's bei euch?«

Seine Sprache bekam einen anderen, vertrauteren Ton als den, den der Novize kannte.

»Die Fuchsstute hat gefohlt, das wirst du erfahren haben«, erwiderte der Pferdeknecht. »Sie hat ein gutes Fohlen geworfen. Photios' Stute muß jeden Augenblick fohlen«, schloß er und deutete mit dem Kinn in die Richtung der Ställe.

Der Abt warf Anagnostis die Zügel der Schneeweißen zu, an denen ihr Speichel entlanggelaufen war, und ging selbst nachsehen, den Novizen hinter sich.

»Sattel die Stute ab und laß sie grasen«, trug er im Weggehn dem Pferdeknecht auf.

Eine einjährige Jungstute mit tiefschwarzem Fell schnitt ihnen den Weg ab. Sie näherte sich dem Novizen mit aufgestellten Öhrchen, mit vorgestrecktem Hals und geblähten Nüstern. Sie legte ihr Maul an seinen Arm, schnupperte daran unter wiederholtem Schnauben, und dann rieb sie ihren ganzen Hals an ihm in einer merkwürdigen Mischung von Unterwerfung und Liebe, nicht zu vergessen die Zufriedenheit, die sie mit ein paar Seufzern zeigte, die ihr tief aus der Kehle kamen.

»Na so was von Liebe!« meinte der Abt, eine Spur befremdet.

»Ich hab' ihre Sprache gelernt, das ist alles.«

»Und ich glaubte, du verstehst nicht zu lieben!«

Die hochträchtige Stute hielt sich unter dem Vordach vor

den Ställen auf. Sie schnaubte heftig, legte sich nieder, stand auf und legte sich wieder hin. Ihre Augen, die immerfort auf ihren Bauch schauten, zeigten, daß die Wehen sie gepackt hatten. Sie mistete und stallte zwei-, dreimal, und schließlich legte sie sich endgültig nieder und begann zu pressen. Durch das Pressen erreichte sie, daß der Sack mit Fruchtwasser sprang, der ihr Junges barg. Sie legte alle vier Beine gegen den Leib und preßte von neuem. Die Vorderhufe des Fohlens kamen als erstes zum Vorschein, und auf den Hufen seine kleine Schnauze. Mit einer letzten Anstrengung schleuderte die Stute es aus sich heraus, stellte sich dann gleich auf ihre vier Beine und zerriß so die Nabelschnur.

Das Gottesgeschöpf lag feucht und dampfend auf dem Stroh. Lebte es wohl, oder hatte die Mutter es tot geboren? Der Abt hob seinen Kopf, wie er da auf seinen Fersen saß, und wollte den Pferdeknecht fragen. Es überraschte ihn, ein paar Stuten hinter ihm eine Mauer bilden zu sehen. Ihre nachdenklichen Mienen zeigten, daß sie wußten, was geschehen war. Die Lungen des Neugeborenen fingen plötzlich an zu arbeiten. Da, es atmete! Seine Mutter beugte sich hinunter und begann es gleichmäßig zu lecken von der Schnauze bis hin zum kleinen Schwanz. So fand Anagnostis Zeit, das Lager der Stute zu säubern.

»Nimm zwei Handvoll Mehl und mach ihr einen Brei«, sagte der Novize und spürte einen Kloß im Hals.

»Willst du mich meine Arbeit lehren?« erwiderte der Pferdeknecht, den Gekränkten spielend.

Der Novize rieb sich mit den Fäusten seine Augen.

Das Fohlen versuchte, sich auf seine dünnen Beine zu stellen. Es schwankte und strauchelte, doch es gelang ihm, sich seiner Mutter zu nähern und ihr Euter zu suchen. Es hatte sein Schwänzchen noch nicht aus der Lage frei machen können, die es im Mutterleib gehabt hatte. Von seinem Kinn hingen ihm ein paar lange Haare hinunter wie bei einem alten Mann. Und auf seinem ganzen kleinen Körper sproß ein matter Flaum, hellbraun wie das Fell seiner Mutter, der dichter wurde auf seinem Kamm, dort, wo einmal seine Mähne wachsen würde.

›Nanu! Ist das ein Fohlen oder eine Heuschrecke?‹

Aber in dem Augenblick, als es erschöpft schien, wurde es von einem plötzlichen Verlangen gepackt. Es lief los mit erhobenem Kopf, beschleunigte seinen Schritt und schlug mit seinen Hufen die Erde. Auf seinen Rippen sah man sein Fell zittern, seine Gliedmaßen schienen nachgeben zu wollen, bei jedem Schritt meinte man, es werde stürzen und zerbrechen. Aber es brachte die erste Runde ohne Unfall hinter sich, schaffte auch die zweite und blieb auf einmal stehen, wo es gerade war, als ob eine Feder in ihm kaputtgegangen wäre.

»Wenn es an der Zeit ist, daß die Schneeweiße fohlt, schick einen Jungen mich holen«, sagte der Abt zu Anagnostis mit einem tiefen Aufatmen. – »Laß uns gehn und nachsehn, was da drüben los ist«, wandte er sich zum Novizen.

Auf der Weide hatten sie eine ganze Anzahl Pferde frei laufen lassen: Stuten, Stutfohlen, Wallache und Hengstfohlen. Der Abt versuchte, die Stute zu entdecken, die ein paar Tage früher gefohlt hatte. Er sah sie, wie sie in einer Ecke mit dem Schweif ihre Kruppe schlug, verdrossen schnaubte und ihr Fohlen nicht an ihr Euter ließ.

»Siehst du sie? Sie zeigt deutlich, daß sie rossig ist«, sagte der Abt zum Novizen. »Bringt sie zum Hengst. Jetzt ist die richtige Zeit.«

Weiter hinten, im Schatten eines Johannisbrotbaums, hob eine junge Stute, noch nicht gedeckt, ihren Kopf hoch in die Luft, ließ zitternd ihre Nüstern spielen und wieherte leise. Sie mochte kaum drei Jahre alt sein, in der ersten Blüte ihrer Jugend, schön wie eine Braut. Die Sonne, die den Baum durchstöberte, heftete ihr goldene Flitter auf ihr weißes Kleid.

»Auch die ist rossig. Der Frühling ist ihr zu Kopf gestiegen«, sagte der Novize.

Von der Tenne her, wo sie den Hengst angebunden hielten, weitab von der Pferdekoppel, war dessen erregtes Wiehern zu hören und sein Huf, der den Boden aufscharrte. Sein Ohr mußte den Lockruf des weiblichen Tiers aufgefangen haben.

Untadelig lief ein Hengstfohlen an ihnen vorüber.

»Das wird ein gutes Reitpferd abgeben«, sagte der Abt, den kleinen Kopf, den langen Hals und den kurzen Rücken betrachtend. »Schau nur, was für schlanke Beine und was für ein eingezogener Bauch!« fuhr er fort.

Ein anderes Hengstfohlen wieherte beim Anblick des Novizen so laut, daß seine Bauchadern schwollen, und in seiner Halsader hämmerte die Woge seines Herzens.

»Auch das zeigt, daß es dich liebt«, sagte der Abt.

»Dies Pferd ist jeden Tag anders. Niemand kennt seine Seele.«

Eine Jagdhündin, die bis dahin auf dem Bergrücken hinter den Rebhühnern hergejagt war, lief den beiden Männern in den Weg und fing an, vor dem Novizen herumzutollen. Der streckte ihr seine Hand hinunter, ohne zu ihr zu sprechen, und ließ sie daran hochspringen und ihn spielerisch beißen.

»Ist das die Welpe, die ich dir geschenkt hab'?« fragte der Abt.

»Ja, das. Ich nenn' sie Zimtbraune wie ihre Mutter.«

»Nimm sie dir zur Gesellschaft mit in den Brunnen. Du wirst sie brauchen können.«

»Ich denke, ich nehm' in diese Grube nichts mit als die Heilige Schrift.«

»Du hast recht. Das ist, was not tut für ein Leben der Einkehr und den Frieden der Seele.«

Leo N. Tolstoj

Der Leinwandmesser

(Auszug)

Immer höher und höher hob sich das Himmelsgewölbe, immer breiter ergoß sich die Morgenröte, immer weißer wurde der matte Silberglanz des Morgentaus, immer glanzloser die Sichel des Mondes, immer lauter der Wald ... Die Menschen erhoben sich vom Nachtlager, und im herrschaftlichen Gestüt vernahm man immer häufiger und häufiger Schnauben, Rasseln im Stroh, ja sogar zorniges, kreischendes Wiehern der Pferde, die sich zusammendrängten und um etwas zankten.

»No-o! Du kommst zurecht, bist verhungert?« sagte der alte Pferdeknecht, indem er rasch das knarrende Tor öffnete. »Wo hinaus?« schrie er und holte gegen eine Stute aus, die sich in das Tor gedrängt hatte.

Der Pferdehirt Nestjor trug einen kosakischen Halbrock und einen gestickten Gurt um den Leib, die Peitsche hatte er über die Schulter geworfen, sein Brotbeutel war an seinem Gurt befestigt. In den Händen trug er einen Sattel und Zaumzeug.

Die Pferde waren über den spöttischen Ton des Pferdehirten weder erschrocken noch ärgerlich; sie sahen aus, als wäre ihnen alles gleichgültig, und zogen sich träg vom Tor zurück. Nur eine alte, dunkelbraune Stute mit langer Mähne spitzte die Ohren und warf rasch ihr Hinterteil zurück. In diesem Augenblick wieherte eine junge Stute, die hinten stand und die dies gar nichts anging, und schlug gegen das erste beste Pferd, das ihr im Wege stand, rückwärts aus.

»No!! ...« schrie der Pferdehirt noch lauter und drohender und ging auf einen Winkel des Hofes zu.

Von allen Pferden, die sich im Gestüt befanden (es waren etwa hundert), zeigte die geringste Ungeduld ein scheckiger Wallach, der einsam im Winkel unter dem Schutzdach stand und mit eingekniffenen Augen die Eichenbalken des Stalles beleckte.

»Tu dich nur gütlich«, wandte sich wieder in demselben Ton der Pferdehirt an ihn, trat zu ihm heran und legte den Sattel und eine abgenutzte Filzdecke neben ihn auf den Dünger nieder.

Der scheckige Wallach hörte auf zu lecken und blickte Nestjor lange unbeweglich an. Er war weder freundlich noch mürrisch. Er richtete sich nur mit seinem ganzen Leibe in die Höhe, seufzte sehr schwer auf und wandte sich ab. Der Pferdehirt umschlang seinen Hals und legte ihm den Zaum an.

»Was seufzest du?« sagte Nestjor.

Der Wallach bewegte seinen Schweif, als wollte er sagen: »Nur so, es hat nichts zu bedeuten, Nestjor.« Nestjor legte ihm die Filzdecke und den Sattel auf, wobei der Wallach die Ohren spitzte, wahrscheinlich, um sein Mißfallen auszudrücken.

Nestjor bestieg mit Hilfe des kurzen Steigbügels den Wallach, wickelte die Peitsche los, lockerte unter dem Knie den Halbrock, setzte sich in den Sattel auf die eigentümliche Art, wie Kutscher, Jäger, Pferdehirten zu reiten pflegen, und zog die Zügel an. Der Wallach hob den Kopf und gab seine Bereitwilligkeit kund, zu gehen, wohin man ihm befehlen würde, rührte sich aber nicht von der Stelle. Er wußte, daß Nestjor, ehe er abritt, noch viel schreien würde, und daß er von seinem Rücken aus dem anderen Pferdehirten Wassjka und den Pferden Befehle erteilen würde. Und wirklich begann Nestjor zu schreien: »Wassjka, he, Wassjka! Hast du die Mutterstuten hinausgelassen? – Wie? – Wohin willst du denn? Teufelskerl! Wo – o – schläfst wohl gar . . . Mach auf, laß zuerst die Stuten heraus . . .«

Das Tor knarrte. Wassjka stand ärgerlich und verschlafen am Ausgang. Er hielt sein Pferd am Zügel und ließ die anderen Pferde durch. Die Pferde gingen eines nach dem anderen, vorsichtig über das Stroh schreitend und daran schnuppernd: junge Stuten, jährige Hengste mit beschnittenen Mähnen, saugende Füllen und trächtige Mutterstuten, vorsichtig je eines ihren Leib durch das Tor hindurchzwängend. Die jungen Stuten drängten sich zuweilen zu zweien, zu dreien, legten eine der anderen den Kopf über den Rücken, setzten im Tore ihre Beine in schnellere Bewegung und erhielten dafür jedesmal von den Pferdehirten Scheltworte. Die saugenden Füllen stürzten manchmal fremden Müttern unter die Beine, wieherten laut auf, den kurzen Anruf der Mütter beantwortend.

Eine junge ausgelassene Stute bog, sobald sie nur zum Tor hinausgekommen war, ihren Kopf nach unten und nach der Seite, schlug nach hinten aus und wieherte; sie wagte aber nicht, der grauen alten Shuldyba vorauszueilen, die mit ruhigem schwerfälligem Schritt, den Leib von der einen Seite auf die andere schwenkend, gemessen ihren Weg ging, wie immer an der Spitze aller Pferde.

In wenigen Minuten war das sonst so belebte Gestüt traurig verödet, düster ragten die Säulen in dem leeren Schuppen empor, man sah nichts als zertretenes, mit Kot bedecktes Stroh. So sehr auch dieses Bild der Verlassenheit dem scheckigen Wallach gewohnt war, mußte es doch einen traurigen Eindruck auf ihn machen. Er senkte und hob den Kopf langsam, als ob er grüßte, seufzte auf, soweit ihm der zusammengezogene Leibgurt das erlaubte, und trottete mit seinen krummen, schwerbeweglichen Beinen hinter der Herde her, den alten Nestjor auf seinem knochigen Rücken tragend.

Nachdem Nestjor die Herde zu dem Flusse getrieben, an dessen Ufer die Pferde weiden sollten, stieg er ab und löste den Sattel. Die Herde hatte sich inzwischen schon langsam über die noch nicht zertretene Wiese zerstreut, die mit Tau und Dampf bedeckt war, der gleichmäßig von der Wiese und dem Flusse, der sie umspülte, aufstieg.

Nestjor nahm dem scheckigen Wallach das Gebiß ab und streichelte ihn unter dem Hals, worauf der Wallach zum Zeichen seiner Dankbarkeit und seiner Freude die Augen schloß. »Das hat er gern, der alte Hund!« sagte Nestjor. Der Wallach hatte aber dieses Streicheln keineswegs gern, nur aus Zartgefühl tat er, als ob es ihm angenehm wäre; er schüttelte den Kopf zum Zeichen der Zustimmung. Plötzlich aber stieß Nestjor gänzlich unerwartet und ohne jede Ursache, vielleicht nur, weil er glaubte, daß allzu große Familiarität dem scheckigen Wallach eine falsche Vorstellung von seiner Bedeutung geben könnte, und ohne jede Vorbereitung den Kopf des Wallachs zurück, schwenkte das Gebiß, schlug mit der Schnalle des Gebisses den Wallach höchst schmerzhaft über das magere Bein und ging, ohne ein Wort zu sprechen, die Anhöhe hinauf, dem Baumstamme zu, an dem er immer zu sitzen pflegte.

Obwohl dieses Vorgehen den scheckigen Wallach bitter kränkte, ließ er sich doch nichts merken und ging, langsam den haarlosen Schweif schwenkend, auf dem Boden herumschnuppernd und nur zum Zeitvertreib Gras abrupfend, auf den Fluß zu. Er kümmerte sich nicht im geringsten um das, was rings um ihn her in der Freude des heitern Morgens die jungen Stuten, die jährigen Hengste und die saugenden Füllen taten. Er wußte, daß es am gesündesten sei, besonders in seinen Jahren, auf nüchternen Magen erst tüchtig zu trinken und dann zu essen, und suchte sich an abgelegener und freier Stelle des Ufers ein Plätzchen, befeuchtete die Hufen und das Köthenhaar, tauchte das Maul ins Wasser, begann es mit seinen zerrissenen Lippen aufzuziehen, mit seinen vollen Backen zu schlürfen und vor Wohlbehagen mit seinem dünnen, scheckigen Schweife zu wedeln.

Die dunkelbraune Stute, ein störrisches Tier, das den Alten neckte und ihm allerlei Unannehmlichkeiten bereitete, kam auch hier im Wasser zu ihm heran, als ob sie einen Wunsch hätte, und doch in Wirklichkeit nur, um ihm das Wasser vor der Nase zu trüben. Der Schecke aber hatte sich schon satt getrunken und zog ruhig, als ob er die Absicht der dunkelbraunen Stute nicht bemerkte, seine tief im Wasser steckenden Beine eines nach dem andern heraus, schüttelte den Kopf und ging abseits von den jungen Tieren an sein Futter.

Er setzte die Füße auf die sonderbarste Art, um nicht unnütz das Gras zu zertreten, und fraß beständig, fast ohne den Kopf aufzurichten, volle drei Stunden. Nachdem er sich so vollgegessen hatte, daß sein Bauch wie ein Sack von den magern steifen Rippen herabhing, richtete er sich auf allen vier kranken Beinen gleichzeitig auf, damit es ihn so wenig als möglich schmerze, besonders an dem rechten Vorderfuß, der schwächer war als alle andern, und schlief ein.

Es gibt ein majestätisches Alter, es gibt ein häßliches, es gibt ein klägliches Alter; es gibt auch ein Alter, das häßlich und majestätisch zugleich ist; das Alter des scheckigen Wallachs war ein solches.

Der Wallach war von hohem Wuchs. Seine Farbe war schwarzscheckig; so war sie einst gewesen, jetzt hatten die schwarzen Flecken eine schmutzig-dunkelbraune Farbe bekommen. Drei Flecken machten ihn zum Schecken: einer an dem Kopfe mit der schiefen kahlen Stelle an der einen Seite der Nüstern bis zur Mitte des Halses. Die lange, mit garstigen Drüsen durchsetzte Mähne war teils weiß, teils dunkelbraun. Der zweite Fleck ging die rechte Seite hinunter bis in die Mitte des Bauches; der dritte Fleck – den Rücken entlang über den obern Teil des Schweifes – war weißlich-bunt. Der große knochige Kopf mit den tiefen Höhlen über den Augen, mit dem herabhängenden, früher einmal zerrissenen Maule, hing schwer und tief an dem vor Magerkeit gekrümmten, gleichsam hölzernen Halse. In dem herabhängenden Maule sah man die auf die Seite gedrückte, dunkle Zunge und die gelben Stümpfe der zerstörten unteren Zähne. Die Ohren, von denen eines zerschnitten war, hingen tief an den Seiten herab und bewegten sich nur manchmal träge, um die festsitzenden Fliegen zu verscheuchen. Ein ziemlich langes Haarbüschel hing vom Schopf hinter den Ohren herab, die freie Stirn war eingesunken und rauh; in den breiten Hüften hing das Fell in Säckchen herab. Auf dem Halse und dem Kopfe bildeten die Adern Knoten, die bei jeder Berührung der Fliegen zusammenzuckten und zitterten. Der Ausdruck der Gesichtszüge war der der ernsten Geduld, des Tiefsinns und des Leidens.

Die Vorderfüße des Tieres waren in den Knien bogenförmig, an beiden Hufen waren Geschwülste, und auf dem einen, der bis zur Hälfte scheckig war, befand sich am Knie eine Beule von der Größe einer Faust. Die Hinterfüße waren weniger abgenutzt, aber offenbar in den Schenkeln schon lange abgerieben, so daß das Fell an diesen Stellen nicht mehr nachwuchs. Rist und Rücken trugen die bunten Spuren alter Schläge, und das Fell, so kurz es war, stand an dem ganzen Körper aufrecht. Aber abgesehen von dem abstoßenden Alter dieses Pferdes wurde man unwillkürlich nachdenklich, wenn man es betrachtete, und jeder Kenner hätte sofort gesagt, dies Pferd sei seiner Zeit ein außerordentlich gutes gewesen.

Wirklich, es lag etwas Majestätisches in der Gestalt dieses Pferdes und in der schrecklichen Vereinigung widerwärtiger Merkmale der Gebrechlichkeit, die noch gesteigert waren durch das bunte Aussehen der Haut und die Gebärden und den Ausdruck von Selbstvertrauen und Ruhe, bewußter Schönheit und Kraft.

Wie eine lebendige Ruine stand es einsam inmitten der tauigen Wiese, und unweit von ihm erscholl das Stampfen, Schnauben und jugendliche Gewieher der zerstreuten Herde.

Die Sonne war schon über die Wipfel des Waldes emporgestiegen und funkelte mit hellem Schein auf den Gräsern und auf den Krümmungen des Flusses. Der Tau trocknete und ballte sich zu Tropfen; wie Rauch schwand der letzte Morgendunst dahin. Die Wölkchen kräuselten sich am Himmel, aber der Wind wehte noch nicht. Jenseits des Flusses starrte grünes Korn mit vollen Ähren in die Höhe, duftete es nach frischem Grün und Blüten. Aus dem Walde rief der Kuckuck mit heiserer Stimme, und Nestjor zählte, träge auf dem Rücken liegend, wieviel Jahre er noch zu leben hätte. Lerchen flatterten über dem Kornfeld und der Wiese. Ein verspäteter Hase verlief sich unter die Pferdeherde, flüchtete sich ins Freie, duckte neben einem Busche nieder und horchte auf. Wassjka war eingeschlummert und hatte den Kopf tief ins Gras vergraben; die Stuten zerstreuten sich, weit um ihn herumgehend, noch tiefer hinab. Die schnaubenden alten Pferde ließen im Tau eine helle Spur zurück, und jedes suchte sich eine solche Stelle aus, wo ihm niemand in den Weg kam; aber sie fraßen nicht mehr, sie versuchten nur die schmackhaften Gräser. Die ganze Herde bewegte sich unmerklich in einer Richtung vorwärts.

Eines der kleinsten Füllen, ein schwarzes großköpfiges Tier, mit einer Mähne, die sich sonderbar zwischen den Ohren sträubte, und einem Schweife, der noch nach der Seite gekehrt war, nach der er sich im Mutterleibe gebogen hatte, spitzte die Ohren, öffnete die stumpfen Augen und betrachtete, ohne sich von der Stelle zu rühren, unverwandt ein Füllen, das herumsprang, und ging langsam zurück; man hätte kaum sagen können, ob es das Füllen beneidete, oder ob es darüber nachdachte, warum es dies tue. Die einen saugen, mit der Nase anstoßend, andere laufen, ohne auf die Zurufe der Mütter zu achten, man weiß nicht recht warum, in kurzem ungeschicktem Trabe gerade nach der entgegengesetzten Seite, als suchten sie etwas; dann bleiben sie ohne jede Ursache stehen und wiehern in verzweifelt gellendem Tone; einige liegen auf die Seite gestreckt, andere lernen Gras fressen, wieder andere kratzen sich mit dem Hinterfuß am Ohr. Zwei noch trächtige Stuten gehen abgesondert und langsam die Beine vorwärts setzend und fressen noch immer; man sieht, daß die andern ihren Zustand berücksichtigen, keines von den jungen Tieren wagt es, ihnen nahe zu kommen und sie zu stören.

Die einjährigen Hengste und Stuten tun schon wie Erwachsene und Gesetzte, springen selten und suchen heitere Gesellschaft auf; sie fressen vernünftig Gras, indem sie ihre geschorenen Schwanenhälse vorbiegen und, als ob sie auch Schwänze hätten, mit ihren Besen durch die Luft fahren. Ganz wie die Großen legen sich manche von ihnen nieder, schaukeln sich hin und her oder kratzen eines das andere. Die lustigste Gesellschaft bilden die Zweijährigen, die Dreijährigen und die Stuten; sie halten sich fast alle zusammen, als eine gesonderte fröhliche Jungfrauenschar; in ihrem Kreise hört man Stampfen, Kreischen, Wiehern, Schnauben; sie scharen sich, legen sich gegenseitig die

Köpfe über die Schultern, beschnuppern sich, springen und laufen bald im Halbtrabe mit erhobenem Schweife, bald trippelnd stolz und kokett den Gefährtinnen voraus.

Der scheckige Wallach war der beständige Märtyrer und Narr dieser glücklichen Jugend. Er hatte von dieser Jugend mehr zu erdulden als von den Menschen. Weder den einen noch den anderen hatte er etwas Böses getan. Die Menschen brauchten ihn, aber weshalb quälten ihn die jungen Pferde?

Er war alt, sie waren jung; er war mager, sie waren wohlgenährt; er war verdrießlich, sie waren lustig. Er war also ein ganz fremdes, anderes, ganz anderes Wesen, und man brauchte kein Mitleid mit ihm zu haben. Die Pferde haben bloß mit sich selbst Mitleid und manchmal nur mit denen, in deren Haut sie sich leicht versetzen können.

Eine Ursache der Mitleidlosigkeit der Pferde war auch ein gewisses aristokratisches Gefühl. Jedes von ihnen führte seinen Stammbaum väterlicher- oder mütterlicherseits auf die berühmte Smjetanka zurück; die Abstammung des Schecken aber kannte man nicht, der Schecke war ein Eingewanderter, der vor drei Jahren für achtzig Rubelscheine auf dem Jahrmarkt erstanden war.

Eine braune Stute kam, als ob sie nur spazierenginge, dem scheckigen Wallach bis unter die Nase und stieß ihn an. Er wußte schon, was das bedeuten sollte; ohne die Augen zu öffnen, spitzte er die Ohren und fletschte die Zähne.

Die Stute wandte ihm das Hinterteil zu und tat, als ob sie ihn schlagen wollte. Er öffnete die Augen und ging auf die andere Seite. Zum Schlafen hatte er keine Lust mehr, und er begann zu fressen.

Die braune Stute kam gewöhnlich heran, als ginge sie so für sich, sie schritt ganz dicht an der Nase des Schecken vorüber, ohne ihn anzusehen, so daß er wirklich nicht wußte, ob er sich ärgern sollte oder nicht, und das war in der Tat komisch.

Sie tat das auch jetzt, aber eine Blässe, die hinter ihr ging und die in besonders guter Stimmung war, stieß geradewegs den Wallach mit der Brust. Er fletschte die Zähne, winselte und stürzte mit einer Schnelligkeit, die man nicht von ihm erwartet hätte, hinter ihr her und biß sie in den Schenkel. Die Blässe schlug mit beiden Hinterfüßen aus und traf den Alten schwer auf seine magern kahlen Rippen. Der Alte röchelte sogar und wollte sich noch einmal auf sie stürzen, aber er besann sich, seufzte schwer auf und ging auf die Seite. Die ganze Jugend der Herde schien die Keckheit, die sich der scheckige Wallach gegen die Blässe erlaubt hatte, als eine persönliche Kränkung aufzufassen, und sie ließen ihn den ganzen Rest des Tages nicht mehr fressen und ließen ihn nicht einen Augenblick in Ruhe, so daß der Pferdehirt mehrere Male einschreiten mußte und gar nicht begreifen konnte, was mit ihnen vorging.

Der Wallach fühlte sich so gekränkt, daß er von selbst zu Nestjor herankam, als der Alte sich rüstete, die Herde zurückzutreiben, und fühlte sich glücklicher und ruhiger, als er gesattelt und bestiegen wurde.

An diesem Abend kamen zu Nestjor Gevattern zu Besuch, und als er die Herde an den Gutshäusern vorübertrieb, bemerkte er einen Wagen, dessen Pferd an der Treppe seines Hauses festgebunden war. Er trieb die Herde ein und beeilte sich so sehr, daß er den Wallach in den Hof ließ, ohne ihm den Sattel abzunehmen, und Wassjka zurief, er möge das Hirtenpferd absatteln, dann schloß er das Tor und ging zu den Gevattern. War es nun eine Folge der Beleidigung, die der Blässe, der Urenkelin von Smjetanka, von dem Lumpenpack zugefügt worden war, das auf dem Pferdemarkt gekauft war und weder Vater noch Mutter kannte, und des dadurch gekränkten aristokratischen Gefühls des ganzen Gestüts, oder war es die Folge davon, daß der Wallach ohne Reiter den Pferden ein seltsam phantastisches Schauspiel bot – genug, in dem Gestüt ging in dieser Nacht etwas Außerordentliches vor. Alle Pferde, junge und alte, rannten zähnefletschend hinter dem Wallach her und jagten ihn auf dem Hof herum; es erklangen Hufschläge gegen seine hagern Flanken und schweres Stöhnen. Der Wallach konnte es nicht mehr ertragen und den Schlägen nicht mehr ausweichen; er blieb mitten im Hofe stehen; in seinen Zügen prägte sich erst die widerwärtige schwache Wut des kraftlosen Alters, dann Verzweiflung aus; er spitzte die Ohren, und plötzlich geschah etwas, was alle Pferde sofort verstummen machte. Die älteste Stute Wjasopuricha kam heran, beschnupperte den Wallach und stieß einen Seufzer aus. Auch der Wallach stieß einen Seufzer aus.

In der Mitte des Hofes, den der Mond beschien, stand die hohe, hagere Gestalt des Wallachs mit dem hohen Sattel und dem hervorstehenden Knopf am Sattelbaum. Die Pferde standen unbeweglich in tiefem Schweigen um ihn herum, als hätten sie von ihm etwas Neues und Außerordentliches erfahren.

Und das war es, was sie von ihm erfahren hatten.

Die erste Nacht

Ja, ich bin der Sohn von Ljubesnyj I. und von Baba. Im Stammbaum ist mein Name Mushik I.; aber gemeinhin nennt man mich Leinwandmesser. So haben mich die Leute wegen meiner langen, weit ausschreitenden Gangart genannt, die in Rußland nicht ihresgleichen hatte. Der Abstammung nach gibt es kein Pferd in der Welt, das von edlerem Blut wäre als ich. Ich hätte euch das nie gesagt. Wozu auch? Ihr hättet mich nie erkannt, so wenig wie mich Wjasopuricha erkannt hat, die mit mir zusammen in Chrjenowo war und die es jetzt erst getan hat. Ihr würdet mir auch jetzt nicht glauben, ohne das Zeugnis dieser Wjasopuricha. Ich hätte euch das nie gesagt. Ich brauche das Mitleid der Pferde nicht. Aber ihr habt es gewollt. Ja, ich bin der Leinwandmesser, nach dem die Pferdeliebhaber forschen, und den sie nicht finden können – der Leinwandmesser, den der Graf selbst gekannt und aus dem Gestüte fortgeschafft hat, weil ich sein Lieblingspferd »Lebjed« besiegt habe.

Ich muß in der Nacht zur Welt gekommen sein. Am Morgen stand ich, schon von der Mutter beleckt, auf den Beinen. Ich erinnere mich, daß ich stets nach etwas Verlangen hatte und daß mir alles außerordentlich merkwürdig und zugleich außerordentlich einfach vorkam. Die Ställe lagen bei uns in einem langen, warmen Gang und hatten Gittertüren, durch die man alles sehen konnte.

Die Mutter hielt mir die Saugbeutel hin, aber ich war noch so unschuldig, daß ich sie mit der Nase bald gegen die Vorderfüße, bald gegen die Zitzen stieß. Plötzlich sah sich meine Mutter nach der Gittertür um, trat mit ihren Beinen über mich fort und ging zur Seite. Der Stallknecht, der die Aufsicht hatte, sah zu uns durch die Gittertür hinein.

»Sieh da, die Baba hat gefohlt«, sagte er und schob den Riegel zurück. Er trat über die frische Streu herein und umfaßte mich mit den Armen.

»Schau her, Tarraß«, schrie er, »ein scheckiges Ding, wie eine Elster.«

Ich riß mich von ihm los, stolperte und fiel auf die Knie.

»Sieh, was für ein Teufelskerl«, sagte er.

Meine Mutter wurde unruhig, verteidigte mich aber nicht. Sie seufzte schwer, sehr schwer, und ging ein wenig auf die Seite. Die Stallknechte kamen und betrachteten mich. Einer lief zum Stallmeister, um ihm Meldung zu machen.

Alle lachten, wenn sie mein scheckiges Fell sahen, und gaben mir allerlei sonderbare Beinamen. Nicht nur ich, sondern auch meine Mutter verstand die Deutung dieser Worte nicht. Bisher hatte es unter uns und allen unseren Verwandten nicht einen einzigen Schecken gegeben. Wir glaubten nicht, daß das etwas Schlechtes sei. Meinen Körperbau und meine Kraft lobten auch damals alle.

»Sieh nur, wie geschickt er ist«, sagte der Stallknecht, »man kann ihn kaum halten.«

Nach einiger Zeit kam der Stallmeister. Auch er wunderte sich über meine Farbe, er schien sogar ärgerlich zu sein.

»Und von wem hat diese Mißgeburt das?« sagte er. »Der General wird es jetzt nicht im Stall behalten. Ach Baba, du hast mich schön angeführt«, wandte er sich an meine Mutter. »Hättest du wenigstens eine Blässe zur Welt gebracht, aber gar so einen Schecken!«

Meine Mutter antwortete nichts und seufzte wieder, wie sie immer in solchen Fällen zu tun pflegte.

Nach einigen Tagen kam der General selbst, betrachtete mich, und wieder waren alle entsetzt und schalten mich und meine Mutter wegen der Farbe meines Fells. »Aber schön ist er, sehr schön«, sagte jeder, der mich nur sah.

Bis zum Frühjahr lebten wir abgesondert alle im Stall der Mutterstuten, jeder bei seiner Mutter; dann und wann nur, wenn der Schnee auf den Dächern der Stallungen vor der Sonne zu schmelzen anfing, wurden wir auf den weiten Hof hinausgeführt, der mit frischem Stroh gedeckt war. Da lernte ich zum erstenmal alle meine Verwandten, nähere und fernere, kennen, da sah ich, wie aus den verschiedenen Türen all die ausgezeichneten Stuten jener Zeit mit ihren Saugfohlen herauskamen. Da war die alte Holländerin Muschka, die Tochter der Smjetanka, Krasnucha, das Reitpferd Dobrochoticha – alles Berühmtheiten jener Zeit – alle kamen da zusammen mit ihren Saugfohlen, ergingen sich im Sonnenschein, wälzten sich auf dem frischen Stroh und beschnupperten sich gegenseitig wie die gewöhnlichen Pferde. Das Bild dieses Stalles, der von den Schönheiten jener Zeit voll war, kann ich bis heute nicht vergessen. Euch mag es schwer sein zu denken und zu glauben, daß ich jung und gewandt war, aber es war so. Da war auch unsere Wjasopuricha, damals noch ein Einjähriges – ein sehr liebes, lustiges und gewandtes Pferdchen; obgleich sie jetzt wegen ihres Geblüts unter euch für eine Seltenheit gilt, gehörte sie doch damals, ich sage das nicht, um sie zu kränken, zu den schlechtesten Pferden dieser Zucht. Sie wird es euch selbst bestätigen.

Meine Buntheit, die den Menschen so mißfiel, gefiel den Pferden außerordentlich; alle umringten mich, betrachteten mich mit Wohlgefallen und schäkerten mit mir. Schon begann ich die Worte der Menschen über meine Buntheit zu vergessen und fühlte mich glücklich. Bald aber erfuhr ich den ersten Schmerz in meinem Leben, und die Ursache war meine Mutter. Als es schon anfing zu tauen und Frühlingsdüfte die Luft erfüllten, fing meine Mutter an, ihr Verhalten gegen mich zu verändern.

Ihr ganzes Wesen wurde ein anderes. Bald begann sie plötzlich ohne jede Ursache zu spielen, lief auf dem Hofe herum, was gar nicht zu ihrem ehrwürdigen Alter paßte; bald wurde sie nachdenklich und wieherte, bald beschnupperte sie mich und schnaubte verdrießlich; bald legte sie, wenn sie in die Sonne hinauskam, ihren Kopf über die Schulter ihres Geschwisterkindes Kuptschicha, kraulte ihr lange in Gedanken versunken den Rücken und stieß mich von den Saugbeuteln fort. Eines Tages kam der Stallmeister, ließ ihr einen Halfter umwerfen und sie aus dem Stalle führen. Sie wieherte, ich antwortete und stürzte ihr nach, aber sie sah sich nicht einmal nach mir um. Der Stallmeister Tarraß umfaßte mich in dem Augenblick, als man die Tür hinter der Mutter schloß, mit beiden Armen.

Ich riß mich los, warf den Stallknecht in das Stroh, aber die Tür war verschlossen, und ich hörte das Gewieher meiner Mutter nur aus immer weiterer Ferne. Und aus diesem Gewieher vernahm ich nicht mehr den Ruf nach mir, es hatte einen anderen Ausdruck. Und ihrer Stimme antwortete aus der Ferne eine mächtige Stimme, wie ich später erfuhr, die Dobryjs I., der, zwei Stallknechte an jeder Seite, zum Stelldichein mit meiner Mutter kam.

Ich erinnere mich nicht mehr, wie Tarraß meinen Stall verließ; mir war zu traurig zumute – ich fühlte, daß ich für immer die Liebe meiner Mutter verloren hatte. »Und alles, weil ich ein Schecke war«, dachte ich, wenn ich mich der Worte der Menschen über mein Fell erinnerte; und eine solche Wut packte mich, daß ich mit Kopf und Knien an die Wände des Stalles schlug und so lange schlug, bis ich in Schweiß geriet und vor Erschöpfung aufhörte.

Nach einiger Zeit kam die Mutter zu mir zurück. Ich hörte, wie sie in kurzem Trab und in ungewohntem Schritt den Gang entlang zu unserem Stall kam. Man öffnete ihr die Tür, und ich erkannte sie nicht wieder – so war sie jünger und schöner geworden. Sie beschnupperte mich, schnaufte und begann zu kichern. An ihrem ganzen Ausdruck sah ich, daß sie mich nicht liebte.

Sie erzählte mir von der Schönheit Dobryjs und von ihrer Liebe zu ihm. Diese Zusammenkünfte dauerten fort, und das Verhältnis zwischen mir und meiner Mutter wurde immer kühler und kühler.

Bald ließ man uns auf die Weide hinaus. Von diesem Augenblick an lernte ich neue Freuden kennen, die mir den Verlust der Liebe meiner Mutter ersetzten. Ich hatte Freundinnen und Kameraden. Wir lernten zusammen Gras fressen, wiehern, wie die Großen, und mit emporgehobenem Schweif um unsere Mutter herumspringen. Das war eine glückliche Zeit. Mir war alles erlaubt, alle liebten mich, waren wohlwollend gegen mich und beurteilten alles, was ich tun mochte, mit Nachsicht. Das dauerte nicht lange.

Es ging bald etwas Entsetzliches mit mir vor . . .

Der Wallach seufzte sehr schwer auf und entfernte sich von den Pferden.

Das Morgenrot stand schon lange am Himmel, die Tür knarrte, Nestjor trat ein. Die Pferde gingen auseinander. Der Pferdehirt rückte den Sattel auf dem Wallach zurecht und trieb die Herde hinaus.

Die zweite Nacht

Kaum waren die Pferde eingetrieben, als sie sich wieder um den Schecken drängten.

Im August – fuhr der Schecke fort – wurde ich von meiner Mutter getrennt, und ich grämte mich nicht besonders darüber. Ich sah, daß meine Mutter schon einen jüngeren Bruder trug, den berühmten Ussan, und ich war nicht mehr das, was ich früher gewesen war. Ich war nicht eifersüchtig, aber ich fürchte, daß ich kühler gegen sie geworden war. Außerdem hoffte ich, daß ich jetzt, wo ich meine Mutter verlassen hatte, in die allgemeine Füllenabteilung kommen würde, wo wir zu zweien und zu dreien zusammenstanden und täglich mit der ganzen Schar ins Freie gingen. Ich stand in einer Abteilung mit Milyj. Milyj war ein Reitpferd, und später ritt ihn der Kaiser. Damals war er noch ein winziger Säugling mit glänzendem, zartem Fell, mit einem Schwanenhals und Beinen, ebenmäßig und fein, wie Saiten. Er war stets lustig, gutmütig und liebenswürdig, war immer geneigt zum Spielen, zum Belecken und seinen Scherz zu treiben mit Pferden und Menschen. Unwillkürlich befreundeten wir uns, da wir zusammen wohnten, und diese Freundschaft währte die ganze Zeit unserer Jugend. Er war lustig und leichtsinnig. Er fing schon damals an zu lieben, tändelte mit den Stuten und belächelte meine Unschuld. Und zu meinem Unglück begann ich aus Eitelkeit es ihm nachzutun und wurde bald von der Liebe ergriffen. Diese meine Jugendneigung war die Ursache der größten Veränderung meines Schicksals. Es kam so, daß ich von Entzücken hingerissen wurde ... Wjasuporicha war ein Jahr älter als ich. Wir waren herzlich befreundet, aber gegen Ende des Herbstes beobachtete ich, daß sie anfing, mich zu meiden ...

Aber ich will nicht diese ganze unglückselige Geschichte meiner ersten Liebe erzählen – sie selbst weiß es, wie unvernünftig ich mich hinreißen ließ und mit welcher wichtigen Umgestaltung meines Lebens die Geschichte endete.

Die Pferdehirten stürzten über uns her, trieben sie fort und schlugen mich. Am Abend wurde ich in eine besondere Abteilung gebracht, ich wieherte die ganze Nacht, als ob ich eine Vorahnung dessen gehabt hätte, was am nächsten Tage kommen sollte.

Am frühen Morgen kam in den Flur meiner Abteilung der General, der Stallmeister, Stallknechte und Pferdehirten, und es begann ein furchtbares Lärmen. Der General schrie den Stallmeister an, der Stallmeister verteidigte sich, nicht er habe befohlen, mich loszulassen, die Stallknechte hätten das eigenmächtig getan. Der General sagte, er werde alle durchpeitschen lassen und junge Hengste könne man nicht halten. Der Stallmeister versprach, alles zu tun. Sie wurden ruhig und gingen. Ich verstand nichts, aber ich sah, daß man etwas gegen mich im Schilde führte.

Am anderen Tage hörte ich für alle Zeiten zu wiehern auf – ich wurde, was ich jetzt bin.

Ich hatte schon früher Neigung zu Ernst und Tiefsinn gezeigt, jetzt aber vollzog sich mit mir eine entscheidende Umwandlung. Mein scheckiges Fell, das bei den Menschen eine so merkwürdige Verachtung erweckte, mein schreckliches, unerwartetes Unglück und dazu die eigentümliche Stellung im Gestüt, die sich mir fühlbar machte, die ich mir aber gar nicht erklären konnte, war der Grund, daß ich mich in mich selbst versenkte. Ich dachte über die Ungerechtigkeit der Menschen nach, die mich verdammten, weil ich scheckig war; ich dachte über die Unbeständigkeit der Mutterliebe und der Frauenliebe überhaupt nach, über ihre Abhängigkeit von physischen Voraussetzungen, hauptsächlich aber dachte ich über die Eigentümlichkeit des sonderbaren Geschlechts von Lebewesen nach, mit denen wir so eng verbunden sind und die wir Menschen nennen – die Eigentümlichkeiten, denen die Besonderheit meiner Stellung im Gestüt entsprang, wie ich fühlte, aber nicht begreifen konnte.

Die Bedeutung dieser Besonderheit und der menschlichen Eigenschaften, auf denen sie beruhten, gingen mir bei folgender Gelegenheit auf:

Es war im Winter während der Feiertage. Den ganzen Tag hatte man mir nichts zu essen und nichts zu trinken gegeben, wie ich später erfuhr, weil unser Stallknecht betrunken war. An diesem Tage aber kam der Stallmeister zu mir herein, sah, daß ich kein Futter hatte, schimpfte mit häßlichen Worten auf den Stallknecht los, der nicht da war, und ging wieder fort.

Am folgenden Tage kam der Stallknecht mit einem zweiten Kameraden in unsere Abteilung, um uns Heu zu geben. Ich bemerkte, daß er besonders bleich und traurig war, vornehmlich im Ausdruck seines langen Rückens lag etwas Bedeutsames und Mitleiderregendes.

Er warf ärgerlich das Heu hinter das Gitter; ich hatte meinen Kopf über seine Schulter geschoben, er schlug mich aber mit der Faust so schmerzhaft auf den Nasenknorpel, daß ich zurückprallte. Da stieß er mich noch mit dem Stiefel gegen den Bauch.

»Wenn dieser krätzige Gaul nicht wäre«, sagte er, »dann wäre nichts geschehen.«

»Was gibt's denn?« fragte der andere Knecht.

»Na ja, nach den Pferden des Grafen sieht er nicht. Aber nach seinem Gaul fragt er zweimal den Tag.«

»Hat man ihm denn den Schecken geschenkt?« fragte der andere.

»Verkauft oder verschenkt, das weiß der Henker! ... Die Pferde des Grafen kann man alle Hungers sterben lassen, das ist ihm gleich. Wage es aber nur, seinem Füllen kein Futter zu geben! ... Leg dich hin, heißt es da, und dann wird drauf losgehauen. Er hat kein Christentum. Mit dem Tier hat er mehr Mitleid als mit dem Menschen. Man sieht's, er trägt kein Kreuz. Er hat selbst gezählt, der Barbar! Der General hat mich so gepeitscht – den ganzen Rücken hat er mir voll Streifen gehauen.«

Was sie vom Hauen und vom Christentum sprachen, verstand ich wohl, aber vollständig unklar war mir damals, was das Wort: *sein* Füllen bedeutete, aus dem ich sah, daß die Menschen eine Art Verhältnis zwischen mir und dem Stallmeister annahmen. Worin dieses Verhältnis bestand, konnte ich damals ganz und gar nicht verstehen. Was sollte es bedeuten, daß man mich das Eigentum eines Menschen nannte? Die Worte *mein Pferd* bezogen sich auf mich und kamen mir ebenso sonderbar vor wie die Worte: *Mein* Boden, *meine* Luft, *mein* Wasser.

Ich hörte nicht auf, über diese Worte nachzudenken, und viel später erst, nachdem ich die verschiedenen Beziehungen zu den Menschen erfahren hatte, begriff ich die Bedeutung, die die Menschen diesen merkwürdigen Worten zuschreiben. Ihre Bedeutung ist die: Die Menschen lassen sich im Leben nicht durch Taten, sondern durch Worte leiten. Sie geben weniger auf die Möglichkeit etwas zu tun oder nichts zu tun als auf die Möglichkeit, von verschiedenen Dingen ein für allemal vereinbarte Worte zu sprechen. Solche Worte, die ihnen für wichtig gelten, sind: mein, meine, mein – die sie von den verschiedensten Dingen, Lebewesen und Gegenständen gebrauchen, sogar vom Boden, von den Menschen und von den Pferden. Von ein und derselben Sache, kommen sie überein, darf nur einer sagen *mein.* Und wer nach diesem von ihnen vereinbarten Spiele von der größten Zahl der Dinge sagt: *mein* – der gilt bei ihnen für den Glücklichsten. Weshalb das so ist, weiß ich nicht, aber es ist so.

Viele von den Menschen, die mich z.B. *ihr* Pferd nannten, ritten mich nicht, mich ritten ganz andere. Sie fütterten mich auch nicht, mich fütterten ganz andere. Gutes erwiesen mir auch nicht etwa die, die mich *ihr* Pferd nannten, sondern Kutscher, Roßärzte, überhaupt fremde Menschen. Später, als sich der Kreis meiner Beobachtungen erweiterte, überzeugte ich mich, daß nicht bloß in bezug auf uns Pferde der Begriff *Mein* keine andere Grundlage habe als den niedrigen und tierischen Instinkt der Menschen, den sie Eigentumssinn oder Eigentumsrecht nannten. Der Mensch sagt: »Das Haus ist *mein*«, und wohnt nie darin. Er kümmert sich nur um den Aufbau und die Erhaltung des Hauses. Der Kaufmann sagt: »*Mein* Laden, *mein* Tuchladen« z.B., und seine Kleidung ist nicht aus den besten Stoffen, die er in seinem Laden hat.

Es gibt Menschen, die ein Stück Land *mein* nennen und dieses Stück Land nie gesehen haben und nie darauf gewandelt sind. Es gibt Menschen, die andere Menschen *mein* nennen und diese Menschen nie gesehen haben, und alle ihre Beziehungen zu diesen Menschen bestehen darin, daß sie ihnen Böses tun.

Es gibt Menschen, die Frauen *ihre* Frauen oder Gattinnen nennen; und diese Frauen leben mit anderen Männern. Und die Menschen streben im Leben nicht danach, das zu tun, was sie für gut halten, sondern danach, möglichst viele Dinge *mein* zu nennen.

Ich bin jetzt überzeugt davon, daß darin der wesentliche Unterschied zwischen den Menschen und uns Pferden besteht. Und daher können wir, von anderen Vorzügen vor den Menschen nicht zu reden, schon wegen dieses einen Umstandes behaupten, daß wir in der Stufenleiter der Lebewesen höher stehen als die Menschen; die Tätigkeit jener Menschen, mit denen ich Beziehungen hatte, wird durch Worte bestimmt, unsere aber durch die Tat.

Und dieses Recht, von mir zu sagen: *mein Pferd* hatte der Stallmeister bekommen, und darum prügelte er den Stallknecht. Diese Entdeckung hatte einen tiefen Eindruck auf mich gemacht und trug dazu bei, mich zu dem ernsten und tiefsinnigen Wallach zu machen, der ich bin.

Ich war dreifach unglücklich. Ich war ein Schecke, ich war ein Wallach, und die Menschen hatten von mir die Vorstellung, daß ich nicht Gott und mir selbst gehöre, wie dies allen Lebewesen eigen ist, sondern daß ich dem Stallmeister gehöre.

Die Folgen dieser Vorstellung, die die Menschen von mir hatten, waren zahlreich. Die erste Folge war schon die, daß man mich abgesondert hielt, mich besser fütterte, mich häufiger mit Halfterriemen umhertrieb und mich früher einspannte. Ich erinnere mich, wie mich eben der Stallmeister, der sich einbildete, daß ich ihm gehöre, und eine Schar von Stallknechten zum erstenmal einspannten und erwarteten, ich würde störrisch und widerspenstig sein. Sie banden mich mit Stricken und führten mich in die Gabel; auf den Rücken hatten sie mir ein breites Lederkreuz gelegt, das banden sie an die Deichselstange, damit ich nicht hinterrücks ausschlage, während ich doch nur die Gelegenheit erwartete, meine Lust und Liebe zur Arbeit zu zeigen.

Sie wunderten sich, daß ich wie ein altes Pferd vorwärts ging. Sie fuhren mich herum, und ich übte mich im Trabrennen. Mit jedem Tage machte ich größere und größere Fortschritte, so daß nach drei Monaten der General selbst und viele andere meinen Gang lobten. Aber merkwürdig, weil sie der Ansicht waren, daß ich nicht mein, sondern des Stallmeisters war, hatte mein Gang für sie eine völlig andere Bedeutung.

Die Füllen, meine Brüder, fuhren sie zum Rennen ein, maßen ihren Abgang, gingen hinaus, zuzusehen, fuhren mit ihnen in vergoldeten Wagen und bedeckten sie mit kostbaren Decken. Ich fuhr in dem einfachen Wagen des Stallmeisters in seinen Geschäften nach Tschesmenka und anderen Vorwerken. Alles das kam daher, weil ich ein Schecke war, vor allem aber, weil ich nach ihrer Meinung nicht Eigentum des Grafen, sondern des Stallmeisters war.

Morgen, wenn wir's erleben, will ich euch erzählen, welche wichtigste Folge für mich dieses Eigentumsrecht hatte, das sich der Stallmeister einbildete ...

Diesen ganzen Tag war das Benehmen der Pferde gegen

Leinwandmesser ein achtungsvolles, nur Nestjor ging mit ihm wie immer um. Nur Nestjors Behandlung war ebenso grob.

Die dritte Nacht

Der Mond war im Zunehmen, und seine schmale Sichel beleuchtete die Gestalt des Leinwandmessers, der mitten im Hofe stand; die Pferde hatten sich um ihn geschart.

Die wichtigste, merkwürdigste Folge dessen, daß ich nicht des Grafen, nicht Gottes, sondern des Stallmeisters Eigentum war – fuhr der Schecke fort –, war für mich, daß das, was unser Hauptverdienst bildet, der feurige Gang, die Ursache meiner Verbannung wurde. Lebjed wurde für die Bahn eingefahren, da kam der Stallmeister aus Tschesmenka mit mir heran und hielt an der Bahn. Lebjed kam an uns vorüber. Er ging gut, aber er tänzelte doch; er besaß nicht die Verschlagsamkeit, die ich mit Mühe erreicht hatte, daß nämlich, wenn der eine Fuß die Erde berührt, der andere sich sofort hebt und nicht die geringste Mühe nutzlos vergeudet werde, sondern jede Mühe vorwärts brachte.

Lebjed kam an uns vorüber. Ich drängte in die Bahn hinein, der Stallmeister hielt mich nicht zurück. »Wollt ihr euch mit meinem Schecken messen?« rief er, und als Lebjed wieder in einer Linie mit uns war, ließ er mich los. Der andere war schon im raschen Laufen, darum blieb ich bei der ersten Umfahrt zurück, bei der zweiten aber holte ich ihn ein, kam dem Wagen immer näher, war bald in gleicher Linie mit ihm, überholte ihn und – war voraus gelangt. Man versuchte es zum zweitenmal – dasselbe Ergebnis. Ich war feuriger, und das brachte alle in Entsetzen. Der General bat, man möchte mich so schnell als möglich und so weit fort als möglich verkaufen, damit man nichts mehr von mir hörte. »Wenn das der Graf erfährt, ein Unglück!« sprach er, und ich wurde einem Pferdehändler in Korennaja verkauft. Bei dem Pferdehändler blieb ich nicht lange. Ein Husar erstand mich, der wegen Remonten gekommen war. Das alles war so ungerecht, so grausam, daß ich froh war, als man mich aus Chrjenowo fortbrachte und mich auf immer von allem trennte, was mir verwandt und lieb war. Und das alles nur, weil ich ein Schecke war, und weil ich deshalb jemandes Eigentum sein mußte . . .

Weiter vermochte Leinwandmesser an diesem Abend nicht zu erzählen. Im Pferdehof geschah etwas, was alle Pferde in Aufregung versetzte. Kuptschicha, eine tüchtige, verspätete Stute, die anfangs der Erzählung zugehört hatte, hatte sich plötzlich fortgewandt und war unter den Schuppen gegangen. Dort begann sie laut zu ächzen, daß alle Pferde sich nach ihr umsahen; dann legte sie sich nieder, stand wieder auf und legte sich wieder nieder. Die alten Mutterstuten verstanden, was mit ihr vorging, die Jugend aber geriet in Aufregung, ließ den Wallach stehen und umringte die Kranke . . . Am Morgen stand ein neues Füllen auf den schwächlichen Beinchen da. Nestjor rief den Stallmeister herbei, die Stute und das Füllen wurden in eine Abteilung gebracht, und die Pferde wurden ohne sie hinausgetrieben.

Die vierte Nacht

Abends, als das Tor geschlossen und alles still geworden war, fuhr der Schecke also fort:

Ich konnte viele Beobachtungen über Menschen und Pferde machen, während ich von einer Hand in die andere überging. Am längsten war ich bei zwei Herren: bei einem Fürsten, der Husarenoffizier war, dann bei einer alten Frau, die an der Nikolaistraße wohnte.

Bei dem Husarenoffizier verbrachte ich die schönste Zeit meines Lebens.

Obgleich er die Ursache meines Verderbens war, obgleich er niemanden und nichts gern hatte, liebte ich ihn und liebte ihn gerade deshalb. Mir gefiel es an ihm, daß er schön, glücklich und reich war.

Ihr habt Verständnis für diese unsere hohe Pferdeempfindung! Seine Gleichgültigkeit und meine Abhängigkeit von ihm gaben meiner Liebe eine besondere Stärke. »Schlage mich tot, fahre mich zuschanden«, dachte ich manchmal in dieser schönen Zeit, »ich werde umso glücklicher sein.«

Er hatte mich von einem Pferdehändler erstanden, und

dem hatte mich ein Stallmeister für 800 Rubel überlassen. Er hatte mich gekauft, weil kein Mensch scheckige Pferde besaß. Er hatte eine Geliebte. Ich wußte das, denn ich brachte ihn jeden Tag zu ihr. Oft fuhr ich sie, oft auch beide zusammen.

Seine Geliebte war eine schöne Frau, und er war ein schöner Mann und hatte einen schönen Mann als Kutscher. Und ich hatte sie alle dafür gern. Und ich hatte ein gutes Leben.

Der Hausherr und der Kutscher Feophan waren einander ähnlich. Beide fürchteten sich vor nichts in der Welt und liebten niemanden als sich selbst, und darum hatten alle Leute sie gern. Feophan trug gewöhnlich ein rotes Hemd, Plüschhosen und eine ärmellose Jacke. Ich sah es gern, wenn er am Feiertag pomadisiert in den Stall kam und schrie:

»Nun, Vieh, hast mich vergessen!« und mich dabei mit dem Stiel der Gabel in den Schenkel stieß. Es tat mir aber nie weh, es war nur zum Scherz. Ich verstand sofort den Scherz, spitzte die Ohren und knirschte mit den Zähnen.

Wir hatten einen Rappen, der zu einem Paar gehörte. Manchmal, zur Nachtzeit, spannte man mich mit ihm zusammen. Dieser Centaur verstand keinen Spaß, war böse wie ein Teufel. Ich stand neben ihm im benachbarten Stand, und es kam vor, daß wir uns ernstlich bissen. Feophan hatte keine Furcht vor ihm. Er geht auf ihn zu, schreit ihn an – man glaubt, er wird ihn töten – weit gefehlt, er haut daneben, und Feophan legt ihm den Halfter an.

Eines Tages fuhr ich mit ihm zusammen sausend die Schmiedebrücke (in Moskau) hinunter. Weder der Hausherr noch der Kutscher waren in Angst; sie lachten, schrien das Volk an, hielten uns zurück und wendeten um, so kam's, daß niemand dabei Schaden nahm.

In diesem Dienst verlor ich meine besten Eigenschaften und die Hälfte meines Lebens. Hier wurde ich erhitzt getränkt und im Laufen überanstrengt . . . Aber trotzdem war es meine schönste Zeit! Um zwölf Uhr kamen sie, schirrten mich an, schmierten die Hufe ein, feuchteten mir Schweif und Mähne und führten mich in die Gabel.

Der Schlitten war aus Rohrgeflecht mit Sammetpolstern; das Geschirr mit kleinen silbernen Schnallen, die Leitseile seiden, eine Zeitlang sogar gestrickte Arbeit. Angespannt wurde im Schuppen, während ich angebunden war. Dann kommt Feophan, mit einem Rücken breiter als die Schultern, einem roten Gurt unter den Achseln, besichtigt das Geschirr, kauert nieder, legt den Kaftan zurecht, setzt den Fuß in den Bügel, scherzt ein wenig, hängt stets die Peitsche ein, obgleich er mich fast nie damit schlägt, nur der Ordnung halber, und sagt: »Los!« Ich gehe mit tänzelndem Schritt zum Tor hinaus, die Köchin, die herausgekommen ist, um Spülicht auszugießen, bleibt an der Schwelle stehen, und der Bauer, der Holz in den Hof gefahren hat, reißt die Augen auf. Er fährt hinaus, fährt ein Stückchen und hält an. Lakaien kommen heraus, Kutscher kommen herangefahren. Die Unterhaltung beginnt von allen Seiten. Alles wartet; wir stehen bisweilen zwei, drei Stunden vor der Anfahrt, fahren von Zeit zu Zeit hin und her, wenden um und halten wieder.

Endlich wird es laut im Flur, der graue Tichon mit dem Bäuchlein kommt im Frack herausgelaufen: »Vorfahren!« Feophan schnalzt, fährt fort – und der Fürst kommt eilig, nachlässig heraus, als wäre gar nichts Besonderes an diesem Schlitten, an diesem Pferde oder an Feophan, der den Rücken beugt und die Hände so vorstreckt, wie man sie, sollte man meinen, nicht lange halten kann. Der Fürst tritt heraus im Tschako und in dem Mantel mit dem grauen Biberkragen, der sein rotwangiges, hübsches Gesicht mit den schwarzen Brauen verdeckt, das er nie verdecken sollte. Er tritt heraus, klirrt mit dem Säbel, mit den Sporen und den metallenen Knöpfen der Überschuhe, schreitet über den Teppich, als ob er Eile hätte, kümmert sich weder um mich, noch um Feophan, noch um das, was alle außer ihm selbst mit Wohlgefallen betrachten. Feophan schnalzt, ich lege mich in die Zügel, und wir fahren ehrerbietig im Schritt vor und halten; ich schiele nach dem Fürsten hin, schüttle meinen Vollblutkopf mit dem dünnen Rist . . . Der Fürst ist in guter Laune; manchmal scherzt er mit Feophan. Feophan antwortet, indem er kaum den schönen Kopf umwendet, und macht, ohne die Hände zu senken, eine kaum merkliche, mir aber verständliche Bewegung mit der Leine, und trab, trab, trab! ... renne ich mit immer größeren und größeren Schritten, an jedem Muskel bebend, und Schnee und Schmutz an den Vorderteil des Schlittens schleudernd, vorwärts. »Achtung, aus dem Wege!« schreit Feophan, und das Volk weicht aus und bleibt stehen und reckt den Hals, um den schönen Wallach zu betrachten und den schönen Kutscher und den schönen Herrn ...

Eine besondere Freude hatte ich daran, Traber zu überholen. Feophan und ich sehen in der Ferne ein Gespann, das unserer Anstrengung wert ist, wir fliegen wie der Wind hin und kommen allmählich näher und näher. Schon bin ich mit dem Fahrgast in einer Linie, der Schmutz spritzt auf den Rücksitz des Schlittens, ich schnaube über seinem Kopf hin, nun bin ich in einer Linie mit dem Kutschersitz, mit dem Krummholz, nun sehe ich ihn nicht mehr und höre nur hinter mir das in immer weiterer Ferne verhallende Gerassel. Und der Fürst und Feophan und ich, wir alle schweigen und tun so, als ob wir einfach führen, so ganz für uns, als ob wir die anderen gar nicht bemerkten, die uns unterwegs mit ihren langsamen Pferden begegnen. Ich hatte Freude an diesem Wettfahren, aber ich hatte auch Freude daran, einem guten Traber zu begegnen. Ein Wink, ein Ton, ein Blick, und schon sind wir aneinander vorbei und jagen wieder allein dahin, jeder nach seiner Seite ...

Das Tor knarrte und Nestjors und Wassjkas Stimmen waren zu hören.

Die fünfte Nacht

Das Wetter änderte sich, es war trüb, am Morgen war kein Tau, aber es war warm, und die Mücken spielten. Kaum war die Herde eingetrieben, so sammelten sich die Pferde um den Schecken, und er schloß also seine Geschichte:

Mein glückliches Leben hatte bald ein Ende. Ich verlebte zwei Jahre so. Am Ende des zweiten Winters trat für mich das freudigste Ereignis ein und gleich darauf mein größtes

Unglück. Ich fuhr den Fürsten zum Rennen. Auf der Bahn liefen Atlasnyj und Bytschok. Ich weiß nicht, was sie dort im Pavillon gemacht haben. Ich weiß nur, daß er heraustrat und Feophan befahl, auf die Bahn zu fahren. Ich erinnere mich, daß man mich auf die Bahn führte und aufstellte und Atlasnyj aufstellte. Atlasnyj hatte einen Reiter neben sich, ich lief, wie ich war, mit dem Stadtschlitten. Bei der Biegung ließ ich ihn hinter mir. Lachen und Rufe der Begeisterung begrüßten mich.

Als man mich herumführte, ging eine Menge Menschen hinter mir her. Fünf, sechs Personen boten dem Fürsten Tausende. Er lachte nur und zeigte seine weißen Zähne.

»Nein«, sagte er, »das ist kein Pferd, sondern ein Freund; er ist mir um Berge Goldes nicht feil. Auf Wiedersehen, meine Herren!«

Er knöpfte die Schlittendecke auf und stieg ein.

»Nach der Ostoshenka!«

Das war die Wohnung seiner Geliebten. Und wir jagten hin.

Das war der letzte Tag unseres Glücks. Wir kamen bei ihr an. Er nannte sie die Seine. Sie aber hatte einen anderen liebgewonnen und war mit diesem davongefahren. Er erfuhr das bei ihr in der Wohnung. Es war fünf Uhr; ohne mich auszuspannen, fuhr er ihr nach. Was nie geschehen war: man hieb mich mit der Peitsche und setzte mich in Galopp. Zum erstenmal hatte ich eine andere Gangart angenommen, und ich schämte mich und wollte es wiedergutmachen; da plötzlich hörte ich, wie der Fürst mit einer Stimme, die ganz fremdartig klang: »Fahr zu!« rief. Und die Peitsche pfiff durch die Luft, schnitt mir ins Fleisch, und ich galoppierte so, daß ich mit dem Fuß gegen das Eisen des Vorderteiles schlug. Auf der fünfundzwanzigsten Werst holten wir sie ein. Ich hatte ihn hingebracht, aber ich zitterte die ganze Nacht und konnte nicht fressen. Am anderen Morgen gab man mir Wasser. Ich trank es und hörte für ewige Zeiten auf, das Pferd zu sein, das ich war. Ich wurde krank, man quälte mich und machte mich zum Krüppel – kurieren nennen es die Menschen. Die Hufe gingen ab, Geschwülste bildeten sich, die Beine wurden krumm, die Brust fiel mir ein, Welkheit und Schwäche beschlichen meinen ganzen Körper. Ich wurde an einen Händler verkauft, er fütterte mich mit Mohrrüben und mit noch etwas anderem und machte aus mir etwas ganz anderes, etwas, was Nichtkenner täuschen sollte, denn weder Kraft noch Fähigkeit zu fahren besaß ich mehr.

Außerdem quälte mich der Händler noch damit, daß er, sobald Käufer kamen, in meinen Stall kam und mich mit einer großen Peitsche schlug, so daß er mich zur Raserei brachte. Dann verwischte er die Striemen, die die Peitsche gemacht hatte und führte mich vor.

Von dem Händler kaufte mich eine alte Dame. Sie fuhr regelmäßig zur Nikolaikirche und ließ ihrem Kutscher Ruten geben. Der Kutscher weinte oft in meinem Stand, und ich bemerkte, daß die Tränen einen angenehmen, salzigen Geschmack hatten. Dann starb die alte Dame. Ihr Verwalter nahm mich mit aufs Land und verkaufte mich einem Krämer. Da überfraß ich mich an Weizen und wurde noch mehr krank. Man verkaufte mich an einen Bauern. Da mußte ich pflügen, bekam fast nichts zu fressen und zerschnitt mir das Bein mit der Pflugschar. Wieder wurde ich krank. Ein Zigeuner tauschte mich ein. Er quälte mich entsetzlich und verkaufte mich schließlich dem hiesigen Verwalter. So bin ich hierher gekommen . . .

Alle schwiegen. Es begann zu tröpfeln.

Als die Pferdeherde am anderen Abend heimkam, stieß sie auf den Herrn und einen Gast, einen hochgewachsenen, dicken, aufgedunsenen Militär. Shuldyba schielte zu den Männern hin, ließ die Ohren hängen und ging an ihnen vorüber, die anderen, die Jungen, wurden unruhig und stätisch, besonders als der Hausherr mit seinem Gaste mitten unter die Pferde trat und sie sich gegenseitig auf dies und jenes aufmerksam machten und plauderten.

»Den grauen Apfelschimmel da habe ich von Wojekow gekauft«, sagte der Hausherr.

»Und von wem stammt dies junge Tier, das rabenschwarze mit den weißen Beinen? Ein schönes Tier«, sagte der Gast. So betrachteten sie viele Pferde, indem sie ihnen entgegentraten und sie zum Stehen brachten. Auch die schwarzbraune Stute fiel ihnen auf.

»Ein besseres Pferd als diese Stute, das kann ich kühn behaupten, gibt es in Rußland nicht«, sagte der Hausherr und zeigte auf eine der Stuten. Der Gast lobte sie. Der Hausherr ging aufgeregt hin und her, rannte bald hier, bald dorthin, zeigte dies und jenes und erzählte die Geschichte und Abstammung jedes Pferdes.

Der Gast war offenbar gelangweilt durch die Erzählungen des Hausherrn und stellte allerlei Fragen, damit es so aussähe, als sei er bei der Sache.

»Ja, ja«, sagte er zerstreut.

»Da sieh«, sagte der Hausherr, ohne zu antworten, »die Füße, sieh . . . ich habe sie schwer bezahlt, aber heut fährt schon ein Dreijähriges von ihr.«

»Fährt es gut?« sagte der Gast.

So gingen sie fast alle Pferde durch, bis es nichts mehr zu zeigen gab. Und beide verstummten.

»Wollen wir nun gehen?«

»Gehen wir.« – Sie traten in das Tor. Der Gast war froh, daß die Besichtigung ein Ende hatte, und daß sie nach Hause gingen, wo es zu essen, zu trinken, zu rauchen geben würde. Als sie an Nestjor vorüberkamen, der auf dem Schecken saß und noch der Befehle harrte, schlug der Gast mit seiner großen, fleischigen Hand dem Schecken auf die Kruppe.

»Das ist ein bunter Kerl«, sagte er, »auch ich hatte einen solchen Schecken, erinnerst du dich, ich habe dir einmal davon erzählt.«

Der Hausherr hörte, daß nicht von seinen Pferden die Rede war, und hörte nicht zu. Er sah sich um und betrachtete noch weiter die Herde.

Plötzlich erklang dicht an seinem Ohr ein einfältiges, schwaches, greisenhaftes Wiehern. Der Schecke hatte gewiehert, brach aber plötzlich ab, als sei er verlegen geworden.

Weder der Gast noch der Hausherr hatten dieses Wiehern beachtet. Sie gingen vorüber ins Haus hinein. Leinwandmesser hatte in dem aufgedunsenen Alten seinen geliebten Herrn wiedererkannt, den einstmals in glänzendem Reichtum lebenden, schönen Sserpuchowskij.

Der feine Regen hörte nicht auf. Auf dem Pferdehofe war es düster. Bei dem Hausherrn dagegen war in dem eleganten Gastzimmer ein prächtiger Teetisch zur Abendmahlzeit gedeckt. Am Tische saßen der Herr, die Herrin und der Gast aus der Fremde.

Die Hausherrin saß zur Seite des Ssamowars, sie war schwanger; man sah das deutlich an ihrem hohen Leibe, an der aufrechten, zurückgebogenen Haltung, an ihrer Üppigkeit und besonders an den nach innen gerichteten, mild und ernst schauenden großen Augen.

Der Hausherr war ein Liebhaber des Trabersports, ein kräftiger Mann, ein Sanguiniker, einer von denen, die unverwüstlich sind, die in Zobelpelz fahren, den Schauspielerinnen kostbare Blumensträuße zuwerfen, den teuersten Wein neuester Marke in dem teuersten Gasthaus trinken, Preise mit ihrem Namen aussetzen und die kostspieligste Geliebte aushalten . . .

Der Gast, Nikita Sserpuchowskij, war ein Mann in den Vierzigerjahren, hochgewachsen, dick, kahlköpfig, mit einem großen Schnurr- und Backenbart. Er mochte einmal sehr schön gewesen sein. Jetzt war er offenbar körperlich, moralisch und finanziell heruntergekommen. Er hatte so viel Schulden, daß er in den Staatsdienst treten mußte, damit man ihn nicht ins Loch stecke.

Er war jetzt auf dem Wege in die Gouvernements-Hauptstadt als der Leiter eines Gestüts. Diese Stellung hatten ihm seine einflußreichen Verwandten ausgewirkt.

Nikita Sserpuchowskij hatte in seinem Leben ein Vermögen von etwa zwei Millionen durchgebracht und war noch 120000 schuldig geblieben. Von einem solchen Happen bleibt immer noch ein gewisser Schwung des Lebens übrig, der Kredit gibt und die Möglichkeit gewährt, noch zehn Jahre beinahe luxuriös fortzuleben.

Die zehn Jahre waren vorüber, der Schwung war zu Ende, und Nikita wurde das Leben trüb; Er fing schon an, sich dem Trunk zu ergeben.

Ganz besonders aber zeigte sich sein Niedergang in der Unstetigkeit seines Blickes, seine Augen schweiften hin und her, und in der Unsicherheit seiner Redeweise und seiner Bewegungen. Diese Unruhe fiel dadurch auf, daß sie offenbar vor kurzem über ihn gekommen war, denn man sah es ihm an, daß er lange sein ganzes Leben hindurch gewohnt war, niemanden und nichts zu fürchten, und daß er jetzt erst kurze Zeit durch schwere Leiden zu dieser Ängstlichkeit gekommen, die seiner Natur so wenig eigen war.

Der Hausherr und die Hausherrin hatten das bemerkt. Sie wechselten Blicke miteinander; man sah, sie verstanden sich gegenseitig und verschoben eine genauere Beurteilung dieses Umstandes nur bis zum Schlafengehen und ertrugen den armen Nikita geduldig, waren sogar zuvorkommend gegen ihn.

Der Anblick des Glücks des jungen Hausherrn war für Nikita eine Demütigung und erweckte in ihm, wenn er an seine unwiederbringliche Vergangenheit zurückdachte, schmerzlichen Neid.

Sserpuchowskij zündete sich eine Zigarre an und beeilte sich, das begonnene Gespräch fortzusetzen.

»Wie hoch kam dich also Atlasnyj zu stehen?« sagte er.

»Sehr hoch, nicht weniger als 5000. Aber ich bin wenigstens schon sichergestellt. Was für ein Nachwuchs, sage ich dir.«

»Fahren sie?« fragte Sserpuchowskij.

»Sie fahren gut. Jüngst hat sein Sohn drei Preise gewonnen: in Tula, in Moskau und in Petersburg – er ist mit dem Rappen von Wojekow gelaufen.«

»Er ist ein wenig feucht. Sehr stark holländisch, muß ich dir sagen«, sagte Sserpuchowskij.

»Und Mutterpferde, wieviel?«

»Ich zeige sie dir morgen. Für Dorbrynja habe ich 3000 gegeben, für Laskowaja 2000.«

Und wieder begann der Hausherr seine Reichtümer aufzuzählen. Die Hausherrin sah, daß dies Sserpuchowskij unangenehm wurde und daß es ihm Mühe kostete zuzuhören.

»Werden Sie noch Tee trinken?« fragte die Hausherrin.

»Nein«, sagte der Hausherr und fuhr in seiner Erzählung fort. Sie erhob sich, der Hausherr hielt sie zurück, umarmte und küßte sie.

Um Sserpuchowskijs Mund spielte, da er dies sah, ein unnatürliches Lächeln, als aber der Hausherr aufstand, sie umfaßte und so mit ihr bis an die Portiere ging, veränderte sich plötzlich Nikitas Gesicht, er seufzte schwer auf, und auf seinem aufgedunsenen Gesichte prägte sich plötzlich Verzweiflung aus. Sogar Wut lag in seinen Zügen.

Der Hausherr kam wieder zurück, lächelte und nahm Nikita gegenüber Platz. Sie schwiegen beide.

»Ja, du sagst, du hast sie von Wojekow gekauft«, sagte Sserpuchowskij so leichthin.

»Ja, Atlasnyj, so habe ich gesagt. Ich hätte gern Stuten von Dubowitzkij gekauft, aber es war nur schlechtes Zeug da.«

»Er ist abgebrannt«, sagte Sserpuchowskij, stockte aber plötzlich und sah sich rings um. Es war ihm eingefallen, daß er diesem Abgebrannten 20000 Rubel schuldig war, und wenn man von jemandem das Wort abgebrannt brauchen könne, so könne man es gewiß von ihm sagen. Er lachte.

Wieder schwiegen beide eine lange Zeit.

Sie gingen in das Speisezimmer. Dort war unter der Lampe ein Tisch hergerichtet, der mit den vortrefflichsten Sachen beladen war: Siphons und verkorkte Flaschen, ausgezeichneter Wein in Karaffen, köstliche Speisen und Branntwein. Sie aßen und tranken, und das Gespräch kam in Fluß. Sserpuchowskijs Gesicht war gerötet, und er sprach nun ganz ohne Scheu.

Sie sprachen von Weibern: einer Zigeunerin, einer Tänzerin, einer Französin.

»Ei, sage, du hast die Mathieu aufgegeben?« fragte der Hausherr. – Das war die Geliebte, die Sserpuchowskij ruiniert hatte.

»Nicht ich sie, sie mich. Ach lieber Freund, wenn man daran denkt, was man in seinem Leben durchgebracht hat! Jetzt bin ich wahrhaftig froh, wenn 1000 Rubel eingehen – wahrhaftig froh, wenn ich keinen Menschen sehe. In Moskau geht's gar nicht mehr. Ach, wozu davon sprechen ... Es gab eine Zeit, wo ich liebte und zu leben wußte ... Du sprichst vom Fahren – sag, welches ist dein schnellstes Pferd?«

Der Hausherr war erfreut über die Gelegenheit, mehr von seinem Gestüt sprechen zu können, und er wollte eben anfangen, als Sserpuchowskij ihn unterbrach.

»Ja, ja«, sagte er, »euch Züchtern ist es ja nur um die Eitelkeit, nicht um das Vergnügen und den Lebensgenuß. Bei mir war das anders. Ich habe dir doch heute erzählt, daß ich einen Fahrer hatte, einen Schecken – geradeso einen Schecken wie du, den dein Pferdehirt reitet. Oh, war das ein Pferd! Du hast es nicht gekannt; es war im Jahre 42, ich war nach Moskau gekommen; ich komme zu einem Pferdehändler und sehe: ein scheckiger Wallach von schöner Gestalt. Er gefiel mir. Preis? – 1000 Rubel. Nie habe ich ein solches Pferd gehabt. Auch du hast kein solches gehabt und wirst nie eins haben. Ich habe noch kein besseres Pferd kennengelernt – weder an Schnelligkeit, noch an Kraft, noch an Schönheit.«

»O ja, gehört habe ich davon«, sagte der Hausherr verdrießlich, »aber ich wollte dir von meinen ...«

»Du hast also davon gehört. Ich kaufte es ohne Stammbaum, ohne Attest; später erfuhr ich erst: es war ein Sohn von Ljubjesnyj I., Leinwandmesser genannt. Weil er scheckig war, hatte man ihn dem Stallmeister überlassen, der hat ihn kastriert und dem Pferdehändler verkauft. Solche Pferde gibt es heute nicht mehr, Freundchen! Ich war 25 Jahre alt, hatte 80 000 Rubel jährliches Einkommen, nicht ein graues Haar, Zähne wie Perlen ... Was man anfing, gelang ... Jetzt ist alles vorbei.«

Als Leinwandmesser sich in dieser Nacht Erinnerungen hingeben wollte, rief ihn Wassjka zu sich. Er warf ihm eine Decke über und sprengte fort. Bis zum Morgen ließ er ihn an einer Schenke neben einem Bauernpferde stehen. Sie beleckten sich gegenseitig. Am Morgen kam er in die Herde zurück und hörte nicht auf, sich zu kratzen.

Es schmerzt so, wenn ich kratze, dachte er.

Fünf Tage waren vergangen. Der Roßarzt wurde geholt. Er sagte mit Freuden:

»Die Krätze. Verkaufen Sie ihn den Zigeunern.«

»Wozu? Stechen Sie ihn ab: sofort ein Ende machen.«

Ein stiller, klarer Morgen. Die Herde war auf das Feld gegangen. Leinwandmesser war zurückgeblieben. Da kam ein sonderbar aussehender Mann, hager, in einem schwarzen, bespritzten Überrock. Es war der Abdecker. Ohne ihn anzusehen, faßte er den Riemen des Halfters, den man Leinwandmesser angelegt hatte. Leinwandmesser ging ruhig, ohne sich umzusehen, wie immer, schleppte die Beine nach und blieb mit den Hinterbeinen im Stroh hängen.

Als er hinauskam, wollte er auf den Brunnen zugehen, der Abdecker aber zerrte ihn und sagte: »Ei, wohin?«

Der Abdecker und Wassjka, der hinter ihm ging, kamen in den Hohlweg hinter dem Ziegelschuppen, und als ob etwas Besonderes an diesem ganz gewöhnlichen Ort wäre, blieben sie stehen; der Abdecker reichte Wassjka den Riemen, legte den Überrock ab, streifte die Ärmel auf und zog aus der Stiefelschäfte ein Messer und einen Schleifstein hervor. Der Wallach streckte den Kopf nach dem Riemen und wollte ihn vor Langweile kauen, aber er war zu weit weg. Er seufzte und schloß die Augen. Die Lippen hingen ihm herunter, die zerfressenen, gelben Zähne wurden sichtbar, und er döste ein bei dem Klang des Messerschleifens. Nur sein vorgestrecktes, krankes Bein mit der Geschwulst zitterte. Plötzlich fühlte er, daß man ihn an der Gurgel gefaßt hatte.

»Sie wollen mich gewiß kurieren«, dachte er, »gut!«

Und wirklich fühlte er, daß sie etwas an seinem Halse vornahmen. Er empfand einen Schmerz, zuckte zusammen, glitt mit den Füßen aus, hielt sich aber aufrecht und wartete ab, was weiter geschehen würde . . . Was geschah war, daß eine Flüssigkeit sich in breitem Strom über seinen Hals und seine Brust ergoß. Er seufzte tief, und sein Leib zog sich zusammen. Da ward ihm leichter, ganz leicht. Die ganze Bürde seines Lebens fiel von ihm ab!

Er schloß die Augen und senkte den Kopf – niemand hielt ihn.

Dann begannen seine Beine zu zittern, sein ganzer Körper schwankte. Er war weniger erschrocken als verwundert ... Es war alles so neu. Er zerrte vorwärts, in die Höhe ... Aber seine Beine stolperten, als er sie vom Platze rühren wollte, er wankte, wollte ausschreiten und stürzte.

Der Abdecker wartete, bis der Todeskampf zu Ende war, dann packte er den Wallach bei den Beinen, drehte ihn auf den Rücken und begann, ihm das Fell abzuziehen.

»Das war auch ein Pferd«, sagte Wassjka.

»Wäre er besser genährt, dann wäre das Fell schön«, sagte der Abdecker.

Abends kam die Pferdeherde am Berge vorüber, und die Tiere sahen unten etwas Rotes, um das sich geschäftig Hunde herumtrieben und das Krähen und Geier umflatterten. Ein Hund hatte sich mit den Pfoten gegen das Aas gestemmt und riß loß, was er gepackt hatte. Eine schwarzbraune Stute blieb stehen, streckte den Kopf und den Hals aus und zog lange die Luft ein. Man konnte sie nur mit Mühe zum Weitergehen bewegen.

Eine Woche später lagen bei dem Ziegelschuppen nur ein großer Schädel und zwei Schulterblätter. Im Sommer nahm ein Bauer, der Knochen sammelte, auch diese Reste an sich und brachte sie in den Handel.

Den toten Leib Sserpuchowskijs verscharrte man viel später in die Erde. Weder seine Haut, noch sein Fleisch, noch seine Knochen waren zu irgend etwas nütze, und wie schon 20 Jahre lang sein durch die Welt wandelnder toter Körper allen eine große Last gewesen war, so war auch das Einscharren dieses Körpers in die Erde nur eine überflüssige Bemühung für die Menschen. Er war schon längst niemandem nötig, er war schon längst allen eine Last! Trotzdem fanden die Toten, die die Toten begraben, es für nötig, den bald in Fäulnis übergehenden, aufgedunsenen Körper in eine schöne Uniform, in schöne Stiefel zu kleiden, in einen neuen, schönen Sarg mit neuen Quasten an den vier Ecken zu legen, dann diesen neuen Sarg in einen zweiten bleiernen zu legen, ihn nach Moskau zu bringen, dort lang begrabene menschliche Gebeine auszugraben und hier gerade diesen faulenden von Würmern wimmelnden Körper zu bergen und alles mit Erde zuzuschütten.

Pferd und Reiter

Sadko G. Solinski

Dur

Das blaue Hoftor fiel hinter uns und unseren Pferden ins Schloß. Jan ritt den großen Dunkelfuchs, sein Dressurpferd, ich Camisard, einen kleinen, zähen Camargue-Wallach. Hinter den Gardiansätteln hatten wir unsere Schlafsäcke und das Ölzeug festgeschnallt, in den Packtaschen führten wir Kleidung zum Wechseln und allerlei Riemenzeug mit. Ein Nachbar hatte Jan versprochen, sich während unserer Abwesenheit um die Pferde der Station zu kümmern. In der Stierherde Escambarlas war augenblicklich nicht viel zu tun. So ritten wir unbeschwert aus dem Dorf nach Norden. Hin und wieder begegneten wir einem Touristentrupp zu Pferd, dann folgten wir dem Damm des Vaccarès, und das Dorf entschwand unseren Blicken.

Gegen Sonnenuntergang erreichten wir das Gehöft des ersten Herdenbesitzers, dem Jan seine Zureiterdienste angeboten hatte. Sogleich stellte sich heraus, daß der Manadier Jan allein erwartet hatte. Erst nach einem langen, heftig geführten Gespräch reichte mir der Herdenbesitzer die Hand: »Bonsoir! Du kannst bleiben!«

Am nächsten Morgen fingen wir, unterstützt vom Patron und einem Gardian, zwei Junghengste aus der wilden Pferdeherde, nur zwei von den vieren, die alt genug schienen, zugeritten zu werden. Wir trieben die Herde hierzu auf der Steppe zusammen, geleiteten sie in den Stierpferch beim Mas (Gehöft), wo der Patron und Jan den ersten Hengst aussonderten. Der Gardian des Patrons hockte inzwischen breit grinsend auf der obersten Stange des Korrals beim Tor, öffnete dieses vor und schloß es hinter dem isolierten Junghengst, den ich ihm zugetrieben hatte.

Dann schnallte Jan seinen Lasso vom Sattel, trat zu Fuß in die Korralmitte, ließ die Schlinge über seinem Hut kreisen, und der Hengst preschte im selben Augenblick davon, hart dem Korralzaun entlang. Die Schlinge sirrte durch die Luft. Der Hengst beschleunigte seine Sprünge, doch auch das hatte Jan offensichtlich mit einkalkuliert, denn schon zog sie sich um seinen Hals zusammen. Ich schlang das Lassoende um einen Korralpfosten, und wir zogen den Hengst Schritt für Schritt heran, so ungebärdig er sich auch zeigte. Als er endlich nur noch einen halben Meter vom Pfosten entfernt schnarchte, schoben der Patron und sein Gardian zwei dicke Stangen so durch den Korralzaun, daß der Junge in einem Kreissegment zwischen den Stangen und dem Korralzaun, wie in einer Sattelbox, eingeschlossen stand. Ich lockerte die Lassoschlinge, bereit, sie jederzeit wieder zuzuziehen, während Jan daranging, das Sattel- und Zaumzeug meines Camisards dem Junghengst zu verpassen. In etwas mehr als einer Stunde stand der Grauschimmel gesattelt und aufgezäumt da. Jan holte seinen Dunkelfuchs in den Korral, schwang sich in den Sattel, ließ sich das Führseil des Junghengstes reichen. Darauf bat er den Gardian, ihm zu Pferd zur Hand zu gehen, während der Patron und ich die Stangen durch den Korralzaun zurückzogen. Der Junghengst stieg sogleich und schlug, wie irre, mit den Vorderhufen um sich. Jan zwang ihn auf den Boden zurück und riß ihn mit sich aus dem Korral und dem Stierpferch auf die Steppe hinaus. Eine Viertelstunde später kamen sie zurückgeprescht. Ich gurtete den Grauschimmel nach und schwang mich in seinen Sattel. Der Hengst stieg augenblicklich und versuchte, Jan mit seinen Hufen zu erreichen. Kaum auf der Erde, leitete er eine Reihe Bocksprünge ein, nach rechts, nach links, nach links, nach rechts; Jan nahm ihn immer härter ans Führseil, doch der Junge tobte weiter. Einmal, bereits draußen auf der Steppe, warf er sich aus einem Bocksprung in den Staub und versuchte, sich mit dem Sattel zu wälzen. Ich wurde zwischen die Hufe des Dunkelfuchses katapultiert und wollte eben unter ihm hervorkriechen, als Jan zischte: »Los, los, drauf, auf den Satan!« Ein Blick in sein Gesicht verriet, ich sollte mich tatsächlich auf den noch liegenden Hengst setzen. Ich sprang unsanft in den Sattel, bemüht, meine Stiefel außerhalb der angewinkelten Hufe zu halten. Da flatschte es auch schon wie Peitschenhiebe hinter mir auf die Kruppe. Jan hieb mit dem Führseilende auf den Junghengst ein. Nach dem dritten oder vierten Schlag schnellte dieser eilfertig auf die Beine, bockte erneut los, doch mit dem Reiter hingeworfen haben soll er sich seither nie wieder.

Als wir eine Stunde später beim Gehöft aus den Sätteln sprangen, versagten mir die Knie, und ich wäre hingefallen, hätte mich der Manadier nicht aufgefangen. Er stellte mich auf, hieb mir vor die Brust, brummte: »Tut mir leid, daß ich gestern beim Empfang nicht freundlicher zu dir war. Konnte ja nicht wissen, daß du . . .«, er blickte zu Jan hinüber, »daß ihr die besten Zureiter des Deltas seid!« Ich schämte mich, denn wie verkrampft ich in Wirklichkeit auf dem Jungen gesessen hatte, verrieten mir allzu deutlich meine schmerzenden Beinmuskeln.

Beim Mittagessen kaute Jan lange auf einem Satzanfang herum. Endlich stieg ihm Röte bis unter den Haaransatz, und er sagte: »Der Hengst, dieser Satan heute morgen, der ist doch schon fünf Jahre alt! Nach seiner Art, sich aufsässig zu zeigen, ist das kein Junghengst mehr, sondern ein Repris de Justice, ein Rückfälliger, den einer bereits einmal gründlich versau . . . ben, verfehlt hat!« Der Manadier nickte verlegen grinsend. Seine Frau rief vom Herd herüber: »Ich sagte es dir ja, Jan kannst du nichts vormachen!« Der Schädel des herdeneigenen Gardians sank inzwischen immer tiefer über den Suppenteller. Jan fragte: »Und der andere, den wir nachher reiten?«

»La même chose! Das gleiche!«

Den zweiten Hengst ritt Jan, und ich sekundierte ihm vom Dunkelfuchs aus. Der Schimmel bockte weit tückischer als der Graue am Morgen und beutelte mich am Führseil mehr als einmal um Haaresbreite aus dem Sattel. Jan wankte indessen keine Spur. In seinem Gesicht stand ein Grinsen, das ich insgeheim sein »Zureitergrinsen« nannte, weil es sich jeweils um so spöttischer vertiefte, je härter das Pferd bockte oder stieg. Zehn Tage lang ritten wir die beiden Junghengste täglich. Anscheinend begannen sie zu begreifen, daß sich ihre Ausfälle, obwohl sie einmal oder mehrere Male zum Ziel geführt hatten, nicht unter jedem Reiter bewährten. Jan empfing schließlich den Lohn für die Arbeit mit ihnen, teilte ihn großzügig mit mir, und wir ritten zum Gehöft des nächsten Manadiers weiter.

Hier wurde ich nicht freudiger empfangen als im ersten Mas, durfte aber wiederum bleiben, weil Jan behauptete, ohne mich nicht auszukommen. Wir fingen im Laufe zweier Tage insgesamt vier Junghengste ein – echte diesmal, keine bereits verkorksten Tiere –, sattelten und ritten sie in der nun schon gewohnten Weise. Wir sollten hier vierzehn Tage bleiben, soviel war abgemacht.

Am Anfang der zweiten Woche trat eines Abends beim Absatteln der Patron neben mich: »Escoute, Gardianou! Daß ihr zu zweit kommen würdet, konnte ich nicht ahnen. Andererseits leistet ihr beide ganze Arbeit, und ich kann Jan nicht zumuten, seinen Lohn mit dir zu teilen. Willst du dir, anstelle der Barbezahlung, nicht ein Pferd aus meiner Herde aussuchen? Jan sagt, du hättest kein eigenes!« Das war ein Angebot! Ich berichtete sogleich Jan davon, und am nächsten Morgen ritten wir zur Pferdeherde hinaus, sahen uns die Dreijährigen an: Keiner entlockte mir jene Begeisterung, von der ich so oft geträumt hatte. Enttäuscht folgte ich Jan zum Gehöft zurück. Beim Mittagessen wich ich den Blicken des Patrons aus.

Beim Käse angelangt, sagte er beiläufig: »Im Vorwerk, drüben am Stromdamm, stehen zwei Fünfjährige. Ich habe sie André versprochen; aber wenn dir einer davon gefällt . . .«

Wir ritten zum Stromdamm hinüber, banden unsere Junghengste im Hof der Meierei an, traten in den Stall. Lange dauerte es, bis sich meine Augen an das Dunkel gewöhnt hatten. Endlich machte ich die beiden Hengste aus, trat an sie heran – nichts, kein Funke sprang über. Da rief Jan: »Hé, komm, sieh dir den da an!« Im hinteren Teil des Stalles war eine geräumige Box eingerichtet, und zwischen den Latten des Verschlags schimmerte das prachtvollste, makelloseste Pferd: ein kleiner, gedrungener Schimmel, neunjähriger Wallach, rundgefüttert, mit hellen, nervösen Augen und knochentrockenen Beinen. »Der da und kein anderer«, knirschte ich. Jan schüttelte den Kopf, kratzte sich unter dem Hut: »Den da rückt der Patron nie heraus!« Mehr wollte er nicht sagen.

Nach dem Abendessen zündete der Patron eine Zigarette an und schüttelte ebenfalls den Kopf: »Nein, das ist Dur, le Dur, das Pferd meines armen Sohnes, der bei dem Autounfall umgekommen ist. Niemand wird ihn je wieder reiten. Dafür sorgt er schon selbst!«

»Dur« heißt »hart« und, wie mir Jan endlich doch noch erzählte, hieß der Schimmel Dur, weil kein anderes Pferd der Herde sich je so hartnäckig und so lange gegen den Reiter verteidigt hatte wie Dur. Allein der Ausdauer und der Geschicklichkeit des verunglückten Sohnes hatte er sich schließlich doch noch unterworfen. Zwei Jahre später hatten Dur und sein Reiter als das geschickteste Paar bei der Arbeit in den Kampfstierherden gegolten, und oft waren sie von fremden Herdenbesitzern zum Brennen der Jungrinder geladen worden, nur weil die Männer Reiter und Pferd in der Aktion sehen wollten.

Nach dem fatalen Unfall hatte der Patron den Schimmel erst monatelang ungeritten stehengelassen. Eines Tages, als sein eigenes Leibpferd lahmte, hatte er ihn endlich zur Arbeit gesattelt und war, kaum aus dem Hof gelangt, ziemlich tückisch abgeworfen worden. Er hatte ihn erneut bestiegen, hatte sich seine ganze Zureiterkunst ins Gedächtnis gerufen und war, nach einem Minuten dauernden Kampf, gerade noch rechtzeitig abgesprungen. Zwei seiner Leute hatten sich darauf an dem Tier versucht und es nur Stunden später als absolut unreitbar für immer aufgegeben. Seither pendelte Dur zwischen den Stutenweiden und seiner Box hin und her, und der Patron hätschelte ihn als ein Andenken an seinen Sohn.

Drei Tage lagen noch vor uns. Am Morgen des vierten würden wir Jans Pferde satteln, um zur Station und zur Stierherde Escambarlas in den Süden zurückzukehren. Ich hatte mir in den Kopf gesetzt, das Gehöft nur im Sattel Durs zu verlassen oder zu bleiben, bis der Patron nachgäbe. Jan versuchte, mir meine fixe Idee auszutreiben:

»Was nicht zu kriegen ist, ist nicht zu kriegen«, und »weit erfahrenere Reiter hat Dur schon zusammengestaucht, den biegt keiner mehr gerade!«

Jeden Abend nach der Arbeit lieh ich mir das Fahrrad der Magd im Gehöft aus und pedalte quer über die Steppe zum Vorwerk. Dann hockte ich bis gegen neun Uhr, bis zur Zeit des Abendessens, auf dem Verschlag der Box, redete behutsam auf Dur ein, bot ihm Gerste aus der hohlen Hand, striegelte und bürstete ihn. Er gab sich lammfromm, täglich zutraulicher, hin und wieder sogar verspielt. Nach jedem Abendessen fragte der Patron: »Also, welches Pferd wird es sein?« und jedesmal antwortete ich dasselbe: »Wenn Sie so gut sein wollen, le Dur!«

Am letzten Tag, einem Sonntag, sah sich der Patron unsere Arbeit mit den Junghengsten an, lobte sie zufrieden, schwang sich sogar in den Sattel eines der Tiere und schien bei großartiger Laune. Als wir absattelten, fragte ich ihn überraschend: »Wollen Sie mir einen Gefallen tun?«

»Na klar, Junge, um was geht's?«

»Lassen Sie mich den Dur einmal reiten!«

»Bist wohl übergeschnappt!« warf Jan aufgebracht ein. Der Patron schien indessen zu überlegen. Dann brummte er den herrlichen, leider nicht zu übersetzenden Satz: »Quand voulès péta plus aut que voste quieù, fau avé un trau au mitan de l'esquino!« und fügte diesem hinzu: »Jan, er ist noch jung und wird sich bei dem wohlverdienten Sturz weniger brechen als wir alten Knacker!«

In des Patrons Auto fuhren wir zu dritt hinüber zum Vorwerk. Keine fünf Minuten nach unserem Ankommen hatte ich Dur gesattelt und gezäumt. Dann führte ich ihn aus dem Hof, und meine Hände trieften von Schweiß. Einen Steinwurf weit von den Gebäuden entfernt hielt ich ihn an, redete heiser auf ihn ein, während ich nachsattelte. Jan kam gelaufen und wollte mir beim Aufsitzen helfen. Ich winkte ihn zurück. Dann stellte ich die Zügel in der Linken ein, den inneren etwas kürzer, packte mit derselben Hand ein Büschel Mähnenhaar, saß im Sattel. Behutsam angelte ich nach dem rechten Bügel. Sowie ich ihn gefunden hatte, ging ein Schauer durch das Pferd. Es explodierte! Einen auch nur annähernd ähnlichen Bocksprung hatte ich selbst in Alpträumen nie ausgesessen. Doch jetzt hing ich zu meiner Verwunderung noch immer im Sattel, nahm die Zügel auf wie im Schlaf, setzte die Sporen leise an, balancierte eine Serie harter, kurzer Bocksprünge aus und entdeckte jäh, daß Dur ja nur geradeaus bockte, nie zur Seite, sich kaum je in den Sprüngen drehte, auch keine Miene machte, sich hinzuwerfen – ja, irgendwie aus Freude zu toben schien, keineswegs um mich loszuwerden. Ich ließ ihn bocken, provozierte ihn endlich sogar dazu, und wir flogen über die Steppe, drehten bei der leisesten Gewichtsverlagerung meinerseits auf Zirkel ab, mal links, mal rechts. Dann nahm ich erneut die Zügel auf und Dur versammelte seine Sprünge, ich kürzte den Galopp weiter, und schließlich galoppierten wir drei Takte lang vor dem Patron und Jan auf der Stelle.

Am nächsten Morgen hielt mich der Patron mit einer Zigarette beim Frühstück zurück. Jan ging, die Pferde zum Aufbruch zu satteln. Ich versuchte krampfhaft, nicht an Dur zu denken. Der Patron redete über die schlechte letzte Stierkampfsaison und wiederholte, er könne mich mit dem besten Willen nicht bar bezahlen. »Ich muß dir wohl oder übel ein Pfand überlassen, aber, glaube mir, das ist so gut wie bares Geld!« Draußen polterten Pferdehufe. Jan rief, er sei bereit. Der Patron und ich erhoben uns gleichzeitig und traten in den Hof hinaus. Jan saß im Sattel seines Dunkelfuchses und grinste übermütig, meinen Camisard ungesattelt an der Hand. Der Stierhirte des Patrons führte einen Schimmel aus dem Stall, fertig gesattelt und gezäumt, und hinter dem Sattel waren mein Schlafsack und meine Satteltaschen festgeschnallt. Der Patron nahm ihm die Zügel aus der Hand, hing sie über meinen erstarrten linken Arm: »Hier, das Pfand!« Wie im Traum schwang ich mich in den Sattel. Jan ritt an, und wir trabten auf die Steppe hinaus: so kam ich zu Dur.

Noch bevor sie uns begrüßte, begann die Patronin in Saintes Maries de la Mer an Dur herumzumäkeln. Ich hatte bisher keine Sekunde lang daran gedacht, mit ihm von früh bis spät Touristen auf Ausritte zu führen. Nun aber wurde

es zum Entschluß: Dur galt als eines der besten Stierpferde des Deltas und sollte mir vor allem bei der Arbeit in den Stierherden dienen. Deshalb machte ich mich sogleich auf die Suche nach einem Stück Weideland für ihn. Schließlich fand ich mit Jans Hilfe, wenn auch acht Kilometer vom Dorf entfernt, eineinhalb Hektar mittelmäßigen Bodens, auf dem bereits ein Verschlag, der als Stall dienen konnte, und etwas Hüttenähnliches standen. Der Besitzer, ein Schweizer, überließ mir das Grundstück zu annehmbaren

Bedingungen. Zwei Freunde halfen mir, aus dem Hüttenähnlichen eine Hütte, und Jan, aus dem Verschlag einen Pferdestall zu machen. Da der Boden mitten zwischen ausgedehnten Sümpfen lag, ballten sich über ihm riesige Mückenschwärme zusammen. Ich wollte dennoch endgültig in »meine« Hütte übersiedeln und zimmerte mir das notwendige Mobiliar und, voller Stolz, einen Briefkasten selbst. Als Jan, nach dem Stallbau, ins Dorf zurückkehrte, entdeckte ich, daß er heimlich »Mas di Mouissau« – »Mükkengehöft« auf den Briefkasten gepinselt hatte, einen Namen, den die Hütte, das heißt vielmehr das, was von ihr übrig geblieben ist, heute noch trägt.

Dur gewöhnte sich schnell an die neue Umgebung, wenn er auch nie dazu zu bewegen war, seinen Stall als einen solchen anzusehen und zu beziehen. Während der folgenden Wochen nahm ich ihn mir »zu Hause« oder am Strand so oft wie möglich vor, um allmählich herauszubekommen, was an Talenten alles in ihm steckte. Wie alle reinrassigen Stierpferde ging er zwar auch den ihm, von seinem ersten Herrn anerzogenen, fleißigen Schritt, der Meilen frißt; doch seine ureigenste Gangart war – wiederum wie die aller Camargue-Pferde – der Galopp, den er in natürlichem Gleichgewicht von sich aus versammelt ging, ob er sich nun auf dem Heimweg zum »Mas di Mouissau« oder auf der Steppe in voller Karriere befand. Ich staunte täglich neu über die Hingabe seines Rückens, über die Leichtigkeit und Bereitwilligkeit, mit der er die Hanken bog, die Hinterhand unterschob, sich vorn im Halsansatz aufrichtete, ohne je die Nasenpartie aus der Senkrechten zu heben; und all das bei durchhängenden Zügeln, allein unter der Einwirkung des Gewichts. Und da er so ausbalanciert galoppierte, hatte ich auch keinerlei Mühe, ihn im Takt umspringen zu lassen, erst vier zu vier Takte mit verhältnismäßig groben Hilfen, dann drei zu drei und zwei zu zwei, und schließlich changierten wir mit jedem Sprung, wozu ich nur den jeweils äußeren Zügel an den Hals anzulegen und mein Gewicht nach außen zu verlegen hatte, ohne jemals die Waden und Stiefelabsätze auch nur in die Nähe des Pferdeleibs zu bringen.

Hierauf übten wir die Galopp-Pirouette, und ich gewann wieder den Eindruck, er brauche nur zu verstehen, was ich von ihm wollte, um sogleich meinen Wunsch nahezu von sich aus zu erfüllen. Nur im Trab war nicht viel aus ihm herauszukriegen. Sein Gang blieb ausdruckslos, seinen Gesten fehlte der weitausgreifende, federnde Schwung. Später erst begriff ich, daß kaum ein reinrassiges Camarguepferd nennenswerte Mechanik im Trab zu entwickeln vermag und daß Traberqualitäten geradezu ein Anzeichen fremder Blutzuschüsse sind. Zwar gelang es mir in der Folge, Dur zu leidlichem – wenn auch etwas schaukelndem – Piaffieren zu bringen, doch einigermaßen korrekte Passagen sah ich, von Camarguepferden ausgeführt, nur bei der Arbeit mit den Stieren in sehr tiefem Gelände und einige Male von Blad di Luno getreten, von einem Camargue-Hengst mit viel Berberblut, unter Jan am Strand.

In den ersten Wochen des Zusammenlebens mit Dur weckten mich eines Nachts zornige Hengstschreie und das Aufklatschen unbeschlagener Hufe auf Muskeln und Weichteilen. Seit einigen Tagen weidete im Sumpf rund um die hohen Böden des Mas di Mouissau herum eine Stutenherde von ungefähr vierzig Köpfen unter der Führung eines der prächtigsten Deckhengste der ganzen Camargue. Dur, der sich seines langen Umgangs nur mit Stuten zu erinnern schien und sich offenbar für die Herde irgendwie verantwortlich fühlte, trottete seither pausenlos den Stacheldrahtzaun entlang, was wiederum den Leithengst bewog, sich unablässig zwischen seine Stuten und Durs Standort zu schieben. Aneinandergeraten waren der Hengst und der Wallach bisher kaum. Nun aber – es war halb zwei Uhr morgens in einer wolkenlosen Vollmondnacht voll milchigen Lichts, das die Landschaft und die Schatten in Schwarzweißmanier deutlich nahe brachte; nun aber klatschten die Hufe und stöhnten die Schimmel, und ich stürzte aus dem Bett und aus der Hütte, um die Kampfhähne zu trennen. Doch kaum hatte ich einen Schritt vor die Hüttentüre gesetzt, erstarrte ich.

Keine vierzig Meter vor mir bäumten sich die beiden Schimmel silbern im Mondlicht, droschen mit den Vorderhufen aufeinander ein, versuchten dabei, sich gegenseitig mit den Zähnen bei den Hälsen zu erwischen, schrien, schnarchten, stöhnten vor Stolz und Schmerz und Zorn, und der Stacheldrahtzaun verlief zwischen ihren Leibern. Ich stand, als gedächte ich Wurzeln zu schlagen, konnte mich nicht erinnern, je ein erregenderes, wildschöneres Bild gesehen zu haben, und vermochte nicht, mich zu entschließen, dem Kampf ein Ende zu bereiten. Hie und da ließen sich die Schimmel kurz auf alle Viere herab, nur um mit dem einen oder anderen Vorderhuf über den Zaun hinweg nach dem Gegner zu keilen. Ihre Hälse waren mächtig zurückgenommen, eingerollt, ihre Mähnen standen von den Kämmen ab, an ihren Brüsten, Schultern und Sattellagen klafften Bißwunden, aus denen es dunkel rann. Und wieder bäumten sie sich silbern steil in den marineblauen Nachthimmel. Dur erreichte mit zwei gewandten Schlägen des Hengstes Nüstern und Gamaschen. Der Herdenführer, eine Zehntelsekunde zu spät gestiegen, verlor das Gleichgewicht und stürzte auf die rechte Seite in den Schlamm. Böse schnarchend sprang er sogleich auf die Hufe zurück, trollte sich nun aber zu seinen Stuten hinüber, während Dur ihm zweimal zornig einen Hengstruf nachtrompetete. Drei, vier Minuten lang trabte er mit steil erhobenem Schweif und erstaunlich federndem Schwung den Weidezaun entlang, wieherte noch ein paar Male – nun halb lockend, halb warnend – zu den Stuten hinüber, begann, vergeblich auf Antwort wartend, schließlich wieder zu weiden. Ich begab mich erneut zu Bett.

Die Stierkampfsaison brach an. Jan und ich arbeiteten regelmäßig in der Herde Escambarlas und in denen der beiden Manadiers, deren Pachtweide Escambarla in Lairan teilte. Jan gestattete mir einstweilen nicht, Dur in Lairan zu reiten: »Dur ist bis zum Unfall seines Reiters vornehmlich mit reinrassigen Camarguerindern umgegangen, die Reiter nur angreifen, wenn sie sich in die Enge getrieben fühlen. In Lairan aber weiden auch die Croisés Espagnols der beiden anderen Manadiers. Und die rasen zuschanden, was immer sich in ihrem Weg befindet. Du würdest Dur nur unnötigen Risiken aussetzen, denn weder er noch du verfügt über genügend Erfahrung im Umgang mit gekreuzten Spaniern!« So ritt ich vorderhand weiter den hölzernen, steifen Grauen, der Gitan hieß und um den es angeblich »nicht schade« war, sollte ihm etwas zustoßen.

Doch der Tag, an dem Dur endlich seine Qualitäten als Stierpferd beweisen konnte, kam, wenn Escambarla seine Herde mittlerweile auch auf eine andere Weide, nach Carrelet, gebracht hatte. Ich ritt Dur hier schon seit einigen Wochen beim Sammeltreiben und Einpferchen der Kampfstiere, wurde dann aber jeweils vom Patron abgeordnet, die ausgesonderten Stiere zusammenzuhalten und zu bewachen, das heißt eben die dem Gardianlehrling zukommende Arbeit zu verrichten.

Eines Sonntagsmorgens war der Auftrieb schneller und leichter vonstatten gegangen als üblich, und der Lastwagen, der die sechs Kampfstiere und den »Simbèu«, den Leitstier, zur Arena bringen sollte, war noch nicht angelangt. Da rief mich der Patron zu sich. Als ich neben ihm anhielt, hob er den rechten Arm, zeigte auf die ruhig durcheinanderwogende blauschwarze Leibermasse der Herde, sagte: »Regarde! Là, dort am Herdenrand trottet Courtet, der Bulle mit den etwas kürzeren Hörnern, siehst du ihn, ja? – Hol ihn heraus!«

Ich sah den Stier zehn oder zwölf Meter vor mir, heftete meinen Blick zwischen seine Ohren und ritt im Schritt auf ihn zu. Sowie ich den Herdenrand erreichte, bemerkte der Stier offenbar, daß ich es auf ihn abgesehen hatte, und beeilte sich, in die Herdenmitte zu entkommen. Ich ließ ihn nicht aus den Augen. Dur bahnte sich eine Gasse durch die Rindermasse, die vor uns auseinanderwich, und Courtet trottete nun schon dem gegenüberliegenden Herdenrand zu. Ich trieb Dur an, um dem Stier im geeigneten Augenblick näher an der Kruppe zu sein. Er trabte unwillig an und trennte dabei, ohne daß ich mir dessen sogleich bewußt wurde, eine Kuh von ihrem Kalb. Die Kuh setzte einige Längen vor uns herum, senkte die Hörner zum Angriff. Dur hielt an. Zwei Jungbullen schoben sich zwischen uns und die Kuh. Über ihre Rücken hinweg fuchtelte ich mit dem Haselnußstecken drohend zu ihr hinüber, und endlich trollte sie sich zu ihrem Kalb zurück und mit diesem aus unserem Weg. Da durchzuckte es mich heiß und kalt: mittlerweile war mir Courtet entkommen. Rund um mich trieben hundertfünfzig blauschwarze Rinder abzeichenlos durcheinander, reckten ihre lyraförmigen Hornpaare in den Himmel, und kein Paar erschien mir kürzer als ein anderes. Dur hatte sich erneut in Marsch gesetzt, strebte nach links, trabte nach rechts, ging im Schritt geradeaus. Ich war ratlos und dachte unablässig an das Donnerwetter, mit dem mich Escambarla an meinen angestammten, wenig rühmlichen Platz in der Gardianhierarchie zurückverbannen würde, und schon glaubte ich das schadenfrohe Gelächter der Gardians unseres Weidepartners zu vernehmen. Ich mußte Courtet wiederfinden; um jeden Preis! Wir gelangten an den Herdenrand. Da durchblitzte mich ein Einfall: ich mußte irgendeinen Bullen aus dem Verband lösen und hinüber zu den anderen in die Pferchecke treiben, vielleicht glaubte mir der Manadier, wenn ich dann behauptete, diesen und keinen anderen hätte er mir auszusondern aufgetragen. Schließlich konnte man sich mißverstanden haben!

Dur sprang unvermittelt an, setzte sich hart an die Kruppe eines hübschen Stieres, drängte ihn vom Herdenrand weg in die Pferchmitte und weiter, am Manadier und an Jan vorüber, hinüber zu den bereits ausgesonderten Tieren. Nun mußte das Donnerwetter Escambarlas sich . . . Nein! Die Gardians schrien: »Bravo, Gardianou!« Sie versuchten offenbar, meine Schmach noch zu vertiefen. Der Bulle schob sich eben zwischen die Leiber der ausgesonderten Tiere, als Escambarla im Schritt an meine Seite ritt und kopfschüttelnd, aber erstaunlich ruhig feststellte: »Dein Pferd ist mit Geld nicht zu bezahlen! Meinst du, ich hätte nicht mitgekriegt, daß du Courtet aus den Augen verloren hast?«

Meinem Blick war der Stier tatsächlich entkommen. Nicht aber dem meines Wallachs, der ihn, wider meine Eingriffe, allein aus der Herde ausgesondert hatte. Ich schwor eilig und insgeheim, meinen Dur in ähnlichen Situationen nie wieder zu stören.

Hugo von Hofmannsthal

Reitergeschichte

Den 22. Juli 1848, vor 6 Uhr morgens, verließ ein Streifkommando, die zweite Eskadron von Wallmodenkürassieren, Rittmeister Baron Rofrano mit 107 Reitern, das Kasino San Alessandro und ritt gegen Mailand. Über der freien, glänzenden Landschaft lag eine unbeschreibliche Stille; von den Gipfeln der fernen Berge stiegen Morgenwolken wie stille Rauchwolken gegen den leuchtenden Himmel; der Mais stand regungslos, und zwischen Baumgruppen, die aussahen wie gewaschen, glänzten Landhäuser und Kirchen her. Kaum hatte das Streifkommando die äußerste Vorpostenlinie der eigenen Armee etwa um eine Meile hinter sich gelassen, als zwischen den Maisfeldern Waffen aufblitzten und die Avantgarde feindliche Fußtruppen meldete. Die Schwadron formierte sich neben der Landstraße zur Attacke, wurde von eigentümlich lauten, fast miauenden Kugeln überschwirrt, attackierte querfeldein und trieb einen Trupp ungleichmäßig bewaffneter Menschen wie die Wachteln vor sich her. Es waren Leute der Legion Manaras, mit sonderbaren Kopfbedeckungen. Die Gefangenen wurden einem Korporal und acht Gemeinen übergeben und nach rückwärts geschickt. Vor einer schönen Villa, deren Zufahrt uralte Zypressen flankierten, meldete die Avantgarde verdächtige Gestalten. Der Wachtmeister Anton Lerch saß ab, nahm zwölf mit Karabinern bewaffnete Leute, umstellte die Fenster und nahm achtzehn Studenten der Pisaner Legion gefangen, wohlerzogene und hübsche junge Leute mit weißen Händen und halblangem Haar. Eine halbe Stunde später hob die Schwadron einen Mann auf, der in der Tracht eines Bergamasken vorüberging und durch sein allzu harmloses und unscheinbares Auftreten verdächtig wurde. Der Mann trug im

Rockfutter eingenäht die wichtigsten Detailpläne, die Errichtung von Freikorps in den Giudikarien und deren Kooperation mit der piemontesischen Armee betreffend. Gegen 10 Uhr vormittags fiel dem Streifkommando eine Herde Vieh in die Hände. Unmittelbar nachher stellte sich ihm ein starker feindlicher Trupp entgegen und beschoß die Avantgarde von einer Friedhofsmauer aus. Der Tete-Zug des Leutnants Grafen Trautsohn übersprang die niedrige Mauer und hieb zwischen den Gräbern auf die ganz verwirrten Feindlichen ein, von denen ein großer Teil in die Kirche und von dort durch die Sakristeitür in ein dichtes Gehölz sich rettete. Die siebenundzwanzig neuen Gefangenen meldeten sich als neapolitanische Freischaren unter päpstlichen Offizieren. Die Schwadron hatte einen Toten. Einer das Gehölz umreitenden Rotte, bestehend aus dem Gefreiten Wotrubek und den Dragonern Holl und Haindl, fiel eine mit zwei Ackergäulen bespannte leichte Haubitze in die Hände, indem sie auf die Bedeckung einhieben und die Gäule am Kopfzeug packten und umwendeten. Der Gefreite Wotrubek wurde als leicht verwundet mit der Meldung der bestandenen Gefechte und anderer Glücksfälle ins Hauptquartier zurückgeschickt, die Gefangenen gleichfalls nach rückwärts transportiert, die Haubitze aber von der nach abgegebener Eskorte noch 78 Reiter zählenden Eskadron mitgenommen.

Nachdem laut übereinstimmender Aussagen der verschiedenen Gefangenen die Stadt Mailand von den feindlichen sowohl regulären als irregulären Truppen vollständig verlassen, auch von allem Geschütz und Kriegsvorrat entblößt war, konnte der Rittmeister sich selbst und der Schwadron nicht versagen, in diese große und schöne, wehrlos daliegende Stadt einzureiten. Unter dem Geläute der Mittagsglocken, der Generalmarsch von den vier Trompeten hinaufgeschmettert in den stählern funkelnden Himmel, an tausend Fenstern hinklirrend und zurückgeblitzt auf achtundsiebzig Kürasse, achtundsiebzig aufgestemmte nackte Klingen; Straße rechts; Straße links wie ein aufgewühlter Ameishaufen sich füllend mit staunenden Gesichtern; fluchende und erbleichende Gestalten hinter

Haustoren verschwindend, verschlafene Fenster aufgerissen von den entblößten Armen schöner Unbekannter; vorbei an Santa Babila, an San Fedele, an San Carlo, am weltberühmten marmornen Dom, an San Satiro, San Giorgio, San Lorenzo, San Eustorgio; deren uralte Erztore alle sich auftuend und unter Kerzenschein und Weihrauchqualm silberne Heilige und brokatgekleidete strahlenäugige Frauen hervorwinkend; aus tausend Dachkammern, dunklen Torbogen, niedrigen Butiken Schüsse zu gewärtigen, und immer wieder nur halbwüchsige Mädchen und Buben, die weißen Zähne und dunklen Haare zeigend; vom trabenden Pferde herab funkelnden Auges auf alles dies hervorblickend aus einer Larve von blutgesprengtem Staub; zur Porta Venezia hinein, zur Porta Ticinese wieder hinaus: so ritt die schöne Schwadron durch Mailand.

Nicht weit vom letztgenannten Stadttor, wo sich ein mit hübschen Platanen bewachsenes Glacis erstreckte, glaubte der Wachtmeister Anton Lerch am ebenerdigen Fenster eines neugebauten hellgelben Hauses ein ihm bekanntes weibliches Gesicht zu sehen. Neugierde bewog ihn, sich im Sattel umzuwenden, und da er gleichzeitig aus einigen steifen Tritten seines Pferdes vermutete, es hätte in eines der vorderen Eisen einen Straßenstein eingetreten, er auch an der Queue der Eskadron ritt und ohne Störung aus dem Gliede konnte, so bewog ihn alles dies zusammen, abzusitzen, und zwar nachdem er geradezu das Vorderteil seines Pferdes in den Flur des betreffenden Hauses gelenkt hatte. Kaum hatte er hier den zweiten weißgestiefelten Vorderfuß seines Braunen in die Höhe gehoben, um den Huf zu prüfen, als wirklich eine aus dem Innern des Hauses ganz vorne in den Flur mündende Zimmertür aufging und in einem etwas zerstörten Morgenanzug eine üppige, beinahe noch junge Frau sichtbar wurde, hinter ihr aber ein helles Zimmer mit Gartenfenstern, worauf ein paar Töpfchen Basilika und rote Pelargonien, ferner mit einem Mahagonischrank und einer mythologischen Gruppe aus Biskuit dem Wachtmeister sich zeigte, während seinem scharfen Blick noch gleichzeitig in einem Pfeilerspiegel die Gegenwand des Zimmers sich verriet, ausgefüllt von einem großen

Bette und einer Tapetentür, durch welche sich eben ein beleibter, vollständig rasierter Mann zurückzog.

Indem aber dem Wachtmeister der Name der Frau einfiel und gleichzeitig eine Menge anderes: daß es die Witwe oder geschiedene Frau eines kroatischen Rechnungsunteroffiziers war, daß er mit ihr vor neun oder zehn Jahren in Wien in Gesellschaft eines anderen, ihres damaligen eigentlichen Liebhabers, einige Abende und halbe Nächte verbracht hatte, suchte er nun mit den Augen unter ihrer jetzigen Fülle die damalige üppig-magere Gestalt wieder hervorzuziehen. Die Dastehende aber lächelte ihn in einer halb geschmeichelten slawischen Weise an, die ihm das Blut in den starken Hals und unter die Augen trieb, während eine gewisse gezierte Manier, mit der sie ihn anredete, sowie auch der Morgenanzug und die Zimmereinrichtung ihn einschüchterten. Im Augenblick aber, während er mit etwas schwerfälligem Blick einer großen Fliege nachsah, die über den Haarkamm der Frau lief, und äußerlich auf nichts achtete, als wie er seine Hand, diese Fliege zu scheuchen, sogleich auf den weißen, warm und kühlen Nacken legen würde, erfüllte ihn das Bewußtsein der heute bestandenen Gefechte und anderer Glücksfälle von oben bis unten, so daß er ihren Kopf mit schwerer Hand nach vorwärts drückte und dazu sagte: »Vuic« – diesen ihren Namen hatte er gewiß seit zehn Jahren nicht wieder in den Mund genommen und ihren Taufnamen vollständig vergessen –, »in acht Tagen rücken wir ein, und dann wird das da mein Quartier«, auf die halboffene Zimmertür deutend. Unter dem hörte er im Hause mehrfach Türen zuschlagen, fühlte sich von seinem Pferde, zuerst durch stummes Zerren am Zaum, dann, indem es laut den anderen nachwieherte, fortgedrängt, saß auf und trabte der Schwadron nach, ohne von der Vuic eine andere Antwort als ein verlegenes Lachen mit in den Nacken gezogenem Kopf mitzunehmen. Das ausgesprochene Wort aber machte seine Gewalt geltend. Seitwärts der Rottenkolonne, einen nicht mehr frischen Schritt reitend, unter der schweren metallischen Glut des Himmels, den Blick in der mitwandernden Staubwolke verfangen, lebte sich der Wachtmeister immer mehr in das Zimmer mit den Mahagonimöbeln und den Basilikumtöpfen hinein und zugleich in eine Zivilatmosphäre, durch welche doch das Kriegsmäßige durchschimmerte, eine Atmosphäre von Behaglichkeit und angenehmer Gewalttätigkeit ohne Dienstverhältnis, eine Existenz in Hausschuhen, den Korb des Säbels durch die linke Tasche des Schlafrockes durchgesteckt. Der rasierte, beleibte Mann, der durch die Tapetentür verschwunden war, ein Mittelding zwischen Geistlichem und pensioniertem Kammerdiener, spielte darin eine bedeutende Rolle, fast mehr noch als das schöne breite Bett und die feine weiße Haut der Vuic. Der Rasierte nahm bald die Stelle eines vertraulich behandelten, etwas unterwürfigen Freundes ein, bald wurde er an die Wand gedrückt, mußte Schweiggelder zahlen, stand mit allen möglichen Umtrieben in Verbindung, war piemontesischer Vertrauter, päpstlicher Koch, Kuppler, Besitzer verdächtiger Häuser mit dunklen Gartensälen für politische Zusammenkünfte, und wuchs zu einer schwammigen Riesengestalt, der man an zwanzig Stellen Spundlöcher in den Leib schlagen und statt Blut Gold abzapfen konnte.

Dem Streifkommando begegnete in den Nachmittagsstunden nichts Neues, und die Träumereien des Wachtmeisters erfuhren keine Hemmungen. Aber in ihm war ein Durst nach unerwartetem Erwerb, nach Gratifikationen, nach plötzlich in die Tasche fallenden Dukaten rege geworden. Denn der Gedanke an das bevorstehende erste Eintreten in das Zimmer mit den Mahagonimöbeln war der Splitter im Fleisch, um den herum alles von Wünschen und Begierden schwärmte.

Als nun gegen Abend das Streifkommando mit gefütterten und halbwegs ausgerasteten Pferden in einem Bogen gegen Lodi und die Addabrücke vorzudringen suchte, wo denn doch Fühlung mit dem Feind sehr zu gewärtigen war, schien dem Wachtmeister ein von der Landstraße abliegendes Dorf, mit halbverfallenem Glockenturm in einer dunkelnden Mulde gelagert, auf verlockende Weise verdächtig, so daß er, die Gemeinen Holl und Scarmolin zu sich winkend, mit diesen beiden vom Marsche der Eskadron seitlich abbog und in dem Dorfe geradezu einen feindlichen *General* mit geringer Bedeckung zu überraschen und anzugreifen oder anderswie ein ganz außerordentliches Prämium zu verdienen hoffte, so aufgeregt war seine Einbildung. Vor dem elenden, scheinbar verödeten Nest angelangt, befahl er dem Scarmolin links, dem Holl rechts die Häuser außen zu umreiten, während er selbst, Pistole in der Faust, die Straße durchzugaloppieren sich anschickte, bald aber, harte Steinplatten unter sich fühlend, auf welchen noch dazu irgendein glitschriges Fett ausgegossen war, sein Pferd in Schritt parieren mußte. Das Dorf blieb totenstill; kein Kind, kein Vogel, kein Lufthauch. Rechts und links standen schmutzige kleine Häuser, von deren Wänden der Mörtel abgefallen war; auf den nackten Ziegeln war hie und da etwas Häßliches mit Kohle gezeichnet; zwischen bloßgelegten Türpfosten ins Innere schauend, sah der Wachtmeister hie und da eine faule, halbnackte Gestalt auf einer Bettstatt lungern oder schleppend, wie mit ausgerenkten Hüften, durchs Zimmer gehen. Sein Pferd ging schwer und schob die Hinterbeine mühsam unter, wie wenn sie von Blei wären. Indem er sich umwendete und bückte, um nach dem rückwärtigen Eisen zu sehen, schlürften Schritte aus einem Hause, und da er sich aufrichtete, ging dicht vor seinem Pferde eine Frauensperson, deren Gesicht er nicht sehen konnte. Sie war nur halb angekleidet; ihr schmutziger, abgerissener Rock von geblümter Seide schleppte im Rinnsal, ihre nackten Füße staken in schmutzigen Pantoffeln; sie ging so dicht vor dem Pferde, daß der Hauch aus den Nüstern den fettig glänzenden Lockenbund bewegte, der ihr unter einem alten Strohhute in den entblößten Nacken hing, und doch ging sie nicht schneller und wich dem Reiter nicht aus. Unter einer Türschwelle zur Linken rollten zwei ineinander verbissene blutende Ratten in die Mitte der Straße, von denen die unterliegende so jämmerlich aufschrie, daß das Pferd des Wachtmeisters sich verhielt und mit schiefem Kopf und hörbarem Atem gegen den Boden stierte. Ein Schenkeldruck brachte es wieder vorwärts, und nun war die Frau in einem Hausflur verschwunden, ohne daß der Wachtmeister hatte ihr Gesicht sehen können. Aus dem nächsten Hause lief eilfertig mit gehobenem Kopfe ein Hund heraus, ließ einen Knochen in der Mitte der Straße fallen und versuchte ihn in einer Fuge des Pflasters zu verscharren. Es war eine weiße unreine Hündin mit hängenden Zitzen; mit teuflischer Hingabe scharrte sie, packte dann den Knochen mit den Zähnen und trug ihn ein Stück weiter. Indessen sie wieder zu scharren anfing, waren schon drei Hunde bei ihr: zwei waren sehr jung, mit weichen Knochen und schlaffer Haut; ohne zu bellen und ohne beißen zu können, zogen sie einander mit stumpfen Zähnen an den Lefzen. Der Hund, der zugleich mit ihnen gekommen war, war ein lichtgelbes Windspiel von so aufgeschwollenem Leib, daß es nur ganz langsam auf den vier dünnen Beinen sich weitertragen konnte. An dem dicken wie eine Trommel gespannten Leib erschien der Kopf viel zu klein; in den kleinen ruhelosen Augen war ein entsetzlicher Ausdruck von Schmerz und Beklemmung. Sogleich sprangen noch zwei Hunde hinzu: ein magerer, weißer, von äußerst gieriger Häßlichkeit, dem schwarze Rinnen von den entzündeten Augen herunterliefen, und ein schlechter Dachshund auf hohen Beinen. Dieser hob seinen Kopf gegen den Wachtmeister und schaute ihn an. Er mußte sehr alt sein. Seine Augen waren unendlich müde und traurig. Die Hündin aber lief in blöder Hast vor dem Reiter hin und her; die beiden jungen schnappten lautlos mit ihrem weichen Maul nach den Fesseln des Pferdes, und das Windspiel schleppte seinen entsetzlichen Leib hart vor den Hufen. Der Braun konnte keinen Schritt mehr tun. Als aber der Wachtmeister seine Pistole auf eines der Tiere abdrücken wollte und die Pistole versagte, gab er dem Pferd beide Sporen und dröhnte über das Steinpflaster hin. Nach wenigen Sätzen aber mußte er das Pferd scharf parieren. Denn hier sperrte eine Kuh den Weg, die ein Bursche mit gespanntem Strick zur Schlachtbank zerrte. Die Kuh aber, von dem Dunst des Blutes und der an den Türpfosten genagelten frischen Haut eines schwarzen Kalbes zurückschaudernd, stemmte sich auf ihren Füßen, sog mit geblähten Nüstern den rötlichen Sonnendunst des Abends in sich und riß sich, bevor der

Bursche sie mit Prügel und Strick hinüberbekam, mit kläglichen Augen noch ein Maulvoll von dem Heu ab, das der Wachtmeister vorne am Sattel befestigt hatte. Er hatte nun das letzte Haus des Dorfes hinter sich und konnte, zwischen zwei niedrigen, abgebröckelten Mauern reitend, jenseits einer alten einbogigen Steinbrücke über einen anscheinend trockenen Graben den weiteren Verlauf des Weges absehen, fühlte aber in der Gangart seines Pferdes eine so unbeschreibliche Schwere, ein solches Nichtvorwärtskommen, daß sich an seinem Blick jeder Fußbreit der Mauern rechts und links, ja jeder von den dort sitzenden Tausendfüßen und Asseln mühselig vorbeischob, und ihm war, als hätte er eine unmeßbare Zeit mit dem Durchreiten des widerwärtigen Dorfes verbracht. Wie nun zugleich aus der Brust seines Pferdes ein schwerer rohrender Atem hervordrang, er dies ihm völlig ungewohnte Geräusch aber nicht sogleich richtig erkannte und die Ursache davon zuerst über und neben sich und schließlich in der Entfernung suchte, bemerkte er jenseits der Steinbrücke und beiläufig in gleicher Entfernung von dieser als wie er sich selbst befand, einen Reiter des eigenen Regiments auf sich zukommen, und zwar einen Wachtmeister, und zwar auf einem Braunen mit weißgestiefelten Vorderbeinen. Da er nun wohl wußte, daß sich in der ganzen Schwadron kein solches Pferd befand, ausgenommen dasjenige, auf welchem er selbst in diesem Augenblicke saß, er das Gesicht des anderen Reiters aber immer noch nicht erkennen konnte, so trieb er ungeduldig sein Pferd sogar mit den Sporen zu einem sehr lebhaften Trab an, worauf auch der andere sein Tempo ganz im gleichen Maße verbesserte, so daß nun nur mehr ein Steinwurf sie trennte, und nun, indem die beiden Pferde, jedes von seiner Seite her, im gleichen Augenblick, jedes mit dem gleichen weißgestiefelten Vorfuß die Brücke betraten, der Wachtmeister, mit stierem Blick in der Erscheinung sich selber erkennend, wie sinnlos sein Pferd zurückriß und die rechte Hand mit ausgespreizten Fingern gegen das Wesen vorstreckte, worauf die Gestalt, gleichfalls parierend und die Rechte erhebend, plötzlich nicht da war, die Gemeinen Holl und Scarmolin mit unbefangenen Gesichtern von rechts und links aus dem trockenen Graben auftauchten und gleichzeitig über die Hutweide her, stark und aus gar nicht großer Entfernung, die Trompeten der Eskadron »Attacke« bliesen. Im stärksten Galopp eine Erdwelle hinansetzend, sah der Wachtmeister die Schwadron schon im Galopp auf ein Gehölz zu, aus welchem feindliche Reiter mit Piken eilfertig debouchierten; sah, indem er, die vier losen Zügel in der Linken versammelnd, den Handriemen um die Rechte schlang, den vierten Zug sich von der Schwadron ablösen und langsamer werden, war nun schon auf dröhnendem Boden, nun in starkem Staubgeruch, nun mitten im Feinde, hieb auf einen blauen Arm ein, der eine Pike führte, sah dicht neben sich das Gesicht des Rittmeisters mit weit aufgerissenen Augen und grimmig entblößten Zähnen, war dann plötzlich unter lauter feindlichen Gesichtern und fremden Farben eingekeilt, tauchte unter in lauter geschwungenen Klingen, stieß den nächsten in den Hals und vom Pferd herab, sah neben sich den Gemeinen Scarmolin mit lachendem Gesicht einem die Finger der Zügelhand ab- und tief in den Hals des Pferdes hineinhauen, fühlte die Mêlée sich lockern und war auf einmal allein, am Rand eines kleinen Baches, hinter einem feindlichen Offizier auf einem Eisenschimmel. Der Offizier wollte über den Bach; der Eisenschimmel versagte. Der Offizier riß ihn herum, wendete dem Wachtmeister ein junges, sehr bleiches Gesicht und die Mündung einer Pistole zu, als ihm ein Säbel in den Mund fuhr, in dessen kleiner Spitze die Wucht eines galoppierenden Pferdes zusammengedrängt war. Der Wachtmeister riß den Säbel zurück und erhaschte an der gleichen Stelle, wo die Finger des Herunterstürzenden ihn losgelassen hatten, den Stangenzügel des Eisenschimmels, der leicht und zierlich wie ein Reh die Füße über seinen sterbenden Herrn hinhob.

Als der Wachtmeister mit dem schönen Beutepferd zurückritt, warf die in schwerem Dunst untergehende Sonne eine ungeheure Röte über die Hutweide. Auch an solchen Stellen, wo gar keine Hufspuren waren, schienen ganze Lachen von Blut zu stehen. Ein roter Widerschein lag auf den weißen Uniformen und den lachenden Gesichtern, die Kürasse und Schabracken funkelten und glühten, und am stärksten drei kleine Feigenbäume, an deren weichen Blättern die Reiter lachend die Blutrinnen ihrer Säbel abgewischt hatten. Seitwärts der rotgefleckten Bäume hielt der Rittmeister und neben ihm der Eskadronstrompeter, der die wie in roten Saft getauchte Trompete an den Mund hob und Appell blies. Der Wachtmeister ritt von Zug zu

Zug und sah, daß die Schwadron nicht einen Mann verloren und dafür neun Handpferde gewonnen hatte. Er ritt zum Rittmeister und meldete, immer den Eisenschimmel neben sich, der mit gehobenem Kopf tänzelte und Luft einzog, wie ein junges, schönes und eitles Pferd, das es war. Der Rittmeister hörte die Meldung nur zerstreut an. Er winkte den Leutnant Grafen Trautsohn zu sich, der dann sogleich absaß und mit sechs gleichfalls abgesessenen Kürassieren hinter der Front der Eskadron die erbeutete leichte Haubitze ausspannte, das Geschütz von den sechs Mannschaften zur Seite schleppen und in ein von dem Bach gebildetes kleines Sumpfwasser versenken ließ, hierauf wieder aufsaß und, nachdem er die nunmehr überflüssigen beiden Zuggäule mit der flachen Klinge fortgejagt hatte, stillschweigend seinen Platz vor dem ersten Zug wieder einnahm. Während dieser Zeit verhielt sich die in zwei Gliedern formierte Eskadron nicht eigentlich unruhig, es herrschte aber doch eine nicht ganz gewöhnliche Stimmung, durch die Erregung von vier an einem Tage glücklich bestandenen Gefechten erklärlich, die sich im leichten Ausbrechen halb unterdrückten Lachens sowie in halblauten untereinander gewechselten Zurufen äußerte. Auch standen die Pferde nicht ruhig, besonders diejenigen, zwischen denen fremde erbeutete Pferde eingeschoben waren. Nach solchen Glücksfällen schien allen der Aufstellungsraum zu enge, und solche Reiter und Sieger verlangten sich innerlich, nun im offenen Schwarm auf einen neuen Gegner loszugehen, einzuhauen und neue Beutepferde zu pakken. In diesem Augenblicke ritt der Rittmeister Baron Rofrano dicht an die Front seiner Eskadron, und indem er von den etwas schläfrigen blauen Augen die großen Lider hob, kommandierte er vernehmlich, aber ohne seine Stimme zu erheben: »Handpferde auslassen!« Die Schwadron stand totenstill. Nur der Eisenschimmel neben dem Wachtmeister streckte den Hals und berührte mit seinen Nüstern fast die Stirne des Pferdes, auf welchem der Rittmeister saß. Der Rittmeister versorgte seinen Säbel, zog eine seiner Pistolen aus dem Halfter, und indem er mit dem Rücken der Zügelhand ein wenig Staub von dem blinkenden Lauf wegwischte, wiederholte er mit etwas lauterer Stimme sein Kommando und zählte gleich nachher »eins« und »zwei«. Nachdem er das »zwei« gezählt hatte, heftete er seinen verschleierten Blick auf den Wachtmeister, der regungslos vor ihm im Sattel saß und ihm starr ins Gesicht sah. Während Anton Lerchs starr aushaltender Blick, in dem nur dann und wann etwas Gedrücktes, Hündisches aufflackerte und wieder verschwand, eine gewisse Art devoten, aus vieljährigem Dienstverhältnisse hervorgegangenen Zutrauens ausdrücken mochte, war sein Bewußtsein von der ungeheuren Gespanntheit dieses Augenblicks fast gar nicht erfüllt, sondern von vielfältigen Bildern einer fremdartigen Behaglichkeit ganz überschwemmt, und aus einer ihm selbst völlig unbekannten Tiefe seines Innern stieg ein bestialischer Zorn gegen den Menschen da vor ihm auf, der ihm das Pferd wegnehmen wollte, ein so entsetzlicher Zorn über das Gesicht, die Stimme, die Haltung und das ganze Dasein dieses Menschen, wie er nur durch jahrelanges, enges Zusammenleben auf geheimnisvolle Weise entstehen kann. Ob aber in dem Rittmeister etwas Ähnliches vorging, oder ob sich ihm in diesem Augenblicke stummer Insubordination die ganze lautlos um sich greifende Gefährlichkeit kritischer Situationen zusammenzudrängen schien, bleibt im Zweifel: Er hob mit einer nachlässigen, beinahe gezierten Bewegung den Arm, und indem er, die Oberlippe verächtlich hinaufziehend, »drei« zählte, krachte auch schon der Schuß, und der Wachtmeister taumelte, in die Stirn getroffen, mit dem Oberleib auf den Hals seines Pferdes, dann zwischen dem Braun und dem Eisenschimmel zu Boden. Er hatte aber noch nicht hingeschlagen, als auch schon sämtliche Chargen und Gemeinen sich ihrer Beutepferde entledigt hatten und der Rittmeister, seine Pistole ruhig versorgend, die von einem blitzähnlichen Schlag noch nachzuckende Schwadron dem in undeutlicher dämmernder Entfernung anscheinend sich realliierenden Feinde aufs neue entgegenführen konnte. Der Feind nahm aber die Attacke nicht an, und kurze Zeit nachher erreichte das Streifkommando unbehelligt die südliche Vorpostenaufstellung der eigenen Armee.

Theodor Storm

Der Schimmelreiter

(Auszug)

Es war vor Allerheiligen, im Oktober. Tagsüber hatte es stark aus Südwest gestürmt; abends stand ein halber Mond am Himmel, dunkelbraune Wolken jagten überhin, und Schatten und trübes Licht flogen auf der Erde durcheinander; der Sturm war im Wachsen. Im Zimmer des Deichgrafen stand noch der geleerte Abendtisch. Die Knechte waren in den Stall gewiesen, um dort des Viehes zu achten; die Mägde mußten am Hause und auf den Böden nachsehen, ob Türen und Luken wohlverschlossen seien, daß nicht der Sturm hineinfasse und Unheil anrichte. Drinnen stand Hauke neben seiner Frau am Fenster. Er hatte eben sein Abendbrot hinabgeschlungen; er war draußen auf dem Deich gewesen. Zu Fuße war er hinausgetrabt, schon früh am Nachmittag; spitze Pfähle und Säcke voll Klei und Erde hatte er hier und dort, wo der Deich eine Schwäche zu verraten schien, zusammentragen lassen; überall hatte er Leute angestellt, um die Pfähle einzurammen und mit den Säcken vorzudämmen, sobald die Flut den Deich zu schädigen beginne. An dem Winkel zu Nordwesten, wo der alte und der neue Deich zusammenstießen, hatte er die meisten Menschen hingestellt, nur im Notfall durften sie von den angewiesenen Plätzen weichen. Das hatte er zurückgelassen; dann, vor kaum einer Viertelstunde, naß, zerzaust, war er in seinem Hause angekommen; und jetzt, das Ohr nach den Windböen, welche die in Blei gefaßten Scheiben rasseln machten, blickte er wie gedankenlos in die wüste Nacht hinaus. Die Wanduhr hinter ihrer Glasscheibe schlug eben acht. Das Kind, das neben der Mutter stand, fuhr zusammen und barg den Kopf in deren Kleider. »Claus!« rief sie weinend; »wo ist mein Claus?«

Sie konnte wohl so fragen, denn die Möwe hatte, wie

schon im vorigen Jahre, so auch jetzt ihre Winterreise nicht mehr angetreten. Der Vater überhörte die Frage; die Mutter aber nahm das Kind auf ihren Arm. »Dein Claus ist in der Scheune«, sagte sie; »da sitzt er warm.«

»Warum?« sagte Wienke, »ist das gut?«

»Ja, das ist gut.«

Der Hausherr stand noch am Fenster: »Es geht nicht länger, Elke!« sagte er; »ruf eine von den Dirnen; der Sturm drückt uns die Scheiben ein, die Luken müssen angeschroben werden!«

Auf das Wort der Hausfrau war die Magd hinausgelaufen. Man sah vom Zimmer aus, wie ihr die Röcke flogen; aber als sie die Klammern gelöst hatte, riß ihr der Sturm den Laden aus der Hand und warf ihn gegen die Fenster, daß ein paar Scheiben zersplittert in die Stube flogen und eins der Lichter qualmend auslosch. Hauke mußte selbst hinaus, zu helfen, und nur mit Not kamen allmählich die Luken vor die Fenster. Als sie beim Wiedereintritt in das Haus die Tür aufrissen, fuhr eine Böe hinterdrein, daß Glas und Silber im Wandschrank durcheinanderklirrten; oben im Hause über ihren Köpfen zitterten und krachten die Balken, als wolle der Sturm das Dach von den Mauern reißen. Aber Hauke kam nicht wieder in das Zimmer; Elke hörte, wie er durch die Tenne nach dem Stalle schritt. »Den Schimmel! Den Schimmel, John! Rasch!« So hörte sie ihn rufen. Dann kam er wieder in die Stube, das Haar zerzaust, aber die grauen Augen leuchtend. »Der Wind ist umgesprungen!« rief er – »nach Nordwest, auf halber Springflut! Kein Wind – wir haben solchen Sturm noch nicht erlebt!«

Elke war totenblaß geworden: »Und du mußt noch einmal hinaus?«

Er ergriff ihre beiden Hände und drückte sie wie im Krampfe in die seinen: »Das muß ich, Elke.«

Sie erhob langsam ihre dunklen Augen zu ihm, und ein paar Sekunden lang sahen sie sich an; doch war's wie eine Ewigkeit. »Ja, Hauke«, sagte das Weib, »ich weiß es wohl, du mußt!«

Da trabte es draußen vor der Haustür, sie fiel ihm um

den Hals, und einen Augenblick war's, als könne sie ihn nicht lassen; aber auch das war nur ein Augenblick. »Das ist unser Kampf!« sprach Hauke; »ihr seid hier sicher; an dies Haus ist noch keine Flut gestiegen. Und bete zu Gott, daß er auch mit mir sei!«

Hauke hüllte sich in seinen Mantel, und Elke nahm ein Tuch und wickelte es ihm sorgsam um den Hals; sie wollte ein Wort sprechen, aber die zitternden Lippen versagten es ihr.

Draußen wieherte der Schimmel, daß es wie Trompetenschall in das Heulen des Sturmes hineinklang. Elke war mit ihrem Mann hinausgegangen. Die alte Esche knarrte, als ob sie auseinanderstürzen solle. »Steigt auf, Herr!« rief der Knecht, »der Schimmel ist wie toll; die Zügel könnten reißen.« Hauke schlug die Arme um sein Weib: »Bei Sonnenaufgang bin ich wieder da!«

Schon war er auf sein Pferd gesprungen; das Tier stieg mit den Vorderhufen in die Höhe, dann, gleich einem Streithengst, der sich in die Schlacht stürzt, jagte es mit seinem Reiter die Werfte hinunter, in Nacht und Sturmgeheul hinaus. »Vater, mein Vater!« schrie eine klägliche Kinderstimme hinter ihm darein; »mein lieber Vater!«

Wienke war im Dunkeln hinter dem Fortjagenden hergelaufen; aber schon nach hundert Schritten strauchelte sie über einen Erdhaufen und fiel zu Boden.

Der Knecht Iven Johns brachte das weinende Kind der Mutter zurück; die lehnte am Stamme der Esche, deren Zweige über ihr die Luft peitschten, und starrte wie abwesend in die Nacht hinaus, in der ihr Mann verschwunden war. Wenn das Brüllen des Sturmes und das ferne Klatschen des Meeres einen Augenblick aussetzten, fuhr sie wie in Schreck zusammen; ihr war jetzt, als suche alles nur ihn zu verderben und werde jäh verstummen, wenn es ihn gefaßt habe. Ihre Knie zitterten, ihre Haare hatte der Sturm gelöst und trieb damit sein Spiel. »Hier ist das Kind, Frau!« schrie John ihr zu, »haltet es fest!« und drückte die Kleine der Mutter in den Arm.

»Das Kind? – Ich hatte dich vergessen, Wienke!« rief sie, »Gott verzeih mir's.« Dann hob sie es an ihre Brust, so fest nur Liebe fassen kann, und stürzte mit ihr in die Knie: »Herr Gott und du, mein Jesus, laß uns nicht Witwe und nicht Waise werden! Schütz ihn, o lieber Gott; nur du und ich, wir kennen ihn allein!« Und der Sturm setzte nicht mehr aus. Es tönte und donnerte, als solle die ganze Welt in ungeheurem Hall und Schall zugrunde gehen.

»Geht in das Haus, Frau!« sagte John. »Kommt!« und er half ihnen auf und leitete die beiden in das Haus und in die Stube.

Der Deichgraf Hauke Haien jagte auf seinem Schimmel dem Deiche zu. Der schmale Weg war grundlos, denn die Tage vorher war unermeßlicher Regen gefallen; aber der nasse saugende Klei schien gleichwohl die Hufe des Tieres nicht zu halten, es war, als hätte es festen Sommerboden unter sich. Wie eine wilde Jagd trieben die Wolken am Himmel; unten lag die weite Marsch wie eine unerkennbare, von unruhigen Schatten erfüllte Wüste; von dem Wasser hinter dem Deiche, immer ungeheurer, kam ein dumpfes Tosen, als müsse es alles andere verschlingen. »Vorwärts, Schimmel!« rief Hauke, »wir reiten unseren schlimmsten Ritt!«

Da klang es wie ein Todesschrei unter den Hufen seines Rosses. Er riß den Zügel zurück; er sah sich um: ihm zur Seite dicht über dem Boden, halb fliegend, halb vom Sturme geschleudert, zog eine Schar von weißen Möwen, ein höhnisches Gegacker ausstoßend; sie suchten Schutz im Lande. Eine von ihnen – der Mond schien flüchtig durch die Wolken – lag am Weg zertreten; dem Reiter war's, als flattere ein rotes Band an ihrem Halse. »Claus!« rief er, »armer Claus!«

War es der Vogel seines Kindes? Hatte er Roß und Reiter erkannt und sich bei ihnen bergen wollen? – Der Reiter wußte es nicht. »Vorwärts!« rief er wieder, und schon hob der Schimmel zu neuem Rennen seine Hufe. Da setzte der Sturm plötzlich aus, eine Totenstille trat an seine Stelle; nur eine Sekunde lang, dann kam er mit erneuter Wut zurück, aber Menschenstimmen und verlorenes Hundegebell waren inzwischen an des Reiters Ohr geschlagen, und als er rückwärts nach seinem Dorf den Kopf wandte, erkannte er in dem Mondlicht, das hervorbrach, auf den Werften und vor den Häusern Menschen an hochbeladenen Wagen umher hantierend; er sah, wie im Fluge, noch andere Wagen eilend nach der Geest hinauffahren. Gebrüll von Rindern traf sein Ohr, die aus den warmen Ställen nach dort hinaufgetrieben wurden. »Gott Dank! Sie sind dabei, sich und ihr Vieh zu retten!« rief es in ihm; und dann mit einem Angstschrei: »Mein Weib! Mein Kind! – Nein, nein, auf unsere Werfte steigt das Wasser nicht!«

Aber nur ein Augenblick war es; nur wie eine Vision flog alles an ihm vorbei.

Eine furchtbare Böe kam brüllend vom Meer herüber, und ihr entgegen stürmten Roß und Reiter den schmalen Akt zum Deich hinan. Als sie oben waren, stoppte Hauke mit Gewalt sein Pferd. Aber wo war das Meer? Wo Jeverssand? Wo blieb das Ufer drüben? – Nur Berge von Wasser sah er vor sich, die dräuend gegen den nächtlichen Himmel stiegen, die in der furchtbaren Dämmerung sich übereinander zu türmen suchten und übereinander gegen das feste Land schlugen. Mit weißen Kronen kamen sie daher, heulend, als sei in ihnen der Schrei alles furchtbaren Raubgetiers der Wildnis. Der Schimmel schlug mit den Vorderhufen und schnob mit seinen Nüstern in den Lärm hinaus. Den Reiter aber wollte es überfallen, als sei hier alle Menschenmacht zu Ende, als müsse jetzt die Nacht, der Tod, das Nichts hereinbrechen.

Doch er besann sich; es war ja Sturmflut; nur hatte er sie selbst noch nimmer so gesehen. Sein Weib, sein Kind, sie saßen sicher auf der hohen Werft, in dem festen Hause; sein Deich aber – und wie ein Stolz flog es ihm durch die Brust – der Hauke-Haien-Deich, wie ihn die Leute nannten, der mochte jetzt beweisen, wie man Deiche bauen müsse!

Aber – was war das? – Er hielt an dem Winkel zwischen beiden Deichen; wo waren die Leute, die er hierhergestellt, die hier die Wacht zu halten hatten? – Er blickte nach Norden den alten Deich hinan, denn auch dorthin hatte er einzelne beordert. Weder hier noch dort vermochte er einen Menschen zu erblicken. Er ritt ein Stück hinaus, aber er blieb allein; nur das Wehen des Sturmes und das Brausen des Meeres bis aus unermessener Ferne schlug betäubend an sein Ohr. Er wandte das Pferd zurück, er kam wieder zu der verlassenen Ecke und ließ seine Augen längs der Linie des neuen Deiches gleiten; er erkannte deutlich: langsamer, weniger gewaltig rollten hier die Wellen heran; fast schien's, als wäre dort ein ander Wasser. »Der soll schon stehen!« murmelte er, und wie ein Lachen stieg es in ihm herauf.

Aber das Lachen verging ihm, als seine Blicke weiter an der Linie seines Deiches entlang glitten: an der Nordwestecke – was war das dort? Ein dunkler Haufen wimmelte durcheinander; er sah, wie es sich emsig rührte und drängte – kein Zweifel, es waren Menschen! Was wollten, was arbeiteten die jetzt an seinem neuen Deiche? – Und schon saßen seine Sporen dem Schimmel in den Weichen, und das Tier flog mit ihm dahin. Der Sturm kam von der Breitseite; mitunter drängten die Böen so gewaltig, daß sie fast vom Deiche in den neuen Koog hinabgeschleudert wären; aber Roß und Reiter wußten, wo sie ritten. Schon gewahrte Hauke, daß wohl ein paar Dutzend Menschen in eifriger Arbeit dort beisammen seien, und schon sah er deutlich, daß eine Rinne quer durch den neuen Deich gegraben war. Gewaltsam stoppte er sein Pferd.

»Halt!« schrie er, »was treibt ihr hier für Unfug?«

Sie hatten im Schreck die Spaten ruhen lassen, als sie auf einmal den Deichgraf unter sich gewahrten; seine Worte hatte der Sturm ihnen zugetragen, und er sah wohl, daß mehrere ihm zu antworten strebten; aber er gewahrte nur ihre heftigen Gebärden, denn sie standen alle ihm zur Linken, und was sie sprachen, nahm der Sturm hinweg, der hier draußen jetzt die Menschen mitunter wie im Taumel gegeneinander warf, so daß sie sich dicht zusammenscharten. Hauke maß mit seinen Augen die gegrabene Rinne und den Stand des Wassers, das trotz des neuen Profiles fast an die Höhe des Deiches hinaufklatschte und Roß und Reiter überspritzte. Nur noch zehn Minuten Arbeit – er sah es wohl –, dann brach die Hochflut durch die Rinne, und der Hauke-Haien-Koog wurde vom Meer begraben!

Der Deichgraf winkte einen der Arbeiter an die andere Seite seines Pferdes. »Nun, so sprich!« schrie er, »was treibt ihr hier, was soll das heißen?«

Und der Mensch schrie dagegen: »Wir sollen den neuen Deich durchstechen, Herr! Damit der alte Deich nicht bricht!«

»Was sollt ihr?«

»Den neuen Deich durchstechen!«

»Und den Koog verschütten? – Welcher Teufel hat euch das befohlen?«

»Nein, Herr, kein Teufel; der Gevollmächtigte Ole Peters ist hier gewesen, der hat's befohlen!«

Der Zorn stieg dem Reiter in die Augen. »Kennt ihr mich?« schrie er. »Wo ich bin, hat Ole Peters nichts zu ordinieren! Fort mit euch! An euere Plätze, wo ich euch hingestellt!«

Und da sie zögerten, sprengte er mit seinem Schimmel zwischen sie: »Fort, zu euerer oder des Teufels Großmutter!«

»Herr, hütet Euch!« rief einer aus dem Haufen und stieß mit seinem Spaten gegen das wie rasend sich gebärdende Tier; aber ein Hufschlag schleuderte ihm den Spaten aus der Hand; ein anderer stürzte zu Boden. Da plötzlich erhob sich ein Schrei aus dem übrigen Haufen, ein Schrei, wie ihn nur die Todesangst einer Menschenkehle zu entreißen pflegt. Einen Augenblick war alles, auch der Deichgraf und der Schimmel, wie gelähmt; nur ein Arbeiter hatte gleich einem Wegweiser seinen Arm gestreckt; der wies nach der Nordwestecke der beiden Deiche, dort, wo der neue auf den alten stieß. Nur das Tosen des Sturmes und das Rauschen des Wassers war zu hören. Hauke drehte sich im Sattel: was gab das dort? Seine Augen wurden groß. »Herr Gott! Ein Bruch! Ein Bruch im alten Deich!«

»Euere Schuld, Deichgraf!« schrie eine Stimme aus dem Haufen: »Euere Schuld! Nehmt's mit vor Gottes Thron!«

Haukes zornrotes Antlitz war totenbleich geworden; der Mond, der es beschien, konnte es nicht bleicher machen. Seine Arme hingen schlaff, er wußte kaum, daß er den Zügel hielt. Aber auch das war nur ein Augenblick; schon richtete er sich auf, ein hartes Stöhnen brach aus seinem Munde; dann wandte er stumm sein Pferd, und der Schimmel schnob und raste ostwärts auf dem Deich mit ihm dahin. Des Reiters Augen flogen scharf nach allen Seiten; in seinem Kopfe wühlten die Gedanken: Was hatte er für Schuld vor Gottes Thron zu tragen? Der Durchstich des neuen Deiches – vielleicht, sie hätten's fertiggebracht, wenn er sein Halt nicht gerufen hätte; aber – es war noch eins, und es schoß ihm heiß zu Herzen, er wußte es nur zu gut – im vorigen Sommer, hätte damals Ole Peters' böses Maul ihn nicht zurückgehalten – da lag's! Er allein hatte die Schwäche des alten Deiches erkannt; er hätte trotz alledem das neue Werk betreiben müssen. »Herr Gott, ja, ich bekenn' es«, rief er plötzlich laut in den Sturm hinaus, »ich habe meines Amtes schlecht gewartet!«

Zu seiner Linken, dicht an des Pferdes Hufen, tobte das Meer; vor ihm, und jetzt in voller Finsternis, lag der alte Koog mit seinen Werften und heimatlichen Häusern. Das bleiche Himmelslicht war völlig ausgetan; nur von einer Stelle brach ein Lichtschein durch das Dunkel. Und wie ein Trost kam es an des Mannes Herz; es mußte von seinem Haus herüberscheinen, es war ihm wie ein Gruß von Weib und Kind. Gottlob, die saßen sicher auf der hohen Werfte! Die anderen, gewiß, sie waren schon im Geestdorf droben; von dorther schimmerte so viel Lichtschein, wie er niemals noch gesehen hatte; ja selbst hoch oben aus der Luft, es mochte wohl vom Kirchturm sein, brach solcher in die Nacht hinaus. »Sie werden alle fort sein, alle!« sprach Hauke bei sich selber; »freilich auf mancher Werfte wird ein Haus in Trümmern liegen, schlechte Jahre werden für die überschwemmten Fennen kommen. Siele und Schleusen zu reparieren sein! Wir müssen's tragen, und ich will helfen, auch denen, die mir Leid's getan. Nur, Herr, mein Gott, sei gnädig mit uns Menschen!«

Da warf er seine Augen seitwärts nach dem neuen Koog; um ihn schäumte das Meer; aber in ihm lag es wie nächtlicher Friede. Ein unwillkürliches Jauchzen brach aus des Reiters Brust: »Der Hauke-Haien-Deich, er soll schon halten; er wird es noch nach hundert Jahren tun!«

Ein donnerartiges Rauschen zu seinen Füßen weckte ihn aus diesen Träumen; der Schimmel wollte nicht mehr vorwärts. Was war das? – Das Pferd sprang zurück, und er fühlte es, ein Deichstück stürzte vor ihm in die Tiefe. Er riß die Augen auf und schüttelte alles Sinnen von sich: er hielt am alten Deich, der Schimmel hatte mit den Vorderhufen schon darauf gestanden. Unwillkürlich riß er das Pferd zurück; da flog der letzte Wolkenmantel von dem Mond, und das milde Gestirn beleuchtete den Graus, der schäumend, zischend vor ihm in die Tiefe stürzte, in den alten Koog hinab.

Wie sinnlos starrte Hauke darauf hin; eine Sündflut war's, um Tiere und Menschen zu verschlingen. Da blinkte wieder ihm der Lichtschein in die Augen. Es war derselbe, den er vorhin gewahrt hatte; noch immer brannte der auf seiner Werfte; und als er jetzt ermutigt in den Koog hinabsah, gewahrte er wohl, daß hinter dem sinnverwirrenden Strudel, der tosend vor ihm hinabstürzte, nur noch eine Breite von etwa hundert Schritten überflutet war; dahinter konnte er deutlich den Weg erkennen, der vom Koog heranführte. Er sah noch mehr: ein Wagen, nein eine zweirädrige Karriole kam wie toll gegen den Deich herangefahren; ein Weib, ja auch ein Kind saßen darin. Und jetzt – war das nicht das kreischende Gebell eines kleinen Hundes, das im Sturm vorüberflog? Allmächtiger Gott! Sein Weib, sein Kind waren es; schon kamen sie dicht heran, und die schäumende Wassermasse drängte auf sie zu. Ein Schrei, ein Verzweiflungsschrei brach aus der Brust des Reiters: »Elke!« schrie er. »Elke! Zurück! Zurück!«

Aber Sturm und Meer waren nicht barmherzig, ihr Toben zerwehte seine Worte; nur seinen Mantel hatte der Sturm erfaßt, es hätte ihn bald vom Pferd herabgerissen. Und das Fuhrwerk flog ohne Aufenthalt der stürzenden Flut entgegen. Da sah er, daß das Weib wie gegen ihn hinauf die Arme streckte. Hatte sie ihn erkannt? Hatte die Sehnsucht, die Todesangst um ihn sie aus dem sicheren Haus getrieben? Und jetzt – rief sie ein letztes Wort ihm zu? – Die Fragen fuhren durch sein Hirn; sie blieben ohne Antwort: von ihr zu ihm, von ihm zu ihr waren die Worte all verloren. Nur ein Brausen wie vom Weltenuntergang füllte ihre Ohren und ließ keinen anderen Laut hinein.

»Mein Kind! O Elke, o getreue Elke!« schrie Hauke in den Sturm hinaus. Da sank aufs neue ein großes Stück des Deiches vor ihm in die Tiefe, und donnernd stürzte das Meer sich hinterdrein. Noch einmal sah er drunten den Kopf des Pferdes, die Räder des Gefährtes aus dem wüsten Greuel emportauchen und dann quirlend darin untergehen. Die starren Augen des Reiters, der so einsam auf dem Deiche hielt, sahen weiter nichts. »Das Ende!« sprach er leise vor sich hin; dann ritt er an den Abgrund, wo unter ihm die Wasser, unheimlich rauschend, sein Heimatdorf zu überfluten begannen. Noch immer sah er das Licht von seinem Hause schimmern; es war ihm wie entseelt. Er richtete sich hoch auf und stieß dem Schimmel die Sporen in die Weichen; das Tier bäumte sich, es hätte sich fast überschlagen; aber die Kraft des Mannes drückte es herunter. »Vorwärts!« rief er noch einmal, wie er es so oft zum festen Ritt gerufen hatte: »Herr Gott, nimm mich; verschon die andern!«

Noch ein Sporenstich; ein Schrei des Schimmels, der Sturm und Wellenbrausen überschrie. Dann unten aus dem hinabstürzenden Strom ein dumpfer Schall, ein kurzer Kampf.

Der Mond sah leuchtend aus der Höhe; aber unten auf dem Deiche war kein Leben mehr als nur die wilden Wasser, die bald den alten Koog fast völlig überflutet hatten. Noch immer aber ragte die Werfte von Hauke Haiens Hofstatt aus dem Schwall hervor, noch schimmerte von dort der Lichtschein, und von der Geest her, wo die Häuser allmählich dunkel wurden, warf noch die einsame Leuchte aus dem Kirchturm ihre zitternden Lichtfunken über die schäumenden Wellen.

Svend Fleuron

Pferd und Mann

Es kamen andere Tage für Flyga – und andere auch für Jungin! Sigurd Torleifsons Herbstreisen standen bevor – und Jungin war nunmehr so groß und selbständig, daß der Tropfen Milch, den er sich, immer noch das Jungfüllen spielend, holte, ohne irgendwelche Bedeutung war. Es hielt nur auf, ihn mitzunehmen – und dauerte die Reise länger, so konnte Torleif sich ja immer dadurch helfen, daß er die Stute molk, um zu verhindern, daß sie trocken wurde.

Als man Flyga eines Morgens heimholte und sattelte, machte Torleif sich reisefertig. Er zog zwei Paar Beinkleider an, schlüpfte in Fettlederstiefel und in ein Wams – dann umarmte er sein Weib; er wollte nur zwei Tage fortbleiben, sie aber wünschte ihm, als gelte es eine förmliche Auswanderung, glückliche Reise!

Kurz darauf ritt er zum Feldweg hinaus! –

Die kleinen Ohren der Stute zwischen der brausenden Haarfülle der Stirnlocke spielten, trippelnd kaute sie am Gebiß, die Augen schielten nach oben und zurück – wohin wohl?

Am Hecktor neigte sich Torleif über ihren Hals, hob mit dem Peitschenstiel den Torriegel hoch, ritt hindurch und wendete das Pferd, um die Pforte wieder zu schließen. Sie kannte den Verlauf dieses Vorgangs und half.

Wohin – wohin? Jetzt erfuhr sie es endlich – heute ging es zu den Lavawüsten hinauf!

So klopfte sie denn ihre Hufe auf den bekannten Reitwegen aus, trippelte, wo der Weg steinicht und gefahrvoll war, sprang im Galopp auf ebenem Boden, watete durch Flußwieken und kleine Flüßchen und weidete, wenn man ihr Ruhe gönnte.

Aber je weiter sie hinausgelangte, desto aufmerksamer wurde sie. Und als sie so weit gekommen war, daß ihre Kenntnis sie zu verlassen begann, gingen die Ohren unablässig, die Augen arbeiteten, und ohne daß Torleif es ahnte, gebrauchte sie ihre Nase wie ein Hund. Ein einziger Gedanke beherrschte von nun ab alle ihre Sinne: den Weg zurück sich zu merken, zum Füllen, zum Heimatort!

Es war eine Besonderheit ihrer Rasse: sie verriet niemals die Persönlichkeit in sich selbst! In dieser Hinsicht war ihre Natur jener der Katze gleichgeartet; man konnte sie tummeln, soviel man wollte, sie bewahrte sich immer ein gewisses Maß eigenen Willens. Mittels der Zügel, der Schenkel bestimmte der Reiter viel, aber nicht, daß sie ihre Beobachtungen auf der Fahrt zu unterlassen habe.

Wie führte sie sie aus? Nicht nur mit Hilfe des Blickes, nein, auch das Gehör und der Geruch, ja selbst der Geschmack wurden zu Hilfe genommen. Gewisse Vogellaute, dem jeweiligen Ort eigen, gewisse Blütendüfte oder Schwefelgerüche gaben hinreichend Bescheid – ebenso wie jene Stätten, wo haltgemacht wurde und wo sie weiden durfte.

Leicht und frei saß Torleif im Sattel und ließ sich gemächlich über Flüsse und Abgründe tragen, während er die Aussicht in die gewaltigen Tiefen und auf schwindelnde Höhen genoß. Er hatte nur die Augen wandern zu lassen und alles aufmerksam zu beobachten, was in sein Erinnerungsbuch eingetragen werden sollte – das Pferd tat das Seine.

Und doch gab es keine Wege, auf denen sie halb schlafend dahinzuckeln durfte – der Weg war im glücklichsten Falle nur eine Hufspur, sonst trat sie nur dort auf, wo sie gut zu treten glaubte. Der Weg war oftmals die Sohle eines Wasserlaufs, hier lief man am bequemsten, wenn auch durch eiskaltes Wasser, das geradewegs von aufgetauten Schneefeldern kam.

Unablässig mußte sie auf der Hut sein und wach, unablässig achtgeben auf das Erdreich vor sich, sich jede kleinste Einzelheit mit dem Blick einprägen, um durch eine schnelle Übersicht ein Urteil darüber zu gewinnen, wo die

Hufe am besten gingen. Aber gerade dieser Wegemangel hatte durch Jahrhunderte die Rasse, der sie angehörte, zu den sicheren Beobachtern gemacht, mit einem scharfen Blick für das, was sich zum Laufen eignete und was nicht – bei Flyga hatte sich die Fähigkeit, die flüchtige Einzelheit zu erfassen und ihre Besonderheit in Erinnerung zu behalten, in einem bemerkenswerten Grad entwickelt!

Die stummen, einsamen Wegzeichen tauchen auf, von Schatten gestreift, mit Moos auf der Spitze. Torleif glaubt, erfreut über die Begegnung, es sei ein Mann – nein, nur die Öde ist es, die spricht und gaukelt! Der Blick hängt in den Fernen, will vorwärts, die Tausende von Kleinigkeiten des Vordergrundes werden von dem gewaltigen Hintergrund aufgesogen – er reitet, reitet, und die Stunden fließen.

Alte Lavaströme, in phantastischen Formen erstarrt, zu Schlangenbündeln, abgebrochenen Brücken und Wölbungen geformt, umgeben ihn. Aber er kennt allzu gut diese Landschaft!

Es scheint, als koche diese Lava noch immer, winde sich und spritze hoch. Blasen und Pusteln bilden sich, erstarren und stoßen die Luft aus. Es ist dies vor Jahrhunderten geschehen, aber noch ebenso lebendig, ebenso flüssig erscheint die ganze Masse. Der Pferdehuf klopft auf den »Hraun«, ununterbrochen schmieden die Hufeisen auf dem harten, zähen Amboß; aber kein Klang tönt zurück, keine Lautschwingungen erfüllen die Atmosphäre, nur diese kurzen, knappen, scharfen Hufschläge sind zu vernehmen.

Wolken in Blau und in Grau schreiten über den Himmel hin. Ein Gebirge mit einem Rücken wie ein Stier ragt finster zur einen Seite auf, ein pferdeohriges, voll von Schneeadern, leuchtet auf der anderen. Jetzt ein Sonnenstreif – und aus dem Gewitterdunkel wird plötzlich ein drohender Kegel hervorgezaubert inmitten eines siebenfarbigen Regenbogens. Noch ein paar Pfiffe des Regenpfeifers – sonst nur das Sausen des Windes in den Ohren! Mehr und mehr schwillt die Himmelsbrücke an, spaltet sich in betörendes Rot und Grün, und jetzt werden auch die indigoblauen schwellenden Adern sichtbar, gilbende Halden und neue Mengen von Stein in Felshöhe entschleiernd.

Das Licht streift einen Felssturz in der Ferne – und alle Klüfte, Schmelzwasserrinnen, Kämme und Krümmungen werden bloßgelegt, feines Gras keimt hervor wie Bartflaum auf dem Kinn eines Jünglings. Dann wird alles grau, finster, schimmelig.

Wieder einmal ist Flyga vom Schritt in Trab gefallen, sie hat sich aufgerichtet wie ein Hirsch, so daß die üppig wachsende Mähne wogt und strömt wie ein Fluß; die kleinen Beine jagen über den Erdboden dahin, und die Hufe hämmern in rasch wechselnden Schlägen auf den Weg – Lenden und Hinterkörper gleichsam ineinandergeschoben, geht sie in immer geschwindere Gangart über.

Ein Hof ist nicht fern, früher oder später gelangt man ja immer dorthin, Torleif ritt nicht der Aussicht zuliebe fort, wenn er seine Reisen machte, vielmehr in seiner Eigenschaft als Hardesvogt, um Leute zu sprechen, mit denen er Verhandlungen zu pflegen und Abmachungen zu treffen hatte. Aber Stunden hat er jetzt im Sattel zugebracht und sich schon längst an den wilden, phantastischen Lavamassen satt gesehen – jetzt meint er, daß man den Hof bald sehen müsse. Es dämmert, und er trägt heftig Verlangen nach Essen und Ruhe – hat er nur erst jene Höhe dort erreicht, so erblickt er wohl das Ende der Reise vor sich.

Nein, die gleiche Eintönigkeit breitet sich hinter dem Hügel vor ihm aus, Höhlen und Schründe, Stein und Lava; aber dann, wenn er dies überquert und um die nächste Höhe herum ist, hat er gewiß sein Ziel erreicht.

Er muß an sich halten! Fängt er erst so an, dann bleibt er dabei und vermag kein Ende des Weges zu finden. Und das weiß er recht gut. Die Zeit wird nur länger, und es ermüdet den Sinn!

Der Fluß drüben in der Ferne beginnt im Widerschein der Sonne zu funkeln, ferne Felsen lohen wild, und es glitzert von noch ferneren Eisgipfeln. Aber hinter ihm verdüstern sich Erde und Luft um die Wette, die Schlagschatten der Lavahügel schlagen wie ein Höhlendunkel um ihn zusammen.

Der Hof! Der Hof! Nur die Richtung und eine Reise vor mehreren Jahren hat er als Anhaltspunkte zur Verfügung.

Seine Unruhe wächst, nach seiner Berechnung mußte er dem Reiseziel nahe sein.

Da mußte er der Stute die Führung überlassen.

Und Flyga steckt die Nase in den Erdboden und schlürft mit losen Zügeln umher – bis sie mit einemmal eine bestimmte Richtung einschlägt. Befreiend, jubelnd kommt schließlich der Niedergeschlagenen ein Tierwechsel entgegen. Klauenzerfurcht, hufzerstampft läßt er seine verschnörkelte, schmale Wegbahn aufblinken, er zieht den Blick an, der wieder dem Fuße das Seinige verraten soll: hier ist freie Bahn, hier ist ein Ariadnefaden im Labyrinth der Wildnis. Ergreife ihn, halte dich an ihm, eile an ihm voran. Deine frierenden Füße wird er in Schutz und Wärme führen, deinem hungernden Magen wird er ein Mahl bereiten, geh an ihm weiter, und du gelangst zu Haus und Licht, zu Heim und Lager, zu uralten Herrlichkeiten.

Er blieb für die Nacht im Hofe und erledigte am nächsten Tage seine Geschäfte bei den Leuten der Umgegend, um gegen Nachmittag die Heimreise anzutreten.

Er konnte sich jetzt an einer lächelnden Landschaft freuen; über Lava ritt er freilich, aber sie war von Birkengebüsch und Kriechweiden überwuchert. Diese aufgepflügten, frostzerrütteten Schlackenmassen, die verkrampft und zersplittert rings um ihn her auf allen Seiten lagen, aber wiederum verhüllt durch einen zwergenhaften Pflanzenwuchs, konnten von weitem, wie einst ein Reisender bemerkt hatte, Weinbergen ähnlich sehen. Oh, sahen Weinberge so aus – selbst der Rabe beeilte sich ja, mit seinen Jungen von hier fortzukommen!

Gräber, in die man hätte Tote legen können, sieht er gähnen, Grotten und tiefe Brunnenlöcher folgen, dann ein Krater aus Moos über einem anderen alten Krater und dicht daneben der Zugang zu einem Hünengrab, abgedeckt, so daß die Grabkammer dem Reisenden entgegengrinst. Kurz darauf aber lächelt eine liebliche, grüne, kleine Oase mit kniehohem Birkengestrüpp und huschenden Weindrosseln ihm zu, er reitet über Strecken, die wie die Überreste großer Wälle anmuten, von einem befestigten Lager herrührend, und gelangt dann plötzlich vor eine kilometerlange Festungsmauer. Flyga muß hinüberkriechen – weit draußen biegt die Mauer im rechten Winkel ab, um dann in der neuen Richtung in weite Fernen zu verlaufen.

Mit einemmal aber entdeckt er ein Loch dicht vor den Hufen des Pferdes, nur eben so groß wie ein Stallfenster; es gewährt aber Einblick tief in einen Keller hinunter, der ganze Raum unter dem Schlackenhaufen ist schallend hohl, und der Lavahügel dröhnt, als die Stute über ihn hinwegschreitet.

Torleif wird bedenklich, aber Flyga kennt das Gesetz in einer so gefährlichen Einöde: niemals vom Reitweg abgewichen! Derjenige, der sich klüger dünkte als der Steig, kam zu kurz. Man wollte in die Richte gehen und den Weg verkürzen; aber man kam nur auf noch schlechtere Hufpfade und üblere Bahn, und das Ende war ein hilfloses Umherirren.

Das Dunkel sinkt herab – gut nur, daß der Mond, wie Torleif auch berechnet hatte, aufgeht. Sein Licht um Blökke windend, füllt er Klüfte und Höhlen mit deren Schlagschatten aus. Die Einöde bevölkert sich, die alten, verlachten Zwerge und Trolle stehen auf, sie bereiten sich zum Kampf, sie treiben Spuk und fürchterliches Gaukelspiel. Bildabergs Besitzer aber denkt an sein freundliches Bergvölkchen unter dem Vingull und lenkt Flyga unter solcherlei Gedanken.

Plötzlich will sie nicht weiter. Sie bekommt Schläge mit den Absätzen – was ist es für ein Richtweg? Sie versteht ihn nicht!

Aber Torleif setzt seinen Willen durch.

Durch eine fallaubduftende Schlucht erreichen sie einen Bach, der sich durch das erstarrte Erdbebenland Bahn bricht. Nichtsahnend wollen sie und der Reiter hindurch.

Da verschwanden sie beide mitten in dem scheinbar seichten, braunen Strome, eine tiefe Lavaspalte, die unter Wasser verborgen lag, verschlang sie, sie stürzten einen Augenblick in eiskaltes Wasser – Torleif lockerte die Zügel, spannte sich fest und jagte den Daumen seiner geballten Hand in die Vertiefung am Hals des Rosses – und wieder erschienen die beiden luftgefüllten Pfropfen. Sie begann zu arbeiten, er packte die Mähne, und einen Augenblick darauf setzte sie die Vorderhufe auf den Rand der Spalte.

Bald darauf befand er sich wieder auf bekannten Pfaden, und nun tat sich auch Bildabergs Klippenfirst, von Wegzeichen geschmückt, als Schattenriß gegen den mondleuchtenden Himmel seinen Blicken dar.

Schnell saß auf der Spitze eines Wegzeichens, als sie endlich näher kamen. Er hatte hier den ganzen Tag gesessen und auf ihre Rückkehr gewartet. Das tat er immer, wenn er nicht mitdurfte. Auch im Nebel, ja selbst bei Ungewitter fand er sich hier oben ein, dazwischen kläffte und heulte er – er war des Leuchtturms traurig tönende Sirene.

Voll Entzücken feierten Mutter und Füllen Wiedersehen, man wieherte leise und schnob, rieb sich den Halswirbel und erzählte – abgesattelt und aller engenden Bande entledigt, wälzte Flyga sich in dem bereiften Gras der Wiese, Jungin verschlang, von Öjn gehörig beneidet, alles was das Euter hergeben wollte.

Als Flyga am nächsten Tage heimgeholt und in den Stall gesteckt wurde, um bei der Hand zu sein, folgte Jungin nicht mehr so willig nach – der Spielkamerad hielt ihn fest.

Aber er kam doch, als sie rief! Und wieder mußte er das Ungemach erdulden, lange Zeit allein zwischen den sodenverkitteten Steinmauern zuzubringen, ohne zu begreifen weshalb. Er studierte Krippen, Kuhschädel und die luftige kleine Hühnerwohnung über seinem Kopfe – alles, was er auf seinem ersten Besuch im Stall in seiner grünsten Jugend entdeckt hatte. Dann endlich öffnete sich die Luke wieder, er jagte hinaus – und draußen stand Öjn, sein Kommen erwartend. Und nun strichen die beiden dahin über das abgemähte Feld bis zu den Halden am Roßfelsen und zu den Flußwiesen.

Besser und besser verstanden sich die beiden, und sie unternahmen auf eigene Faust weite Streifzüge in die Heiden hinein – dort, wo ihre Mütter, Großmütter und viele

Geschlechter vor diesen mit Beben und Verwunderung ihre Fohlenhufe gesetzt, entdeckten auch sie ein Wunderland. Und sie entwuchsen, wie alle Jugend tut, den Müttern und wuchsen immer mehr und mehr zusammen.

Weit drüben aber, einen steilen und wenig zugänglichen Felshang hinan, klettert ein Pferd mit einem Mann auf dem Rücken. Tiefer und tiefer lassen sie die Niederungen unter sich, der Rundblick erweitert sich immer mehr. Im Zickzack trotzt sich der Steig empor – engt sich dann ein, während die Stürze jäher werden.

Gleich Schweißtropfen springen die Steine aus dem Felsrand über ihnen heraus, sie hängen dort oben, sind auf dem Weg in die Tiefe begriffen oder haben ihren Grund schon erreicht. Unerbittlich kämpft sich das standhafte Gras aufwärts, schlägt Wurzeln in den Vorsprüngen und steigt an den Sturmleitern der Spalten in die Höhe. Es gilt, dort oben festzuhängen – es gilt das Leben auch für das Gras.

Das öde, tote Gebirge! Frost und Schmelze haben durch Jahrtausende darin gewetteifert, es zu furchen, die Sonne machte es glühen, der Regen hat Risse und Wunden gefüllt und der Sturm mit seiner Faust darauf herumgehämmert. Tot? Nein, auch die Berge waren voller Leben, beständig ging in ihnen etwas vor, Spalten verbreiterten sich und zogen sich zusammen, alte Spalten schlossen sich, neue taten sich auf, Regenströme schliffen an ihnen, brachen plötzlich aus Löchern hervor und gruben sich neue, lange Ablaufrinnen. Dann löste sich ein Stein und sank, und das Gras eroberte sich eine neue Schanze.

Aber immer spärlicher breitet sich das Gras jetzt unter den Pferdehufen aus, Stein und Geröll und Splitter werden immer häufiger, und als Flyga endlich die Höhe erreicht hat, liegt vor ihr eine traurige, unfruchtbare Hochfläche.

Sie kennt diese steinerne Wüstenei, die Hufe tragen Spuren von ihren kahlen, scharfsplittrigen Wegen. Wohl fehlt ihr die Fähigkeit, sich dessen zu erinnern, wenn sie lange Zeit nicht hier gegangen war, aber sowie die runden Klumpen unter ihr zu kullern anheben, sowie sie gegen ihr Hufeisen schaben und mit scharfen Lauten voller Verdruß und Murren darüber, daß man sie in ihrem Schlafe störte, unter ihren Tritten nach hinten springen, steht die ganze Schwierigkeit dieses Gebiets ihr wieder vor Augen. Ein seltenes Mal ist es ihr gestattet, vorsichtig darüber wegzuschreiten, es gibt größere und entschiedenere Hindernisse voran und hinter ihr, die in weit höherem Maße geeignet sind, den Lauf zu hemmen. Diese steinichten, festgeschütteten Strecken muß sie als gangbaren Weg betrachten und sie ausnützen, um geschwinder voranzukommen.

So wartet sie denn auch den Schlag der Hacken gegen die Weichen gar nicht ab, sondern geht, sobald sie die Klippenstufen erstiegen hat, in Trab über. Schärfer und spitzer spürt sie das Gestein durch die Eisen, und der Hufnerv fühlt mitunter einen Stich; bisweilen ist sie nahe daran zu straucheln, weil Teile des Gerölls sich unter einem Hufe festklemmen; der Klumpen bleibt selten länger als zwei Schritt weit hängen, dann prasselt er klirrend in hohem Bogen nieder.

Die Steinwüste hat man schließlich überquert; der Abstieg beginnt.

Torleif hat ihr allezeit vielerlei zugemutet, aber dies scheint ihr doch das Bedenklichste zu sein, das ihr begegnet. Ein Pfad so steil, daß der Huf kaum festen Fuß fassen kann. Die Steine um sie her bekommen Stimmen, sie schreien ihr ihre Warnungen ins Ohr, während sie aus ihrem Lager gleiten und in die Tiefe rollen.

Im Zickzack geht es vorwärts, Schritt für Schritt auf steifen Vorderbeinen, auf den Hinterhachsen gleitend. Sie steht zuweilen still und überlegt. Die Tiefe gähnt um sie her, lockend und grünschimmernd wie alle Tiefen, darinnen Wasser fließen – und sie legt die Ohren fast waagerecht an und rollt die Augen; zum ersten Mal in ihrem Leben ist sie sich einer Unsicherheit bewußt.

Die Zügel losgelassen, liegt Torleif hintenüber im Sattel, um den Abstieg zu erleichtern: Sie darf frei ihren Weg wählen – Da wählt sie den Außenrand des Pfades und begibt sich noch näher an den gefährlichen Schlund heran – hier lugt ein wenig Erde hervor, wo der Huf besser zu treten vermag. Wenn der nur steht, so steht auch sie! Sie ahnt die Unruhe, die durch den Reiter jagt, fühlt seine

Angst an dem Zittern der Schenkelmuskeln und den bebenden Knien – noch ein Schritt und wieder einer – so, nur stillsitzen!

Die Felskette liegt hinter ihr – nach dem schwierigen Abstieg, der die letzte Spannung in den Vorderbeinen forderte, wühlt sie jetzt im Sumpf am Flußufer herum und bringt ihren Herrn glücklich bis zur Furt.

Aber durch das Anschwellen des Flusses trägt die Furt ihre Bezeichnung nicht mehr mit Recht.

Die Dämmerung sinkt herab, und das Brausen der reißenden Wasser übertönt den Ruf des Reiters nach einem Boot. So steht sie Stunde auf Stunde abgesattelt hier auf dem unfruchtbaren, steinigen Uferrand, darauf harrend, ihre Kräfte mit den Wellen und Strömungen des Flusses messen zu dürfen.

Schließlich taucht der Prahm aus der Dunkelheit auf und nimmt Torleif mitsamt dem Sattel auf, während sie an Stricken hinterdreingezogen wird. Sie macht keinerlei Versuche auszureißen, sie bedarf keines Peitschenschlages und Steinwurfs wie so viele andere Pferde – kühn wirft sie sich in den kalten, gierigen Gischtschlund und kämpft sich tapfer, seitlich herumgedrängt, mit dem Rücken gegen die Strömung, hinüber. In raschem Takte treiben die Riemen den Prahm voran, während sie, von Eiseskälte durchschüttelt, ein weites Stück den Elf hinabgetrieben wird –

Alles erlebte sie auf solchen Reisen, Alltäglichkeiten in ihren Augen: Galopps, Kletterfahrten, kalte Ruhelager und Schwimmfahrten. Alles, was nun einmal dazugehörte!

Barscher und nasser ließ der Herbst sich an!

Das Seggengras gilbte in allen Mooren um Bildaberg, seine Anger wurden fahl, und der ganze Roßfelsen überzog sich mit rotem Rost – er wetteiferte darin mit der Lava. Das feinzüngige Laub der Farne an den Hofquellen entlang und in den dunklen, tiefen Klüften baumelte matt an den Stengeln und knickte ab.

Ein bleicher, verschüchterter Sonnenschein versuchte vergeblich die mageren Halden zu schmücken.

Kalt und schaudervoll flüsterte der Wind im Grase.

Wenn Jungin und Öjn sich ein Nachtlager hinter einem Hügel suchten, sahen sie den Mond, der seine hohe Winterbahn begonnen hatte, stärker und goldener lohen. Und wenn sie reifbedeckt in der Morgenstunde sich erhoben, so hatte der Nachtfrost neue Teile der Krüppelblumen welken gemacht; sie mußten sich in den kühlen Winden erst einmal warmlaufen!

Verdrossene, schmalnasige Schafsgesichter, die sie nicht kannten, begannen sich um sie her einzufinden. Sie kamen von den oberen Weideplätzen unterhalb des Schneebergs. Jetzt ward der Schnee dort droben eine Erscheinung; die großen Moore büßten Saft und Kraft ganz ein, die Kräuter, die ihnen Leckerbissen bedeuteten, blühten nicht mehr, die Schafe fanden nicht wie früher geradezu tropisch warme Halden unter sonnendurchglühten Felshängen und nicht den sommerwarmen Schutz in blumengefüllten Tälern, wo große Fliegen den echten Sommerton erst schufen, um die Wette mit dem singenden Winde surrend.

Sie hatten Sehnsucht; das gemütliche Winterleben rings um den Hof lockte sie an.

Erinnerungen an den starken Duft von Heu und an die vielen warmen Zufluchtslöcher in den düsteren Erdställen zogen dies und jenes alterfahrene Schaf von dannen – so wanderte es denn die vielen Kilometer abwärts, nur abwärts in die Niederungen. Hier angekommen, gaben freistehende Kleinfelsen als gewaltige Wegzeichen die Richtung an – und nun graste es sich heim und stand eines schönen Morgens vor der Stacheldrahtumhegung des Feldbereichs.

Das war das Zeichen für die Felsreiter, so schnell wie möglich die Herden von den großen Außenweiden einzuholen, und Torleif schickte seine Leute aus.

Höchst beschwerlich wurden jetzt seine Dienstreisen, auf denen er Zusammenkünfte der Abgeordneten und ähnliches mehr zu verabreden hatte; endlich aber ging zum letztenmal knarrend das Hecktor zu seiner Ausfahrt auf.

Erst lange Kriechfahrten an Felsrändern hinauf, und nun über Spukheiden in stundenweitem Ritt. Eine wohltuende Ruhepause an einem kleinen, grasreichen Talbach in Gesellschaft einer Schafherde – und dann weiter in gestrecktem Galopp, über braune und gelbe Sandflächen, wo der Staub sich erhebt und Pferd und Reiter einhüllt. Ein ununterbrochenes Niesen, Schnauben und Prusten – bis ein Grünstreifen dem Auge endlich wieder Leben und Laune schenkt.

Gras, ja, aber Wasser fehlt – und Flyga ist verwöhnt mit klarem, rieselndem Wasser. Nun ja, es wird schon kommen!

Endlich ein Bach, sie wittert ihn, platscht über ihn hinweg; von selber bleibt sie inmitten seines Bettes stehen, zerrt am Zügel und trinkt, trinkt, trinkt.

Es wird Abend; aber es geht weiter. Krauchend, trabend. Von Schritt in gestreckten Galopp übergehend. Ein Feld hebt sich heraus – doch nein, dies ist der Ort nicht, wo sie zu bleiben gedenken. Sie machen halt und plaudern – dann schliddert sie mit ihrem Reiter einen steilen Abhang wieder hinab, wo ihr die Steine um die Hachsen springen, und gelangt nach vielen Atemzügen an ein neues Feld, das trotz seinem leidenden Zustand und seiner Unzahl von Hügelkuppen ihr doch mit lieblicher Verheißung erquikkend entgegenblickt.

Ihr Herr ist müde. Seit langem hat sie es verspürt; er federt nicht mehr in den Bügeln, sondern hängt nur schwer und tot auf ihr. Sie strauchelt einmal und bekommt eins mit der Peitsche; aber es ist seine Schuld, so wie er dort oben herunterbumst, wenn sie am meisten der Rücksicht bedarf, da die Knie vor Überanstrengung fast ihre Spannkraft einbüßen.

Voller Aufmerksamkeit warten sie das Ergebnis ihrer drei Ankunftschläge ab. Aber einer von jenen Rauchleuten, die am allermeisten nach Rauch riechen, steckt sein Langhaar heraus – und sie merkt deutlich am Ton und dem vielen Gewieher zwischen den Menschen: auch hier gibt es kein Feldgras für sie, nicht einmal etwas Segge von den Außenfeldern darf sie erhoffen.

Und wieder sitzt Torleif auf ihrem Rücken.

Schwerfällig und linkisch kriecht er auf den Sattel hinauf, er fühlt sich an, als trüge sie einen Felsklotz – und von

Schlaf fast übermannt, ohne Kraft, schlingert sie mit dem ermatteten Manne wieder davon.

Ein unwegsames Sumpfland tut sich in der Nacht vor ihnen auf. Was will er hier? Ja, er will hierher. Und in seinem Willen pflegt ein natürlicher Sinn zu stecken. Nur langsam verschwinden die Hügel um sie her; sie sinkt mit einem Hinterbein ein; aber die Gefahr, die Angst steckenzubleiben, das fürchterlichste, was sie kennt, jagt ihr die Mattigkeit aus den Hachsen wieder heraus, hellwach, genau mit Augen und Ohren die Dinge beachtend, sich Gewißheit erschnuppernd, welchen Weg sie wagen soll, stelzt sie mit ihrem halbschlafenden, taumelnden Reiter über den Morast. Gäbe er ihr doch nur Zügelfreiheit und bewahrte er sie vor den Hackenschlägen an den Weichen – kein lebendes Wesen auf dieser Erde hätte ihn sicherer dahintragen können!

Es schwillt um sie her hoch, es brodelt und schlägt Blasen. Geplätscher und Seufzer ertönen. Tiefgeneigt, sich von Absatz zu Absatz vorwärtsfühlend über das niedrige, sumpfige Riedgras, geht das Pferd dahin. Es macht halt, überlegt; der Mann aber, der Eile hat, treibt Flyga vorwärts. Zweifelnd, zaudernd tut sie den Schritt. Das Grün weicht plötzlich unter ihren Vorderhufen, der schwarze Schlamm schlägt spritzend auf, des Reiters Füße berühren einen Augenblick den Boden. Da rafft sie sich auf, da der Rasen unter ihren Hinterhufen standhält. Es geht in einem Nu, sie macht eine Schwenkung auf den Hinterbeinen vom Sumpfe weg und geht vorsichtig in einem Bogen um ihn herum weiter.

Eine Hand klopft dem ausdauernden Tier den Hals –

Endlich kamen sie an einen Hof, der ihrem Herrn behagte, der verschwand in der Räucherhöhle, Sattel, Zaumzeug wurden ihr heruntergerissen; sie durfte fressen, sich niederlegen; sie war frei.

Die wilden, die freien Pferde

William Faulkner

Scheckige Mustangs

(Auszug)

Ein Weilchen vor Sonnenuntergang sahen die auf der Galerie des Dorfladens herumsitzenden Männer über die Landstraße aus Süden einen Planwagen heraufkommen, von Maultieren gezogen und hintendran eine lange Kette offenbar lebendiger Anhängsel, die in der untergehenden Sonne wie bunte, verschieden große Papierfetzen wirkten, wahllos von Anschlagtafeln abgerissen – von Zirkusplakaten etwa – und am Wagen hinten befestigt, zu ihm gehörig in ihrer Einzel- und Gesamtbewegung wie der Schweif eines Kinderdrachens.

»Deubel nochmal, was ist denn das?« sagte einer.

»Das ist'n Zirkus«, sagte Quick. Sie standen gemächlich auf, starrten zu dem Wagen hinüber. Bald konnten sie erkennen, daß die hinterherzottelnden Vierbeiner Pferde waren. Im Wagen hockten zwei Männer.

»Hol's der Deubel«, sagte Freeman, der erste Sprecher, »das ist ja Flem Snopes.« Sie waren alle auf den Beinen, als der Wagen heranrumpelte und hielt und Snopes abstieg und auf die Galerietreppe zusteuerte. Er sah aus, als hätte er Frenchmans Bend erst diesen Morgen verlassen: trug noch die gleiche Sportmütze, die winzige Fliege zum weißen Hemd, die gleichen grauen Hosen. Er kam herauf.

»Hallo, Flem«, sagte Quick. Der andere sah kurz die Männer an, alle und keinen, kam weiter die Treppe hoch. »Willst du'n Zirkus anfangen?«

»Gentlemen«, sagte er. Er überquerte die Galerie; sie machten ihm Platz. Dann gingen sie die Treppe hinab und schlenderten zum Wagen, hinter dem in einem störrischen Haufen die Mustangs standen, immerhin größer als Karnickel und bunt wie Papageien, mit Stacheldraht aneinander und am Wagen selbst festgemacht. Mit ihrem scheckigen Fell und gedrungenen Rumpf, ihren dünnen Beinen und blaßroten Gesichtern, in denen die nicht dazu passenden Augen in verhaltener Wut rollten, drängten sie sich eng zusammen: buntscheckig, regungslos und auf der Hut, scheu wie Rehe, gefährlich wie Klapperschlangen, sanft wie Tauben. Die Männer hielten sich in respektvoller Entfernung, schauten sie sich an. Da kam Jody Varner hinzu und drängte sich durch die Umstehenden bis ganz nach vorne.

»Vorsehn, Doktor!« rief eine Stimme aus dem Hintergrund. Aber es war schon zu spät. Das vorderste Pferd stieg blitzschnell hoch und schlug zweimal mit den Vorderbeinen nach Varners Gesicht, schneller als ein Boxer – der Ruck seines Aufbäumens gegen den Draht, der es hielt, durchlief in einer rückwärtsbrandenden Welle kurzer Ausfälle und dumpfer Hufschläge die übrige Herde. »Heeh, ihr Luder, ihr strubbelschwänzigen Heufresser!« rief dieselbe Stimme. Es war der andere Mann aus dem Planwagen: ein Fremder. Er hatte einen dichten, kohlschwarzen Schnurrbart und trug einen breitkrempigen, ausgeblichenen Hut. Als er sich durchzwängte und sich vorne umdrehte, um sie von den Pferden zurückzudrängen, sahen die Männer aus den Hüfttaschen seiner engen, groben Drillichhosen den Griff einer schweren, mit Perlmutt eingelegten Pistole und eine grellfarbige Pappschachtel, eine Kekspackung offenbar, herausragen. »Geht nich so nah ran, Boys«, sagte er. »Die sind noch'n bißchen scheu, sind noch nich lange eingefahrn.«

»Seit wann sind sie denn eingefahrn?« fragte Quick. Der Fremde sah Quick an. Er hatte ein breites, absolut kaltes, windgegerbtes Gesicht und harte, kalte Augen. Seine Unterpartie paßte genau und glatt wie ein Pflock in die engen Hosen.

»Das war wohl, als sie über den Mississippi gefahren sind, mit der Fähre«, sagte Varner. Der Fremde sah ihn an. »Mein Name ist Varner«, sagte Jody.

»Hipps«, erwiderte der andere. »Könnt Buck zu mir sagen.« Quer über seine linke Kopfseite lief eine klaffende, noch frische Wunde, mit einer schwärzlichen Masse, anscheinend Wagenschmiere, verklebt – die Ohrspitze war weggerissen. Sie starrten auf die Schramme. Sahen, wie er dann die Pappschachtel aus der Hüfttasche hervorholte, sich einen Ingwerkeks in die Hand schüttelte und den Keks unter den Schnurrbart in den Mund schob.

»Ihr habt wohl Pech gehabt, Flem und du?« sagte Quick. Der Fremde hörte zu kauen auf. Wenn er jemanden direkt ansah, wirkten seine Augen wie zwei Kiesel, auf die man unversehens beim Gartenumgraben stößt.

»Wieso?« fragte er.

»Na, dein linker Löffel da«, sagte Quick.

»Och«, sagte der andere, »das da?« Er faßte nach seinem Ohr. »War meine eigne Schuld. Hab gedöst, als ich sie abends draußen anpflockte. Hab an ganz was andres gedacht und vergessen, wie lang der Draht war.« Er kaute. Sie starrten sein Ohr an. »Kann jedem passiern, der bei 'nem Gaul nich aufpaßt. Bißchen Wagenschmiere drauf – und am andern Morgen merkt man nix mehr davon. Die sind jetzt ganz hübsch munter, haben die ganze Zeit rumgefaulenzt und nich gearbeitet. Paar Tage im Geschirr werden ihnen das schon austreiben.« Er steckte wieder einen Ingwerkeks in den Mund und kaute. »Die werden noch lammfromm. Glaubt ihr wohl nich, was?« Keiner antwortete. Sie sahen sich die Mustangs an, machten ernste, nichtssagende Gesichter. Jody drehte sich um und ging zurück in den Laden. »Sind gute, lammfromme Ponys«, sagte der Fremde. »Paßt mal auf.« Er schob den Kekskarton wieder in die Tasche und trat an die Pferde heran, eine Hand ausgestreckt. Das vorderste von vorhin stand jetzt auf drei Beinen da. Es schien zu schlafen. Sein eines Lid hing müde über das himmelblaue Auge herab; sein Kopf hatte die Form eines Plättbretts. Ohne auch nur das Augenlid zu heben, warf es den Kopf hoch, die gelben Zähne gebleckt. Einen Moment schienen Tier und Mann in wildem Ringkampf ineinander verknäult – dann erstarrten sie, standen wie angewurzelt: der Fremde, die hohen Absätze in die Erde gestemmt, eine Hand in die Nüstern gekrallt, hielt den Kopf des Pferdes wie in einem Schraubstock halb herumgedreht, während es mit heiserem Röcheln mühsam

atmete: »Seht ihr?« sagte der Fremde keuchend, die Adern traten ihm wie weiße Stränge an Hals und Kinnbacken hervor. »Seht ihr? Braucht sie euch bloß'n bißchen vornehmen. Paar Tage im Geschirr werden ihnen die Mucken schon austreiben. Vorsehn jetzt. Geht weg da hinten.« Sie traten etwas zurück. Der Fremde duckte sich – sprang dann mit einem Satz zur Seite. Im selben Augenblick schlug ein zweites Pferd nach seinem Rücken, schlitzte ihm die Jacke vom Kragen bis zum Saum unten auf, so wie ein Fechter im Zirkus einen in die Luft geworfenen Schleier mit *einem* Hieb zerteilt.

»Sieht man«, sagte Quick trocken. »Aber wenn nu einer gar keine Jacke hat . . .«

Da drängte sich Jody Varner, dem der Hufschmied folgte, wieder durch die Männer. »Alles in Ordnung, Buck«, sagte er. »Kannst sie raus in die Koppel bringen. Eck hier wird dir helfen.« Der Fremde – die beiden Hälften seiner aufgeschlitzten Jacke hingen ihm rechts und links von den Schultern herab – kletterte auf den Bock des Planwagens, der Hufschmied hinterher.

»Hüh! ihr krummen Mißgeburten von Job und Jezabel«, sagte der Fremde. Der Planwagen fuhr an, die angebundenen Mustangs dahinter kamen in Bewegung, ein buntes Durcheinander, und dahinter folgten in respektvollem Abstand die Männer – die Straße entlang und in den Heckenweg hinein und weiter zum Koppelgatter hinter Mrs. Littlejohns Ausspann und Gasthof. Eck stieg ab und öffnete das Gatter. Der Wagen rumpelte hindurch, doch als die Mustangs den Zaun sahen, stemmten sie sich wie auf Kommando gegen das Drahtseil, das sie mit dem Wagen verband, stiegen sämtlich hoch und versuchten, auf der Hinterhand kehrtzumachen, so daß der Wagen einen Meter etwa zurückruckte, bis der Texaner fluchend und an den Zügeln reißend die Maultiere halb herumbringen und damit die Räder blockieren konnte. Die Männer hinten waren schon rasch retiriert. »Hier, Eck«, sagte der Texaner, »komm rauf hier und nimm die Zügel.« Der Hufschmied kletterte wieder auf den Wagen und nahm die Leine. Dann stieg der Texaner ab, eine schwere, zusammengerollte

Viehtreiberpeitsche in der Hand, ging um die Herde herum nach hinten und trieb sie durchs Gatter, wobei er die Peitsche methodisch um die karnevalsbunten Kruppen knallen ließ, daß es wie Pistolenschüsse klang. Die Männer hinten überquerten rasch Mrs. Littlejohns Hof und gingen auf die Veranda hinauf, von deren einem Ende man die Koppel überblicken konnte.

»Möcht bloß wissen, wie der's überhaupt geschafft hat, sie so zusammenzubinden«, sagte Freeman.

»Und ich möcht ums Verrecken gern sehn, wie er sie von dem Draht da loskriegt«, sagte Quick. Der Texaner war in den Wagen, der jetzt stand, zurückgeklettert. Gleich darauf erschienen er und Eck am Hinterende der offenen Plane. Der Texaner packte das Drahtseil und versuchte, das erste Pferd an den Wagen heranzuziehen – es sträubte sich und bockte wild gegen den Draht an, als wolle es sich daran aufhängen, und das lief durch die ganze Herde nach hinten, von Tier zu Tier, bis sie alle wieder rückwärts drängten und gegen das Drahtseil anbockten.

»Komm, faß mit an«, sagte der Texaner. Eck packte mit zu. Die Pferde stemmten sich gegen den Draht, die blaßroten Gesichter hochgereckt über das rückwärtsdrängende Gewimmel. »Zieh's ran, zieh's ran«, sagte der Texaner grob. »In den Wagen hier rein können die nich, auch wenn sie wollten.« Der Planwagen ruckte langsam immer weiter zurück, bis sie den Kopf des ersten Gauls dicht an der Schoßkelle hatten. Der Texaner schlang das Drahtseil schnell um eine Wagenrunge. »Immer gut straff halten, Eck«, sagte er. Er verschwand und tauchte fast in derselben Sekunde wieder auf, eine schwere Drahtzange in der Hand. »Halt sie weiter so«, sagte er und sprang hinunter. Mit seinem breitkrempigen Hut, der flappenden Jacke, der Drahtzange und allem verschwand er in einem kaleidoskopartigen Mahlstrom langer gelber Zähne, rollender Augen und auskeilender Hufe, aus dem gleich darauf die Mustangs einer nach dem anderen hervorgeschossen kamen wie abstreichende Rebhühner, jeder mit einem Halsband aus Stacheldraht um. Der erste galoppierte in voller Karriere über die Koppel, schnurgerade. Raste in den

Drahtzaun hinein, ohne auch nur eine Sekunde zu bremsen: der Draht gab elastisch nach, schnellte wieder vor und schleuderte das Pferd zu Boden, wo es einen Moment liegen blieb, mit funkelnden Augen und strampelnden Beinen, die in der Luft noch weitergaloppierten. Es kam wieder hoch, ohne mit dem Galoppieren aufgehört zu haben, preschte über die Koppel und raste in den Drahtzaun auf der anderen Seite hinein – wurde wieder zu Boden geschleudert. Auch die anderen waren nun frei. Sie schossen und wirbelten in der Koppel umher wie aufgescheuchte Fische in einem Aquarium. Die Koppel war einem immer ziemlich groß vorgekommen, doch jetzt war schon der Gedanke, daß dies ganze Getümmel und Gejage sich überhaupt innerhalb eines Zauns austoben sollte, etwas, das man nur mit Verachtung zurückweisen konnte wie einen üblen Spiegeltrick. Aus der letzten Staubwolke hinten tauchte der Fremde auf: die Drahtzange in der Hand, seine Jacke war jetzt völlig zum Teufel. Er lief nicht, er wand sich nur flink und wachsam mit federnder Leichtigkeit zwischen den heranstürmenden, scheckigen Mustangrudeln hindurch, wie ein Boxer tänzelnd und geschmeidig ausweichend, bis er das Koppelgatter erreicht hatte, den Hof überquerte und zur Veranda hinaufging. Der eine Ärmel seines Hemdes hing nur noch an ein paar Fäden von seiner Schulter. Er riß ihn ab und trocknete sich das Gesicht damit, warf ihn weg und holte den Pappkarton heraus und schüttelte sich einen Ingwerkeks in die Hand: ruhig und gelassen, nur sein Atem ging ein bißchen schwer. »Ganz hübsch munter sind die jetzt«, sagte er. »Aber 'n paar Tage im Geschirr werden ihnen das schon austreiben.« Die Mustangs schossen in der zunehmenden Dämmerung immer noch hin und her wie hysterische Fische, doch nicht mehr ganz so wild.

»Was gibst du denn aus, wenn dir einer die komischen Karnickel da 'n bißchen kirre macht?« fragte Quick. Der Texaner sah ihn nur an, seine Augen standen eiskalt, amüsiert, hart über dem kauenden Kinn und dem dichten Schnurrbart. »Damit dir überhaupt einer eins abnimmt«, sagte Quick.

In dem Moment kam ein kleiner blauäugiger Junge über die Veranda und rief: »Pappa, Pappa – wo is Pappa?«

»Wen suchst du denn, Jungchen?« fragte einer.

»Ist Ecks Kleiner«, sagte Quick. »Dein Pappa ist noch da drüben im Wagen. Hilft Mr. Buck hier.« Der Junge lief weiter bis zum Ende der Veranda – in seinem winzigen Overall eine Miniaturausgabe der Männer selber.

»Pappa«, rief er, »Pappa!« Der Hufschmied stand noch über die Schoßkelle des Wagens gebeugt, hielt noch das Ende des gekappten Drahtseils. Die Mustangherde, im Moment auf einem Haufen zusammen, strömte jetzt am Wagen vorbei, in fließender Bewegung und sich wieder mehr auseinanderziehend, so daß sie sich verdoppelt zu haben schien – stürmte weiter: das leichte, rasche, harte Getrappel unbeschlagener Hufe klang aus dem Staub herüber.

»Mamma sagt, sollst zum Abendbrot kommen!« rief der Junge.

Als der Texaner, sich mit einem zugespitzten Küchenspan in den Zähnen stochernd, am nächsten Tag aus dem Haus trat, reichte die lange Reihe der angebundenen Reitpferde, Maultiere und Wagen vom Koppelgatter schon bis zu Varners Laden, und über fünfzig Männer standen jetzt zu beiden Seiten des Gatters am Zaun, musterten den Texaner gelassen, etwas verstohlen, als er mit leicht schaukelndem Gang und ein bißchen O-beinig näher kam: die hohen Absätze seiner durchbrochenen Stiefel hinterließen zierlich-elegante Abdrücke im Staub. »Morgen, die Herrn«, sagte er. Wandte sich dann zu dem kleinen Jungen um, der etwas hinter ihm stand und auf den herauslugenden Pistolengriff guckte. »Hier, Kerlchen.« Er nahm ein Geldstück aus der Tasche und gab es dem Kleinen. »Lauf mal zum Laden und hol mir 'ne Schachtel Ingwerkeks.« Mit seinen etwas vorstehenden Augen sah er in die unbewegten Gesichter ringsum, suggelte an den Zähnen. Schob den Holzspan mit der Zunge von einem Mundwinkel in den anderen. »Na Boys, habt euch eure schon rausgesucht, was? Können wir ja gleich anfangen, wenn ihr soweit seid, hä?«

Sie gaben keine Antwort. Sahen ihn jetzt nicht mehr an. Das heißt, er hatte das Gefühl, daß jedes Gesicht, das sein Blick erreichte, eine Sekunde vorher aufgehört hatte, ihn anzusehen. Nach einem Weilchen sagte Freeman:

»Willst du nicht auf Flem warten?«

»Warum?« sagte der Texaner. Da sah auch Freeman ihn nicht mehr an. Freemans Gesicht war unbewegt wie das der anderen. Und auch die Stimme des Texaners war unbewegt, unverändert. »Eck, du hast dir deins doch schon rausgesucht. Da können wir ja gleich anfangen, wenn du soweit bist.«

»Ich glaub nich«, sagte Eck. »Werd mir doch nich was kaufen, wo ich mich nich traun würde, ranzugehn und es anzufassen.«

»Die kleinen Ponys da?« fragte der Texaner. »Hast sie doch tränken und füttern helfen. Ich wette, daß sogar dein Kleiner da an jedes rangehn kann.«

»Soll sich bloß nich von mir dabei kriegen lassen«, sagte Eck. Der Texaner sah in die unbewegten Bauerngesichter ringsum, es schien, als habe sein Blick eine kieselharte Oberfläche, als sei diese Oberfläche undurchdringlich – vielleicht aber war auch gar nichts dahinter.

»Die Ponys da sind sanft wie Täubchen, Boys. Wer sich eins kauft, der bekommt das beste Stück Pferdefleisch, das er je unterm Hintern oder vorm Pflug gehabt hat. Natürlich haben die Feuer unterm Schwanz; ich verkauf ja kein Krähenfutter. Und wer will denn hier schon Krähenfutter aus Texas, wo ihr in Mississippi sowieso genug davon habt?« Sein Blick war immer noch abwesend und steinern; keine Heiterkeit, kein Humor klang aus seiner Stimme, und weder Heiterkeit noch Humor klang aus dem einzigen kurzen Auflachen, das aus der hintersten Reihe kam. Von der Straße her bogen jetzt zwei Wagen zugleich ein, hielten auf den Zaun zu. Die Männer stiegen ab, banden ihre Gespanne am Zaun an und schlenderten langsam näher. »Kommt nur her, Boys«, sagte der Texaner, »ihr kommt gerade richtig, könnt euch hier 'n gutes Pferd kaufen – lammfromm, spottbillig.«

»Wie wär's denn mit dem, das dir gestern die Jacke

aufgeschlitzt hat?« rief einer. Diesmal lachten drei oder vier. Der Texaner sah zu ihnen hinüber, kalt und steinern.

»Na und?« sagte er. Das Lachen, wenn man es überhaupt so nennen konnte, verstummte. Der Texaner ging zum einen Gatterpfosten und kletterte gemächlich, ein Bein nach dem anderen, in seinen prall sitzenden Hosen hinauf: der Perlmuttgriff der Pistole blitzte und blinkerte in der Sonne. Oben auf dem Pfosten hockend, blickte er auf die Gesichter am Zaun hinab, aufmerksame, ernste, verschlossene Bauerngesichter, die ihn nicht ansahen. »All right«, sagte er, »wer fängt an? Wer bietet zuerst? Kommt nur hier nach vorn. Sucht euch eins aus und bietet drauf, und wenn das letzte verkauft ist, geht ihr in die Koppel rein und holt euch euer Pony – das beste Stück Pferdefleisch, das ihr für *das* Geld je unterm Hintern oder vorm Pflug gehabt habt. Da ist keins dabei, das nicht seine fuffzehn Dollars wert ist. Jung und gesund, prima Reit- oder Arbeitspferde, garantiert zählebiger als vier gewöhnliche Gäule. Nich mal mit 'ner Deichsel könnt ihr so'n Mustang totschlagen . . .« In der hintersten Reihe entstand eine kurze, heftige Bewegung – der kleine Junge drängte sich zwischen den Overalls, die sich nicht rührten, hindurch. Er tauchte am Gatterpfosten auf, hielt die neue, ungeöffnete Packung hoch. Der Texaner beugte sich hinunter, nahm sie ihm ab und riß das eine Ende weg und schüttete drei, vier Kekse in die Jungenshand, eine Hand, so klein und fast so schwarz wie eine Waschbärenpfote. Er behielt, während er weiterredete, den Karton in der Hand und zeigte damit auf die einzelnen Mustangs, die er anpries. »Seht mal den da, den mit den drei Strumpfbeinen und dem erfrornen Ohr. Seht ihn euch genau an, wenn sie jetzt wieder vorbeikommen. Achtet auf seine Schulterarbeit: der ist unter Brüdern glatt seine zwanzig Dollars wert. Wer bietet auf ihn, wer macht den Anfang?« Seine Stimme war barsch, direkt, ganz sachlich. Längs des Zauns unter ihm standen die Bauern mit ihren fest in die Overalls eingeknöpften Tabaksbeuteln und abgelederten Geldbörsen, in denen die hundertmal herumgedrehten Silberstücke und zerknitterten Dollarscheine waren, die sie sich Cent für Cent zusammengespart und in Mauerritzen am Kamin oder in rissigen Wandbalken versteckt hatten. Ab und zu preschten die Pferde plötzlich los und sprengten sinn- und ziellos herum, drängten sich dann wieder zusammen, stierten mit ihren verschiedenfarbigen, wilden Augen zu den Gesichtern am Zaun hinüber. Der Heckenweg stand jetzt voller Fuhrwerke. Die noch hinzukommenden mußten schon davor auf der Landstraße halten, und die Insassen kamen zu Fuß den Heckenweg herauf. Mrs. Littlejohn trat aus der Küchentür. Sie ging über den Hof, sah zum Koppelgatter hinüber. In der einen Hofecke stand auf vier Backsteinen ein rußgeschwärzter Waschkessel. Sie machte Feuer unter ihm und kam an den Zaun, blieb ein Weilchen dort stehen, die Hände in die Hüften gestützt – der Rauch von dem Holzfeuer strich hinter ihr vorbei, blau und träge. Dann drehte sie sich um und ging zurück ins Haus. »Na los, Boys«, sagte der Texaner. »Wer bietet?«

»Vier Bits*«, sagte eine Stimme. Der Texaner wandte nicht einmal den Kopf.

»Oder wenn euch der nich gefällt, wie wär's denn mit dem Fiedelköpfigen da, der fast keine Mähne nich hat? Als Reitpony wär mir der noch lieber als der Strumpfbeinige. Da hat eben einer was von fuffzig Cents gesagt. Schätze, der meint fünf Dollars, stimmt's? Hör ich fünf Dollars?«

»Vier Bits für den ganzen Mist«, sagte dieselbe Stimme. Diesmal gab es kein Gelächter. Dafür lachte der Texaner, barsch und rauh, bloß mit der unteren Gesichtshälfte, als ob er das Einmaleins hersage.

»Fuffzig Cents für den getrockneten Mist der Gäule meint der«, sagte er. »Wer bietet einen Dollar mehr für die echten Texasroßäpfel?« Mrs. Littlejohn kam aus der Küche; sie trug die eine Hälfte einer durchgesägten Holztonne nach draußen, stellte sie auf einen Baumstumpf neben den dampfenden Kessel und blieb stehen, die Hände in die Hüften gestemmt, blickte eine Weile in die Koppel, ohne diesmal an den Zaun zu kommen. Dann ging sie ins Haus zurück. »Was ist denn los mit euch, Boys?« sagte der

* 1 Bit = 12 ½ Cents

Texaner. »Na Eck, du hast mir doch geholfen und kennst doch die Pferde. Wie wär's, wenn du mir'n Erstgebot auf den weißäugigen Hengst da machst, den du dir gestern abend ausgesucht hast? Na, paß mal auf.« Er schob den Pappkarton in die Hüfttasche, schwang mit den Beinen herum und ließ sich in die Koppel hinabfallen, leichtfüßig wie eine Katze. Die Mustangs, dicht zusammengedrängt, äugten zu ihm herüber. Dann wichen sie vor ihm aus, tänzelten steifbeinig am Zaun entlang. Er stoppte sie, und sie wendeten und jagten zurück in die Koppel; worauf der Texaner, als habe er nur darauf gewartet, daß sie ihm den Rücken kehrten, sich ebenfalls in Galopp setzte, so daß er sie, als sie an der anderen Koppelseite wendeten und langsamer wurden, um wieder enger aufzuschließen, fast eingeholt hatte. Und dann erbebte donnernd die Erde: Staub wirbelte hoch, aus dem die Pferde hervorgesaust kamen wie aufgescheuchte Wachteln und in den sich der Texaner in seinem offensichtlich nicht zu erschütternden Glauben an seine Unverwundbarkeit hineinstürzte. Einen Augenblick lang konnte man die beiden im hochwölkenden Staub sehen – den Hengst, in der Ecke zwischen Zaun und Scheune in die Enge getrieben, und ihm gegenüber den Mann, der nach der Hüfttasche langte. Dann schoß das Tier auf ihn los, wie in fatalistischer, auswegloser Verzweiflung, und er schlug ihm mit dem Pistolengriff zwischen die Augen, daß es zusammenbrach: sprang ihm auf den lang hingestreckten Kopf. Es kam fast augenblicklich wieder zu sich und stemmte sich auf die Knie und versuchte ruckend seinen festgenagelten Kopf freizubekommen und kämpfte sich hoch – mitsamt dem Mann. Einen Moment sah man ihn in den Staubwolken waagrecht in der Luft schweben, herumgeschleudert wie eine am Kopf des Pferdes befestigte Stoffpuppe. Dann bekam er die Füße wieder auf die Erde, der Staub verzog sich, und man sah den Texaner, zur Statue erstarrt, die spitzigen Absätze in die Erde gebohrt, die eine Hand in den Stirnschopf, die andere in die Nüstern des Mustangs verkrallt und die lange, bösartige Schnauze über dessen narbige Schulter zurückgedreht, während der Hengst mühsam, mit hohlem Röcheln atmete. Mrs. Littlejohn war wieder im Hof. Keiner hatte sie diesmal herauskommen sehen. Sie trug einen Armvoll Leibwäsche und ein mit gewelltem Zinkblech beschlagenes Waschbrett, stand regungslos an der Küchentreppe unten, blickte zur Koppel hinüber. Dann ging sie über den Hof, immer noch in die Koppel blickend, und warf die Wäschestücke in den Zuber, immer noch in die Koppel blickend. »Seht ihn euch an, Boys!« keuchte der Texaner, das schweißüberströmte Gesicht und die starren, hervorquellenden Augen dem Zaun zugewandt, »seht ihn euch rasch an. *Die* Schultern und . . .« Er hatte offenbar einen Moment lockergelassen, der Hengst explodierte wieder – wieder schwebte der Texaner einen Moment in der Luft, obwohl er immer weiterredete ». . . und *die* Beine du ooha! ich reiß dir die Fresse auf seht ihn euch rasch an Boys seine fuffzehn Dollars wert der ich krieg dich schon klein du wer macht mir 'n Erstgebot ooha! du glasäugiges Karnickel, ooha!« Die beiden – ein Kaleidoskop unentwirrbarer, schier unglaublicher Verknäuelung, an deren Peripherie die in der Sonne aufblitzenden Hosenträgerschnallen des Texaners unaufhörlich herumschwangen – bewegten sich jetzt in quälender Langsamkeit über die Koppel. Dann kam bedächtig der breite, lehmfarbene Hut aus dem Knäuel gesegelt; einen Augenblick später folgte der Texaner, landete aber auf den Füßen, und der Mustang war frei: schoß in verrückten Bocksprüngen davon. Der Texaner hob seinen Sombrero auf, schlug an seinem einen Bein den Staub von ihm ab und ging zurück zum Zaun, kletterte wieder auf den Gatterpfosten. Er schnaufte heftig. Immer noch sah keins der Gesichter ihn an, als er den Karton aus der Hüfttasche zog und sich einen Keks herausschüttelte und ihn sich in den Mund steckte, kauend, schwer atmend. Mrs. Littlejohn machte sich an ihre Wäsche und schöpfte heißes Wasser aus dem Kessel in den Zuber, wandte aber nach jedem Eimervoll den Kopf und blickte wieder in die Koppel. »Na Boys«, sagte der Texaner, »wer sagt noch, der Hengst ist *nich* seine fuffzehn Dollars wert? So viel Dynamit könnt ihr für fuffzehn Dollars gar nich kaufen. Da ist euch keins dabei, das nich seine Meile in drei Minuten schafft; ihr bringt sie bloß auf die Weide raus, andres Futter brauchen die nich; laßt sie den ganzen Tag bis zum Umfallen schuften und gebt ihnen jedesmal, wenn euch so ist, mit dem Zugscheit eins übern Schädel, und nach 'n paar Tagen ist jedes von den Karnickeln da, aber jedes, so zahm, so anhänglich, daß ihr's abends aus 'm Haus jagen müßt wie 'n Kätzchen.« Er schüttelte sich wieder einen Keks aus der Schachtel und aß ihn. »Sei kein Frosch, Eck«, sagte er. »Fang an. Wie wär's mit zehn Dollars für den, Eck?«

»Was brauch ich'n Pferd, für das ich 'ne Bärenfalle brauch, wenn ich's einfangen will?« sagte Eck.

»Hast nich gesehn, wie ich's eben gemacht hab?«

»Hab ich gesehn«, antwortete Eck. »Und ich will kein so'n Pferdebiest nich, mit dem ich jedesmal 'n Ringkampf machen muß, wenn's mich auf derselben Seite vom Zaun erwischt, hinter dem's eingesperrt ist.«

»All right«, sagte der Texaner. Sein Atem ging immer noch schwer, aber jetzt war nichts mehr von Müdigkeit oder Kurzatmigkeit darin zu spüren. Er schüttelte sich einen frischen Keks in die offene Hand und schob ihn unter den Schnurrbart. »All right. Ich will nu endlich anfangen mit der Auktion. Bin ja nich hergekommen, um ewig hierzubleiben, wenn das Land hier eurer Meinung nach auch noch so schön ist. Ich schenk dir das Pferd.«

Einen Moment war kein Laut zu hören, nicht einmal ein Atemholen, nur das des Texaners.

»Schenken willst du mir's?« stotterte Eck.

»Jawohl. *Wenn* du beim nächsten mit'm Bieten anfängst.« Wieder war kein Laut zu hören, nur das Atmen des Texaners und dann das scheppernde Anstoßen von Mrs. Littlejohns Eimer gegen den Waschkesselrand.

»Ich fang aber bloß an mit'm Bieten«, sagte Eck. »Ich brauch's nich kaufen, wenn keiner mehr bietet.« In den Heckenweg hatte sich noch ein weiterer Wagen hineingezwängt. Er war ziemlich klapprig und ohne Anstrich. Das eine Rad war mit über Kreuz gelegten, mit Packdraht über die Speichen gebundenen Brettern notdürftig repariert, und die beiden mageren Maultiere trugen abgescheuerte, mit Baumwollseil geflickte Geschirre; die Zügel waren gewöhnliche Baumwollpflugleinen und nicht mehr neu. Drinnen saß eine Frau in einem sackartigen, grauen Kleid und verschossenem Schutenhut mit herabhängendem Nakkenschutz, dazu ein Mann in verschossenem und geflicktem, aber sauberem Overall. Da nicht mehr genug Platz war, daß der Wagen aus dem Heckenweg herauskonnte, ließ der Mann ihn stehen, wo er stand, stieg ab und kam langsam näher – ein hagerer Mann, nicht sehr groß, dessen Augen etwas Eigenartiges hatten, etwas Gespanntes und Verwaschenes, vage und intensiv zugleich. Er drängte sich in die hinterste Reihe der Umstehenden und sagte:

»Was? Was ist los? Hat er ihm das Pferd geschenkt?«

»All right«, sagte der Texaner. »Der Weißäugige mit dem narbigen Hals gehört dir, Eck. Und jetzt – das da, das aussieht, als hätt's den Schädel im Mehlfaß gehabt. Was bietest du? Zehn Dollars?«

»Hat er ihm tatsächlich das Pferd geschenkt?« fragte der Neuhinzugekommene.

»Ein Dollar«, sagte Eck. Der Texaner hatte den Mund noch halb offen, um weiterzureden; eine Sekunde lang erlosch sein Gesicht bis hinter die harten Augen.

»Ein Dollar?« sagte er. »*Ein* Dollar? Hab ich mich wirklich nich verhört?«

»Verdammich«, sagte Eck. »Also denn zwei Dollars. Aber ich brauch's nich zu . . .«

»Moment mal«, rief der Neuhinzugekommene. »Du da oben auf dem Pfosten!« Der Texaner schaute zu ihm hinunter. Als die anderen sich umdrehten, sahen sie, daß auch die Frau ausgestiegen war: keiner hatte gewußt, daß sie da war, denn keiner hatte den Wagen heranfahren sehen. Sie kam durch die Umstehenden hindurch ihrem Mann nach, dürr und grau in dem sackartigen Kleid und dem Schutenhut, an den Füßen fleckige Leinen-Turnschuhe. Sie holte den Mann ein, aber rührte ihn nicht an, blieb dicht hinter ihm stehen, die Hände vorn in das graue Kleid eingerollt.

»Henry«, sagte sie mit ausdrucksloser Stimme. Der Mann sah über die Schulter.

»Geh zurück zum Wagen«, sagte er.

»Hallo, Missus«, sagte der Texaner. »Henry wird jetzt *das* Geschäft seines Lebens machen, einen Glückskauf. Laßt die Missus mal durch, Boys, daß sie besser sehn kann. Henry wird jetzt das Reitpferd aussuchen, das sich die Missus immer gewünscht hat. Wer bietet zehn . . .«

»Henry«, sagte die Frau. Sie hob nicht die Stimme; sie hatte den Texaner noch nicht *einmal* angeblickt. Sie berührte den Arm ihres Mannes. Er drehte sich um und schlug ihre Hand nach unten.

»Geh zurück zum Wagen, wie ich dir gesagt hab.« Die Frau stand hinter ihm, die Hände wieder in ihr Kleid eingerollt. Sie sah ins Leere, sprach ins Leere.

»Er hat keine andern Sorgen als sich so 'n Pferd zu kaufen«, sagte sie. »Wo wir bloß noch fünf Dollars haben, die uns vorm Armenhaus bewahren, und er hat keine andern Sorgen.« Der Mann drehte sich zu ihr um: mit jenem sonderbaren Ausdruck unterdrückter, unbestimmter Wut, der ihm eigen war. Die anderen lehnten nachlässig am Zaun, betont uninteressiert, wie blind und taub. Mrs. Littlejohn hatte inzwischen eine Zeitlang gewaschen, über das Waschbrett in dem von Seifenlauge schäumenden Zuber gebeugt und rhythmisch auf und nieder schrubbend. Jetzt stand sie da, wieder aufgerichtet und ihre vom Seifenwasser verrunzelten Hände in die Hüften gestützt, und schaute in die Koppel hinüber.

»Halt den Mund und scher dich in den Wagen«, sagte der Mann. »Soll ich dir erst mit 'ner Wagenrunge Beine machen?« Er wandte der Frau den Rücken und sah zu dem Texaner hinauf. »Hast du ihm das Pferd geschenkt?« fragte er. Der Texaner sah immer noch auf die Frau. Dann sah er den Mann an; ohne ihn aus dem Auge zu lassen, schüttelte er die Keksschachtel über seiner gehöhlten Hand aus. Nur ein einziger Ingwerkeks kam noch heraus.

»Ja«, sagte er.

»Bekommt der Käufer, der dies zweite Pferd ersteigert, das erste gratis dazu?«

»Nein«, sagte der Texaner.

»All right«, sagte der andere. »Gibst du dem, der auf das nächste 'n Erstgebot macht, ein Pferd umsonst?«

»Nein«, sagte der Texaner.

»Also wenn du schon die Auktion damit angefangen hast, ein Pferd zu verschenken, warum hast du dann nicht gewartet, bis wir alle da waren?« Der Texaner sah weg, sah den anderen nicht mehr an. Er hielt die leere Keksschachtel hoch und starrte angestrengt hinein, als wäre ein kostbarer Edelstein darin verborgen oder vielleicht ein giftiges Insekt. Dann zerknüllte er sie und warf sie säuberlich neben den Pfosten unten, auf dem er saß.

»Eck bietet zwei Dollars«, sagte er. »Ich glaub, der meint noch, er bietet auf die Drahtenden, mit denen sie am Wagen angebunden waren, und nich auf eins der Pferde. Aber ich laß es gelten. Aber wollt ihr Boys nich . . .«

»Da bekommt also Eck zwei Gäule für pro Stück 'n Dollar«, sagte der zuletzt Hinzugekommene. »*Drei* Dollars!« Die Frau berührte wieder seinen Arm. Er schüttelte ihre Hand ab, ohne sich umzudrehen, und sie stand wieder da, die Hände über dem flachen Leib in das Kleid eingerollt, sah ins Leere.

»Misters«, sagte sie, »wir haben fünf kleine Kinder zu Haus, die haben den ganzen letzten Winter keine Schuh gehabt. Wir haben keinen Mais für unser Vieh. Wir haben bloß die fünf Dollars, die ich mit Weben verdient hab, abends beim Herdfeuer. Und er, er hat keine andern Sorgen.«

»Henry bietet drei Dollars«, sagte der Texaner. »Geh einen Dollar drüber, Eck, und das Pferd gehört dir.« Die Mustangs hinterm Zaun preschten plötzlich los, ohne ersichtlichen Grund, und verhielten ebenso plötzlich wieder – äugten zu den Gesichtern am Zaun hinüber.

»Henry«, sagte die Frau. Der Mann starrte unverwandt Eck an. Seine schlechten, fleckigen Zähne standen unter der Oberlippe etwas vor. An seinen Handgelenken baumelten die Fäuste aus den verschossenen Manschetten seines vom häufigen Waschen eingelaufenen Hemdes.

»Vier Dollars«, sagte Eck.

»Fünf Dollars!« rief Henry und hob die geballte Faust. Er drängte sich nach vorn durch zum Gatterpfosten. Die Frau folgte ihm nicht. Sie sah jetzt zum ersten Mal den

Texaner an. Auch ihre Augen waren von verwaschenem Grau, als wären auch sie ausgeblichen wie ihr Kleid und ihr Schutenhut.

»Mister«, sagte sie, »wenn Ihr für eins der Pferde da diese fünf Dollars annehmt, die ich mit Weben verdient hab für meine Kinder, werdet Ihr verflucht sein, Ihr und die Euren, in alle Ewigkeit.«

»Fünf Dollars!« brüllte ihr Mann. Er reckte sich am Pfosten hoch, die geballte Faust in gleicher Höhe mit den Knien des Texaners, und öffnete die Hand, in der ein paar zerknitterte Geldscheine und abgegriffene Silbermünzen waren. »Fünf Dollars! Und wer mehr bietet, der muß mir erst den Schädel einschlagen, oder ich schlag ihm seinen ein.«

»All right«, sagte der Texaner. »Fünf Dollars sind geboten. Aber fuchtel du mir nich so mit der Faust da rum.«

Nachmittags um fünf zerknüllte der Texaner die dritte Keksschachtel und warf sie neben den Pfosten auf die Erde. In den schrägen, kupferroten Strahlen der sinkenden Sonne, die auch die schlaff von der Leine herabhängende Wäsche in Mrs. Littlejohns Hof trafen und des Texaners Schatten samt dem des Gatterpfostens, auf dem er saß, lang über die Koppel fallen ließen – über die ab und zu die Mustangs immer noch hingaloppierten, zweck- und ziellos, ohne müde zu werden –, machte der Texaner das eine Bein lang, faßte in die Hosentasche und holte ein Geldstück heraus und beugte sich zu dem kleinen Jungen hinab. Seine Stimme klang jetzt heiser, matt. »Hier, Kerlchen«, sagte er, »lauf zum Laden und hol mir 'ne Schachtel Ingwerkeks.« Am Zaun standen immer noch, ohne müde zu werden, die Männer in ihren Overalls und verschossenen Hemden. Auch Flem Snopes war jetzt da, plötzlich aus dem Nichts aufgetaucht; er stand vor dem Zaun – links und rechts niemanden neben sich, ein Abstand in der Breite von drei, vier Männern trennte ihn von den anderen –, stand dort in seiner geringfügig erscheinenden, aber deutlichen Isolierung, in den gleichen grauen Hosen und mit der gleichen winzigen Fliege wie vergangenen Sommer, als er aus Frenchmans Bend weggefahren war, doch mit einer neuen Mütze, zwar auch grau wie die andere damals, aber neu und mit einem hellen Karomuster, wie Golfspieler sie tragen: schaute tabakkauend gleichfalls auf die Pferde in der Koppel. Alle außer zweien waren verkauft, hatten pro Stück dreieinhalb bis zu elf und zwölf Dollar gebracht. Die Käufer hatten sich, nachdem sie sie ersteigert hatten, wie einem Instinkt folgend, zusammengefunden, standen etwas abgesondert an der anderen Seite des Koppelgatters, die Hände auf den obersten Zaundraht gelegt, und beobachteten noch nüchterner, noch aufmerksamer ihre Tiere; einige Männer waren nun schon sieben, acht Stunden Mustangbesitzer, ohne ihr Eigentum auch nur angefaßt zu haben. Henry stand noch neben dem Pfosten, auf dem der Texaner saß. Die Frau war zurückgegangen zum Wagen, wo sie grau in ihrem grauen Kleid hockte, reglos, immer noch ins Leere starrend; sie hätte etwas Lebloses sein können, ein Ding, das er in seinen Wagen geladen hatte, um es irgendwo hinzutransportieren, und das nun wartete, bis er fertig war und weiterfahren konnte – geduldig, empfindungslos, zeitlos.

»Ich hab ein Pferd gekauft und hab bar bezahlt dafür«, sagte er. Auch seine Stimme klang heiser und matt, der irre Ausdruck seiner Augen hatte jetzt etwas Glasiges, ja Blindes. »Und du da auf deinem Pfosten verlangst von mir, daß ich hier rumstehe, bis alle verkauft sind – ehe ich endlich meins kriege. Von mir aus kannst du soviel verlangen, wie du willst. Ich hol mir jetzt mein Pferd da raus und fahr nach Hause.« Der Texaner sah zu ihm hinunter. Das Hemd des Texaners war schweißnaß. Sein breites Gesicht war kalt und still, seine Stimme gelassen.

»Also hol dir deinen Gaul.« Henry starrte ihn noch einen Moment an, sah dann weg. Er stand da, den Kopf etwas gesenkt, schluckte ab und zu.

»Fängst du ihn mir nicht ein?«

»Ist nich mein Gaul«, sagte der Texaner mit seiner flachen, farblosen Stimme. Nach einer Weile hob Henry den Kopf. Er sah den Texaner nicht an.

»Wer hilft mir mein Pferd einfangen?« fragte er. Keiner

antwortete. Sie standen am Zaun, schauten angelegentlich in die Koppel, in der die Mustangs sich zusammendrängten und dort, wo die langen, immer dunkler werdenden Schatten des Hauses bis zu ihnen reichten, in den Farben schon zu verblassen anfingen. Aus Mrs. Littlejohns Küche kam der Duft von gebratenem Schinken. Ein Spatzenschwarm schwirrte lärmend über die Koppel und in einen Seifennußbaum neben dem Haus, und hoch oben im sanften, dämmrigen Blau schossen Schwalben, scheinbar wirr und ziellos, hin und her und auf und nieder: ihre hellen Schreie schrillten wie aufs Geratewohl angerissene Stahlsaiten. Ohne sich umzuwenden, rief Henry laut: »Bring mir die neue Pflugleine her.« Nach einem Weilchen stand die Frau auf. Sie stieg aus dem Wagen, holte ein zusammengelegtes Baumwollseil heraus und kam herüber. Ihr Mann nahm ihr das Seil ab und steuerte auf das Gattertor zu. Als er den Riegel zurückschob, kletterte der Texaner langsam, etwas steifbeinig, von seinem Pfosten herunter. »Komm mit«, sagte Henry zu seiner Frau. Sie war stehengeblieben, nachdem er ihr das Seil abgenommen hatte. Kam jetzt wieder heran, gehorsam, die Hände überm Leib ins Kleid eingerollt – ging an dem Texaner vorbei, ohne ihn anzusehen.

»Geht nich da rein, Missus«, sagte er. Sie blieb stehen, sah ihn nicht an, sah ins Leere. Ihr Mann öffnete das Gattertor und betrat die Koppel, drehte sich dann um und hielt das Tor auf, ohne aufzublicken.

»Komm mit«, sagte er.

»Geht *Ihr* nich da rein, Missus«, sagte der Texaner. Die Frau stand regungslos zwischen ihnen, das Gesicht fast verdeckt von dem Schutenhut, die Hände überm Leib gefaltet.

»Ich glaub, ich tu's lieber«, sagte sie. Die anderen Männer sahen gar nicht zu ihr hin, weder zu ihr noch zu Henry. Standen am Zaun, ernst und gelassen und uninteressiert, wie geistesabwesend. Dann ging die Frau durch das Tor; ihr Mann riegelte es hinter ihnen beiden zu, wandte sich um und steuerte auf die zusammengedrängten Mustangs los; die Frau folgte ihm in ihrem grauen, sackartigen Kleid, in dem sie dahinschritt, als bewege sie sich nicht selbst: als stehe sie auf einer vorwärtsgleitenden Plattform, einem Fließband. Die Pferde äugten unruhig zu ihnen herüber, rudelten sich zusammen und strudelten und quirlten durcheinander, dicht vorm Losstürmen, verhielten aber noch. Der Mann schrie sie an, brüllte Flüche hinüber und ging weiter auf sie zu; die Frau folgte ihm. Dann trabte die Herde an, mit hohen, steifen Knien tänzelnd, schob sich links und rechts an den beiden vorbei, die kehrtmachten und den Mustangs wieder nachliefen, als sie über die Koppel fluteten und sich an der entgegengesetzten Seite wieder zusammenrudelten.

»Da ist er!« rief der Mann. »Treib ihn in die Ecke da.« Die Herde teilte sich; das Pferd, das Henry gekauft hatte, tänzelte auf steifen Beinen. Die Frau schrie es an; es wirbelte wie ein Kreisel herum, schwebte hochspringend und hinten auskeilend einen Moment in der Luft, dann schlug ihm der Mann mit der zusammengelegten Pflugleine quer übers Gesicht, und es machte auf der Hinterhand kehrt und sauste in die Zaunecke. »Laß ihn nicht raus da«, rief der Mann. Er schüttelte, näher herangehend, das Seil aus. Das Pferd starrte ihn mit wild funkelnden Augen an – schoß wieder vorwärts, direkt auf die Frau zu. Sie schrie es an und fuchtelte mit den Armen, aber es fegte in einem langen Satz an ihr vorbei und galoppierte zurück in die Herde, zu seinen Genossen. Die beiden folgten ihm und trieben es wieder in eine Ecke; wieder konnte die Frau sein Ausbrechen nicht verhindern, und der Mann fuhr herum und schlug sie mit der zusammengelegten Leine. »Warum hast du ihn nicht gestoppt?« rief er. »Warum nicht?« Er schlug wieder zu; sie rührte sich nicht, hob nicht einmal den Arm, um den Schlag abzuwehren. Die Männer am Zaun standen stumm da, den Blick gesenkt, als grübelten sie über die Erde unter ihren Füßen nach. Nur Flem Snopes sah weiter zu – wenn er überhaupt in die Koppel geschaut hatte –, stand auf seiner kleinen Insel der Isolierung und kaute mit seinem charakteristischen, leichten Seitwärtsrukken des Kinns unter der neuen karierten Mütze.

Der Texaner sagte etwas, nicht laut – heiser und kurz. Er stakste in die Koppel, ging zu Henry und riß ihm das Seil aus der erhobenen Hand. Der fuhr herum, als wolle er den Texaner anspringen: etwas geduckt, die Knie leicht gebeugt und die Arme etwas vom Körper abgewinkelt, doch ohne aufzusehen, beharrlich die durchbrochenen, staubigen Stiefel des Texaners anstarrend. Dann nahm der Texaner ihn am Arm und führte ihn zum Koppelgatter zurück – während die Frau folgte – und durchs Gatter hindurch, das er für die Frau offenhielt und dann schloß. Er holte eine Handvoll Banknoten aus der Hosentasche, nahm eine heraus und schob sie der Frau in die Hand. »Bringt ihn in den Wagen und bringt ihn nach Haus«, sagte er.

»Was soll das?« fragte Flem Snopes. Er war herangetreten, stand jetzt neben dem Gatterpfosten, auf dem der Texaner die ganze Zeit gesessen hatte. Der Texaner sah Snopes nicht an.

»Der bildet sich ein, er hat eins von den Ponys gekauft«, sagte der Texaner. Seine Stimme war flach und farblos wie die eines Läufers nach einem scharfen Rennen. »Bringt ihn weg, Missus.«

»Gib ihm das Geld zurück«, sagte Henry in seinem kraftlosen, leiernden Tonfall. »Ich hab das Pferd gekauft und ich will es haben – und wenn ich's abknallen muß, ehe ich's an die Leine kriege.« Der Texaner sah ihn gar nicht an.

»Bringt ihn weg von hier, Missus«, sagte er.

»Du nimmst dein Geld, und ich nehm mein Pferd«, sagte Henry. Ein leichtes, anhaltendes Zittern hatte ihn ergriffen, als friere er. Seine aus den durchgescheuerten Manschetten heraushängenden Hände öffneten und schlossen sich. »Gib's ihm zurück«, sagte er.

»Dir gehört kein Pferd nich von mir«, sagte der Texaner. »Bringt ihn nach Haus, Missus.« Henry hob das erloschene Gesicht, die irren, glasigen Augen. Er streckte die Hand aus. Die Frau hielt den Fünfdollarschein in ihren überm Leib gefalteten Händen. Eine Weile fingerte Henrys zitternde Rechte suchend daran herum, dann hatte er den Schein gefunden, zerrte ihn heraus.

»Es ist mein Pferd«, sagte er. »Ich hab's gekauft. Alle hier haben's gesehn. Ich hab dafür bezahlt. Es ist mein

Pferd. Da!« Er drehte sich um und hielt Snopes den Fünfdollarschein hin. »Du hast ja wohl was mit diesen Pferden zu tun. Ich hab eins gekauft. Hier ist das Geld dafür. Ich hab eins gekauft. Frag ihn.« Snopes nahm den Schein. Die anderen lehnten betont uninteressiert in nachlässiger Haltung am Zaun. Die Sonne war jetzt verschwunden; nur noch ein violetter Schimmer lag über ihnen und über der Koppel, wo die Mustangs wieder einmal und ohne ersichtlichen Grund lospreschten und vorbeifluteten. In diesem Augenblick tauchte der kleine Junge auf, immer noch munter und quicklebendig, mit der neuen Kekspakkung. Der Texaner nahm sie ihm ab, machte sie aber nicht gleich auf. Er hatte das Seil fallen lassen, und Henry bückte sich danach, tastete eine Weile auf der Erde herum, bis er es fand und aufhob. Dann stand er da: den Kopf gesenkt, die Knöchel seiner um das Seil gekrampften Hände wurden weiß. Die Frau hatte sich nicht gerührt. Die Dämmerung kam jetzt schnell; ein letzter wirrer Schwalbenschwarm schoß unter dem hohen Himmel hin, dessen Azurblau verblaßte. Der Texaner riß die eine Ecke des Kartons ab, schüttelte sich einen Keks in die Hand – schien seiner Hand zuzusehen, wie sie sich langsam um den Keks schloß, bis schließlich ein feines Pulver, ein schnupftabakfarbener Staub, zwischen seinen Fingern hervorrieselte. Er wischte die Hand sorgfältig an der Hose ab, hob den Kopf und blickte um sich, sah den kleinen Jungen und gab ihm den Karton zurück.

»Hier, Kerlchen«, sagte er. Dann schaute er die Frau an, seine Stimme war wieder flach und tonlos. »Mr. Snopes wird das Geld morgen für Euch dahaben. Besser, Ihr bringt ihn in den Wagen und bringt ihn nach Haus. Ihm gehört kein Pferd nich. Ihr könnt Euer Geld morgen von Mr. Snopes wiederkriegen.« Die Frau drehte sich um und ging zum Wagen zurück, kletterte hinein. Keiner sah ihr nach – auch ihr Mann nicht, der immer noch dastand, den Kopf gesenkt, und das Seil von einer Hand in die andere schob. Die Männer lehnten am Zaun, ernst und stumm, als wären sie dort in einer anderen Welt, einer anderen Zeit.

»Wieviel hast du noch?« fragte Snopes. Der Texaner

wachte auf; sie alle schienen mit einem Mal aufzuwachen, waren wieder da, spitzten wieder die Ohren.

»Jetzt noch drei«, sagte der Texaner. »Tausch alle drei für'n Buggy* ein oder 'n . . .«

»Steht schon draußen auf der Straße«, sagte Snopes, ein bißchen kurz, ein bißchen hastig, und machte kehrt. »Hol deine Maultiere.« Er ging den Heckenweg entlang. Die Männer sahen den Texaner in die Koppel stiefeln und sie überqueren – die Mustangs fluteten vor ihm her, doch ohne das frühere sinnlose Gejage, als seien auch sie abgekämpft, erschöpft von diesem langen Tag – und im Stall verschwinden und dann wieder herauskommen, die beiden aufgeschirrten Maultiere am Zügel. Der Planwagen war rückwärts unters Schuppendach neben der Scheune geschoben worden. Der Texaner ging hinein und erschien einen Moment später, seine Bettzeugrolle und seinen Mantel unterm Arm, und führte die Maultiere zum Koppelgatter hinüber; die Pferde drängten sich wieder zusammen und folgten ihm mit ihren mißfarbenen, ungleichen Augen, ruhiger jetzt, als begriffen auch sie, daß nun endlich nicht nur Waffenstillstand zwischen ihm und ihnen herrschte, sondern daß sie einander im Leben nie mehr wiedersehen würden. Einer öffnete das Gatter. Der Texaner führte die Maultiere hindurch, und die Männer schlenderten alle hinter ihm her, ließen Henry neben dem geschlossenen Gatter stehen: immer noch mit gesenktem Kopf, das zusammengelegte Seil in der Hand. Sie kamen an dem Wagen vorbei, in dem die Frau saß, in ihrem grauen Kleid schon fast eins mit der Dämmerung, fast von der gleichen Farbe und ebenso still, und ins Leere starrte; sie kamen an der Wäscheleine vorbei mit der in der unbewegten Luft schlaff herabhängenden Wäsche, kamen durch den würzigen Duft brutzelnden Schinkens aus Mrs. Littlejohns Küche. Als sie das Ende des Heckenwegs erreichten, konnten sie den Mond – fast schon gerundet, riesengroß und noch ohne Leuchtkraft – am Himmel sehen, von dem das Tageslicht noch nicht ganz geschwunden war.

* leichter vierrädriger Kutschwagen für zwei Personen.

Bruno Brehm

Die freien Pferde

Die Bretterbuden der Kriegerkolonie von Mapaure verfielen bald, der Wald überwucherte die vermorschten und vermodernden Planken. Wo Kienspäne gequalmt, flammten die Blüten der Kakteen auf, wo Männer geflucht, brüllten die Affen, wo Frauen gezankt, kreischten die Papageien, wo die Soldaten in Hängematten gefaulenzt hatten, schaukelte sich träge das Faultier. Aus den schwarzen Herdstellen schoß üppig das Gras empor.

Sonne und Regen, Dürre und Wasserflut bedrängten die sich selbst überlassene Herde. Zwei Fohlen wurden von Jaguaren zerrissen, eines ertrank in einem Regensee. Widerrist und Nacken des großen schwarzen Hengstes, der noch immer das Rudel führte, trugen Narben, die von diesen Kämpfen zeugten.

Junge Hengste wuchsen heran, lehnten sich gegen den alten Führer auf, wurden im wilden Kampfe unterworfen und mit den von ihnen entführten Stuten wieder zum Rudel zurückgeholt.

Die wenigen streifenden Indios, auf welche die Herde stieß, wichen ihr ebenso aus wie die Herde ihnen.

Und da es in dieser Welt, wenn der Mensch nicht die Tage zählt, keine andere Zeit gibt als den gleichmäßigen Pulsschlag vom Werden und Vergehen, kann nur gesagt werden, daß sich der alte Rappenhengst noch gegen seine jungen Gegner hielt, die Herde lenkte, mit ihr dem Futter nachgaloppierte und den schleichenden Katzen auswich.

Einmal, in jenen zeitlosen Tagen nun, kam aus den dichten Wäldern ein großer Zug Indios über das weite Grasland, Mann hinter Mann, in einer schier endlosen Reihe.

Ihnen voran ritten auf zwei Schimmeln die beiden einzigen Reiter dieses Zuges, ein nackter, blondhaariger und hellbärtiger Mensch und ein Indio, den sein reicher Gold- und Federschmuck als mächtigen Kaziken kennzeichnete. Die Stute des Blondbärtigen wie auch der Hengst des Kaziken trugen güldenes Zaumzeug, zwischen ihren spielenden Ohren nickten Papageienfedern, und prächtige Jaguarfelle ersetzten die Sättel.

Eine alte englische Schweißhündin mit weißhaariger Schnauze folgte den Reitern.

Die Stute des bärtigen Mannes blieb stehen und wieherte so heftig, daß des Reiters Schenkel mit ihren schwingenden Flanken mitbebten.

Mit unterdrücktem Aufschrei zügelte der Kazike seinen Hengst.

Aus weiter Ferne erdröhnte der Boden unter einem klopfenden Pochen.

Der Kazike hob den Arm: die Indios liefen zusammen und scharten sich um die beiden Reiter.

Das Pochen schwoll an, das hämmernde Pochen kam näher. Der blonde Reiter tätschelte beruhigend den Hals seiner schnaubenden Stute.

Der Kazike beugte sich vor und lauschte dem wilder werdenden Trommeln.

Da brauste auch schon über den Kamm einer Bodenwelle in wilder Jagd ein halbes Hundert Pferde heran, ihnen allen voran ein großer schwarzer Hengst. Einen Pfeilschuß weit von den beiden Reitern hielt der Rappe an, stieg empor, schüttelte die Mähne, stampfte die Erde und verschwand mit seinem Rudel ebenso plötzlich, wie er gekommen war, im hohen Grase zwischen den flachen Hügeln.

Laut wiehernd drängte des Reiters Stute gegen den Zügel, ihr Schrei flog auf, ihre Flanken erbebten.

Auf einen Zuruf des blondbärtigen Mannes schlossen sich die indianischen Krieger dichter zusammen.

Wenn Pferde hier waren, mochten die weißen Männer auch nicht mehr ferne sein.

Der Donner der Hufe verstummte. Das Rudel mußte in einer Bodenfalte halten und grasen.

Aber schon tauchte abermals der schwarze Hengst auf einem Kamm auf, wieherte, schnaubte, warf den Kopf hoch und verschwand wieder im hohen Grase. In immer enger werdenden Kreisen umjagte er die staunenden Indios.

Da gab der blondbärtige Krieger seiner Stute die Schenkel und ritt, begleitet von den warnenden, ängstlichen Rufen der Indios, dem Rappen entgegen.

Dieser schnaubte, schüttelte die Mähne, warf die Erde mit scharrendem Hufe hoch und ließ den Reiter ganz nahe herankommen. Dann aber stieg er mit einem Male, sich bäumend und den bräunlichen Bauch zeigend, bolzgerade empor, schwankte, hochaufgerichtet (den Indios schien das gewaltige Tier bis in den Himmel hineinzuragen!), ein Stück vor, ließ sich mit gekrümmtem Rücken wieder auf die Vorderfüße fallen, bockte hoch auf, warf sich herum und hetzte mit wehendem Schweife laut wiehernd seinem Rudel zu.

Der Kazike vermochte nun seinen auch unruhig werdenden Hengst kaum mehr zu zügeln. Er sprengte an die Seite des blonden Reiters und blickte, immer wieder emporgeworfen von seinem tänzelnden Pferd, dem davondonnernden Rudel nach.

Auch dem blonden Manne fiel es nicht leicht, seine vorwärtsdrängende Stute zu halten. Die beiden Reiter kehrten zu den Indios zurück. Die vornehmsten Krieger traten auf den blonden Mann zu und fragten, was er befehle. Und dieser Mensch, der sonst schneller als ein Blitz dachte, mehr wußte als alle Boratios im weiten Umkreis und nie auch nur einen Augenblick zögerte; dieser Mensch ließ die vornehmen Krieger lange auf seine Antwort warten. Die Krieger drängten nicht, die Krieger blickten stumm vor sich hin und warteten. Dann sagte der Mann mit dem goldenen Haar: »Brüder, wir müssen in die Wälder zurück, die Christen sind hier in der Nähe.«

»Warum umkehren?« fragte der zweite Reiter. »Auch wir haben die großen Tiere, Sohn der Sonne.«

»Aber die Christen haben viel mehr große Tiere.«

»Wir fürchten uns nicht vor den großen Tieren«, erwiderte der Kazike, »du selbst hast uns gelehrt, daß die großen Tiere gut und sanft sind.«

»Aber die Christen, die sind nicht gut und sanft.«

»Sie sind doch deine Brüder. Du hast uns doch gelehrt, daß bei dir, drüben, jenseits des großen Meeres, alles besser ist als hier bei uns, daß bei deinen Brüdern die Liebe herrscht, und daß nicht das steinerne Messer in die Brust des Gefangenen gestoßen wird. Du wirst zu deinen Brüdern gehen, Sohn der Sonne, und deine Brüder werden mit uns im Frieden leben.«

»Die Christen hier und die Christen jenseits des Meeres, es sind nicht die gleichen Menschen.«

»Welch ein Unterschied ist denn zwischen diesen und den andern Christen?« fragte der Kazike.

»Hier sind sie wild wie die reißenden Tiere. Drüben sind sie sanft und leben im Pferch. Hier schweifen sie frei, hier dürsten sie nach Blut. Hier sind sie anders, hier haben sie ihr Gesetz von sich geworfen. Ich habe euch deshalb aus euern alten Wohnsitzen fortgeführt, weil die bärtigen Männer den großen Strom heraufgekommen sind. Mit ihnen aber kommt der Tod, der Verrat, der Schrecken, die Krankheit, an der ihr dahinsterbt. Weh uns, weh mir, wenn wir ihnen hier in die Hände laufen!«

Die Indios schwiegen betreten. Endlich fragte der berittene Kazike:

»Was befiehlt der Sohn der Sonne?«

»Lagern wir hier, und ziehen wir uns morgen wieder in die Wälder zurück, wohin sie uns nicht folgen können.«

Der blonde Mann stellte selbst die Wachen aus und schärfte ihnen ein, auf das leiseste Geräusch zu achten. Die beiden Tiere wurden unweit des Feuers angepflockt. Man hatte sie, um gleich bereit zu sein, nicht abgeschirrt. Da standen sie nun, hoben die Köpfe, schüttelten die Federbüsche, sogen die Luft ein und senkten die schnaubenden Nüstern wieder in das windbewegte, feuchte Gras.

An den Lagerfeuern sprachen die Indios nur von den bärtigen Männern.

Nun drohen diese Menschen, denen die Indios so weit ausgewichen, deretwegen sie an fremden Völkern vorbei und durch unbekannte Länder gezogen waren, nun drohen sie auch hier. Überall sind die Fremden.

Von Sonnenuntergang kommen sie über hohe Gebirge aus dem Lande des Goldes und der großen Schafe. Von Sonnenaufgang her ziehen sie den großen Strömen entlang, hoch zu Roß und klein zu Fuß, in schwachen Trupps und mächtig zuhauf, Donner und Blitz in den Händen, alles vor sich niederwerfend, schrecklich, verderbenbringend.

Mordend, brennend, marternd, Krankheiten verbreitend, so ziehen sie einher, ohne Gnade und Erbarmen nach dem unseligen Golde spürend. Und in dieser unendlichen Welt des Graslandes und der Wälder, der Seen und der Ströme, der schneebedeckten Berge und der weiten Sümpfe, zwischen denen die braunen Menschen gehaust haben, scheint es vor diesen überall hindringenden Männern aus der Fremde, die mit schwanken Häusern über das Meer her kommen, kein Entrinnen zu geben.

Noch sprachen die Indios am Feuer das nicht aus, was sie dachten, aber sie ahnten, daß ihr Sohn der Sonne vielleicht nicht die Wahrheit verkündet hatte, als er ihnen von der schöneren Welt jenseits des Meeres erzählte.

Unbeweglich standen die Wachen an ihre federgeschmückten Lanzen gelehnt. Um Mitternacht ging groß der Mond auf. Das hohe Gras wehte wie leicht schwankende Schatten an der hellen Scheibe vorbei.

Die Gespräche verstummten. Die Köpfe der Krieger bei den Feuern sanken auf die armumschlungenen Knie. Der Postenruf hallte durch die Nacht. Im Walde brüllten die Nachtaffen.

Die alte weißschnauzige Hündin lag zusammengerollt zu Füßen des bärtigen Mannes. Sie hob hin und wieder den Kopf, witterte, knurrte und schlief dann weiter. Im Traume japste sie auf. Der bärtige Mann streichelte sie und spielte mit ihren Ohren; ja, im Traume, da kannst du die kleinen Schweinchen noch hetzen, da erreichst du und stellst du die flinken Hirsche noch. Um wieviel schöner ist Träumen als Wachen. Im Traume sind wir Söhne der Sonne; im Wachen hören wir, was an den Lagerfeuern geflüstert wird. Wir sehen die scheelen Blicke, wir spüren die bösen Gedanken.

Wieder kam von fern her das dumpfe Pochen. Der weiße Mann sprang auf. Und nun dröhnte die Erde unter dem Hufegedonner der heransprengenden Herde. Sausen und Schnaufen erfüllte die Luft, der Wind trug es vor der Herde her, die beiden Pferde inmitten der Indios wurden unruhig und sandten ein helles Wiehern in die Nacht hinaus. Die Wachen riefen, die Indios sprangen hoch, sogleich war alles auf den Beinen. Schon zogen sich die Wachen rennend auf den Haupttrupp zurück.

Ein Sohn der Nacht, tauchte der schwarze Hengst auf und verdunkelte die helle Scheibe des Mondes. Gespenstisch wehten Schweif und Mähne im Winde.

Weiter hinten, halb verdeckt durch eine Hügelwelle, wartete die Herde, eine nur durch das milchige Weiß der Schimmel unterbrochene dunkle Schattengruppe.

Der große Hengst sprengte den zurückeilenden Wachen nach, durchbrach die Reihen der aufschreienden Indios, jagte schnaubend auf das große Feuer zu, stieg vor dessen grellem Lichtschein hoch, fetzte laut wiehernd gegen ein paar ihn bedrängende Krieger aus, erhielt eine Federlanze in die Schulter, schüttelte sich und drängte sich an die beiden aufwiehernden Schimmel der Indios heran.

Noch ehe der weiße Mann hinzueilen und seine Stute festhalten konnte, hatte der Hengst den Halfterstrick zerbissen und führte die Stute, den auf ihn eindringenden Schimmel des Kaziken mit einem Biß zurücktreibend, durch das beiseitespringende Volk der Indios in die Nacht hinaus.

Der bärtige Mann keuchte den beiden Pferden nach: »Djierna! Djierna!« rief er laut. Aber schon klang aus weiter Ferne das zärtliche Wiehern des Rappen und das Schnauben der Stute.

»Djierna! Djierna!« Mit ausgestreckten Armen, als könne er die Stute haschen, greifen, halten, stürmte der weiße Mann in die Nacht hinaus.

An ihm jagte etwas vorbei. Einen Mann am Halfter nach sich schleifend, sprengte der Schimmelhengst des Kaziken vorüber. Nun ließ der braune Mann den Halfter fahren, nun tobte der Hengst den andern Pferden nach.

Mit blutendem Gesicht und zerschundenen Gliedern blieb der Mann liegen. Der weiße Krieger beugte sich über ihn, strich ihm das Haar zurück und hob ihn auf.

»Nun sind sie fort!« sagte der Kazike.

»Wir werden sie wieder fangen«, sagte der Weiße.

Die andern Indios kamen herbeigeeilt. Der weiße Mann erteilte Befehle. Die Indios teilten sich und schwärmten aus. Ihre federgeschmückten Lanzen tauchten bald hier und bald dort im hohen Grase auf. Sie wollten die Herde der Pferde umstellen.

Der weiße Mann stützte den stöhnenden Kaziken und führte ihn auf eine Bodenwelle. Da unten, im Grasland vor sich, sahen sie das Rudel. Im weiten Bogen umtobte der Rappe das Rudel, vor sich her die Stute hetzend.

Der Boden erdröhnte, das Herz des bärtigen Mannes schlug bis in den Hals hinauf.

In der anderen Richtung um die Herde herumjagend, den Halfterpflock nach sich schleifend, stürmte der Hengst des Kaziken, um dem Rappen den Weg zu verstellen. Das dichtgedrängte Rudel vollführte eine kleine Schwenkung, weiß leuchteten die Schimmel zwischen den dunkeln Pferden auf.

Die Federlanzen waren nun schon weit draußen, und sie rückten noch immer im tiefen Grase vor.

Nun prallten die beiden Hengste aufeinander. Die Köpfe der Herde kehrten sich ihnen zu. Zwei Riesen wuchsen aus dem Boden, zwei Riesen schnaubten prustend und schwankend gegeneinander und schlugen einander gegen die dumpf aufdröhnenden torkelnden Leiber. Hellauf klang dazwischen der Ruf einer Stute.

Man sah von der Höhe noch deutlich die Federlanze, die in der Schulter des Rappen steckte. Nun fielen die Pferde wieder auf die Vorderfüße, nun jagten sie einander schnaubend noch einmal um das Rudel herum, vorne der Schimmel, hinterdrein der Rappe.

Der Kreis der aus dem Grase ragenden Lanzen um das Rudel herum war geschlossen.

Abermals stiegen die beiden Hengste hoch auf und wankten, ins Ungemessene aufgereckt, gegeneinander los.

Weißer Schaum flockte auf und lag im hellen Mondlicht wie Schnee auf der breiten Brust des Rappen.

Die Lanzen schoben sich nun langsam immer näher an die Herde heran.

Die beiden Krieger auf dem Kamm der Bodenwelle vermochten keinen Blick von diesem Kampfe zu wenden.

Der schwarze Riese überragte den weißen um Haupteslänge. Auftrommelnd schlugen seine Hufe gegen die Brust des weißen Hengstes, dem sein Federbusch zerfetzt über die Stirn baumelte. Die Lanze war aus der Schulter des schwarzen Hengstes gefallen.

Noch einmal bäumte sich der Schimmel auf, aber er erlag dem übermächtigen Anprall des Rappen und stürzte lautaufschlagend zu Boden.

Der weiße Mann stieß einen schrillen Schrei aus, die Lanzen eilten auf die Herde zu.

Der weiße Mann selbst setzte in großen Sprüngen durch das hohe Gras zu der abseits wartenden Stute hinüber.

»Djierna! Djierna!« lockte er, »so komm doch, komm!«

Und wirklich, die Stute hob, als sie die Stimme hörte, den Kopf und kam dem Manne etwas entgegen, unruhig zwar, leicht auftretend, mit stets zur Flucht bereiten Füßen. Schon streckte der Mensch den Arm aus, um das Tier beim hängenden Halfter zu greifen, als der siegreiche Rappe zwischen Mann und Roß durchsprengte, aufwiehernd das Tier lockte und sie, vor sich hertreibend, in die Nacht entführte.

Die Herde selbst preschte donnernd dem Hengste nach und durchbrach im wilden Anlauf die dünne Lanzenlinie. Ein junges Tier sank, von drei Lanzen zu Tode getroffen, zusammen, andere Pferde entkamen mit Lanzen in den Flanken.

Nun stürzte sich, durch den Zuruf des Kaziken dorthin gelenkt, der Schwarm der Indios auf den zu Boden liegenden Schimmel.

Als der Hengst des Kaziken die Heraneilenden sah, versuchte er sich aufzurichten. Seine Vorderfüße stemmten sich ein, Blut fleckte ihm Brust und Hals.

»Haltet ihn! Haltet ihn! Seine Mutter kommt wieder, wenn wir ihn halten!« schrie der Kazike.

Wie Ameisen hatten sich die Indios auf das Roß gestürzt, das im Kampfe Decke, Zügel und Zaumzeug verloren hatte. Ein Ruck, ein Sprung, und nun stand der Hengst auf allen vieren.

Donnernd kam die Herde durch die Lücke, die sie in die Lanzen gerissen hatte, noch einmal zurück. Lockend klang ihr Wiehern herüber, das der von den Menschen umringte

Hengst des Kaziken kläglich erwiderte. Bei der Mähne, beim Schweif, bei den Beinen hielten die Indios den Schimmel.

Die schnaubende, dumpfstampfende Herde jagte so dicht an den Indios vorbei, daß einige von ihnen erschrokken losließen, andere von diesem Sturme weggefegt wurden.

Ein Sprung, ein wildes Ansetzen, ein Werfen, Steigen, ein Losschmettern der Hinterbeine, und die Menschentraube lag zerrupft und zerstreut im Grase. Im hinkenden Galopp folgte des Kaziken Schimmel der entschwindenden Herde.

»Djierna! Djierna!« Wie ein kleines Kind warf sich der bärtige Mann zu Boden und schluchzte, daß sein ganzer Körper zitterte. Regungslos umstanden die Indios den weinenden Sohn der Sonne. Aus dem hohen Gras klagten einige der von den Pferden niedergeworfenen Krieger.

Weit draußen verdonnerte der letzte Hufschlag.

Der weinende Mann sprach in einer Sprache, welche die Indios nie gehört hatten. War das die Sprache der Pferde, in der er sie beschwor, doch wieder zurückzukehren?

Der weinende Mann raufte das Gras aus und preßte sein Gesicht in die Erde. Dann erhob er sich. In seiner Hand hielt er ein Büschel weißer Mähnenhaare und schluchzte.

Spricht er nun einen Zauber aus? Werden die großen Tiere draußen in der Nacht seine Stimme vernehmen? Werden die großen Tiere dem Sohn der Sonne mit den goldenen Haaren gehorchen?

Die Indios horchten auf, ob der Hufschlag nicht näher käme, ob die beiden weißen Tiere, die das große nachtschwarze Tier geholt hatte, schon auf dem Wege zum großen, weißen Kaziken wären.

Die Nacht blieb stumm. Ein paar Indios schleppten das getötete, mit Speeren gespickte Pferd zum Feuer. Noch wagte keiner der Indios zu fragen.

Schweigend kehrten sie zu den verloschenen Feuern, schürten sie wieder und hockten sich nieder.

Vielleicht mußte der Sohn der Sonne, wie jeder Boratio, bei der Beschwörung alleinbleiben, durfte er nicht von neugierigen Blicken gestört werden. Noch vertrauten sie dem Manne mit den goldenen Haaren, noch wollten sie warten.

Erst gegen Morgengrauen kehrte der Mann mit den goldenen Haaren in das Lager zurück. Niemand blickte auf. Auch die Indios hatten nicht geschlafen, sie waren müde und verzagt. Ein alter Mann, ein Boratio, erhob sich: »Wo sind die großen Tiere, Sohn der Sonne?«

Der blonde Mann wußte keine Antwort.

»Warum bringst du deine Mutter und deinen Bruder nicht mit? Mit ihnen bist du zu uns gekommen, sie hat dich und das damals noch kleine Tier genährt. Warum rufst du nicht lauter nach deiner Mutter?«

Der bärtige Mann machte eine hilflose Bewegung, seine Augen verschleierten sich.

»Sind wir nicht immer gut gegen euch drei gewesen? Haben wir ihnen nicht güldene Stangen in den Mund gelegt, ihren Rücken mit dem Felle des Jaguars geschmückt und dich gehalten wie den größten Kaziken? Bring sie uns wieder!«

»Ich kann nicht.«

»Du kannst nicht? Ruft ein Kind je vergeblich nach seiner Mutter? Bittet ein Bruder vergeblich seinen Bruder? Du mußt eben lauter rufen, du mußt deine Stimme kräftiger erheben!«

»Sie hören mich nicht!«

»Sie hören dich nicht? Wie oft hast du doch mit deiner Mutter gesprochen! Alle haben wir es gehört, und alle haben wir immer geschwiegen, wenn du mit deiner Mutter sprachst. Du willst nicht! Du bist genauso böse wie die andern weißen Männer, vor denen du uns warntest! Das ist es!«

»Er will nicht«, murmelten die im Kreise stehenden Krieger.

»Wahrhaftig, ich kann nicht.«

Der alte Boratio kehrte dem weißen Mann den Rücken: »Die großen Tiere hören deine Stimme nicht mehr, wir wollen deine Stimme auch nicht mehr hören!«

Die blauen Augen des weißen Mannes wanderten von einem dunklen Augenpaar zum andern. Die Gesichter seiner Brüder waren verschlossen, ihre schwarzen Augen waren hart.

»Du kannst gehen«, sagte der weißhaarige Boratio.

Der weiße Mann wollte noch einmal in die Augen seines Freundes, des Kaziken blicken. Aber der senkte seine Augen, der neigte sein zerschundenes Antlitz.

Die Indios zogen sich zur Beratung zurück. Der weiße Mann blieb außerhalb des Kreises. Etwas Feuchtes und Warmes stieß gegen seine Hand. Der weiße Mann drehte traurig den Kopf: »Nina, du? Du willst bei mir bleiben?«

Die alte Hündin legte ihre weißbehaarte Schnauze auf die Vorderfüße und sah aus ihren triefenden Augen den Herrn mit dunklem Blick ergeben an.

Der Rat der Indios beschloß, wieder in die Schatten der Wälder zurückzukehren, wo ihre Frauen und Kinder warteten. Sie wollten nun selbst den Weg suchen, auf dem sie den bärtigen Männern, die von allen Seiten heranzogen, entgehen könnten.

»Er hat uns vor seinen Brüdern gewarnt«, beschloß der alte Boratio seine Rede, »aber hat er nicht vergessen, uns zu sagen, daß sein Herz ebenso falsch ist? Ich habe damals, als er von dem Unbekannten zu uns kam, euch abgeraten, ihm zu vertrauen. Ihr habt mir nicht gehorcht. Besser wäre es damals gewesen, euerem eigenen Boratio zu folgen und nicht euere Herzen an das Fremde zu hängen. Laßt euch das eine Lehre sein. Kein Glück bringen die fremden Götter, kein Glück bringt die andersfarbene Haut. Mögen seine Haare hell wie die Sonne und seine Augen blau wie der Himmel sein, aber wer kann sein Herz sehen, in das ich, euer Boratio, geschaut und es als böse erkannt habe!«

Der Zug brach auf. Still, ein Mann hinter dem andern, wie sie gekommen waren, zogen die Indios durch das Grasland zurück, nur ihre Federlanzen überragten manchmal das wogende Grün.

Der weiße Mann und die alte Hündin blieben allein zurück. Regungslos blickten beide dem Zuge nach, bis in der Ferne die letzte Lanze verschwunden war.

Wohin jetzt? Was nun tun? Sollte er den Indios nachlaufen und sie bitten, ihn wieder aufzunehmen? Sie hatten ihn wie einen Gott verehrt, er konnte sie nicht bitten. Nein, eher verhungerte er hier im Grasland mit der alten Hündin, die für die Jagd nicht mehr zu brauchen war.

»Nun, Nina, wohin gehen wir?«

Der Schwanz der Hündin klopfte die Erde. Gähnend erhob sie sich und schnupperte mit der Nase in die Luft. Sie lief in die Richtung des entschwundenen Zuges der Indios.

»Nein, Nina, komm zurück, dorthin gehen wir nicht. Etwas Besseres weißt du nicht?«

Wieder sog die Hündin den Wind ein. Dann ging sie in jene Richtung, aus der gestern abend die Pferde gekommen waren.

Vor Sonnenuntergang sah der weiße Mann, müde den Waldrand entlangirrend, Rauch. Aus dem Gebüsch sprang ein kraushaariger, bärtiger, kleiner und nackter Mann und verstellte ihm drohend den Weg: »Wer da?«

Der blonde Mann horchte auf: Wer da? In christlicher Sprache: wer da?

»Ein Christ!«

»Ein Christ?« Der kleine Mann beschattete die Augen: »Ein Christ! Ein Christ und nackt! Ein Christ mit blonden Haaren! Deutscher, du?«

»Francisco?« fragte Jürg.

Und statt lange Fragen nach Woher und Warum an den seit Jahren am Rande der Wildnis lebenden Francisco zu richten, nahm Jürg den alten kleinen Freund, den Herzbruder von einst, beim Arm und deutete auf die weit draußen grasende Herde der Pferde, der Nina beharrlich gefolgt und der sie doch nicht näher gekommen waren. Die Schimmel glänzten in der sinkenden Sonne auf, die Hengste standen, von der Herde ausgeschieden, auf Posten.

»Siehst du, Francisco! Dort! Djierna! Den jungen und den alten Hans! Deine guten, braven, meine beiden lieben Pferde! Alle fort! Alle fort! Die alte gute brave Nina ist geblieben! Sie lassen sich nicht mehr einfangen, Francisco, dort draußen die Pferde, die Pferde!«

Die Geschichte von den zwei Grauschimmelhengsten des Tschingis Khan

(Aus dem 13. Jahrhundert)

Einst einmal, vor langer Zeit, hat des glücklichen Herrschers Tschingis Khan Stute
Ermeg Tschagagtschi zwei Grauschimmel-Hengstfohlen gefohlt.
In diesem Jahre säugten sie an zehn Stuten, und
In dieser Weise wurden sie ein Jahr alt.
Allein den Herrscher ließen sie in der Fohlenzeit aufsitzen.
Als sie Dreijährige waren, ließ dieser ihnen Panzer auflegen.
Ritt nun die zwei Grauschimmel, jagte im Rücken des Altai Khan,
Spannte den Bogen und jagte im Köküi Khan. Er bestieg den großen Grauschimmel,
Auf dem Altai Khan hielt er die Jagd,
Arghalischafe und Böcke erlegte er.
Als sehr vom Stolze geschwellt er zurückkam, staunte
Auch nicht einer von hunderttausend Treibern.
Den kleinen Grauschimmel ritt er, spannte den Bogen im Köküi Khan,
Preschte dahin und vertilgte die Blauwölfe.
Leicht nur streifte er über die Gräserspitzen und machte sie zittern,
Als er zurückkam, doch staunte
Auch nicht einer von so vielen Zehntausenden Treibern.
Den Kentei Khan durchstreiften sie auf der Jagd,
Doch so viele Zehntausende Tiere sie auch einholten,

Wer von den Leuten hatte es schon nötig, zu staunen?
In den Wäldern und Steppen am Onon-Fluß jagten sie,
Faßten der Tiere viele,
Aber obgleich nah und fern ihm im ganzen gleich waren,
Alle staunten sie nicht.
Daraufhin wurde er traurigen Sinnes:
»Als Zweijährigen hat man mich wundgescheuert,
Als Dreijährigen hat man mich eingezwängt,
Als Vierjährigen hat man mich geprüft,
Als Fünfjährigen hat man mich auf die Probe gestellt!«

So sprach der kleine Grauschimmel zum großen Grauschimmel:
»Ach, mein Lieber, laß uns gehen!
Als auf dem Altai Khan wir jagten,
Wußten der Tausendschaften Leute nichts davon.
Ach, mein armes Verlangen!
Als auf dem Kökü̈i Khan wir jagten,
Lobte das ganze Volk uns nicht.
Mein armer, armer Gedanke!
Als auf dem Kentei Khan wir jagten,
Wußten Abertausende nicht davon.
Mein armer Wunsch!
Was soll es, da jene alle von uns nichts wissen?
Ach, mein Lieber, laß uns ganz weggehen!
Wenn unser Herrscher, nachdem wir gegangen,
Einmal, zweimal nur nach uns verlangt, ist dies dann nicht zum Ruhm unseres Namens?
Ach, mein Freund,
Angelangt in dem Altai genannten Lande,
Wo es – wie man sagt – Beifußkraut gibt,
Wollen wir ausruhn und schlafen!
Ach, mein Freund,
Angelangt in dem Kökü̈i Khan genannten Gebiete,

Wo es – wie man sagt – Stengelgras gibt,
Wo es – wie man sagt – blaue große Gewässer und Tümpel gibt,
Wollen wir uns hinlegen, auf dem Rücken hin- und herwälzen!
Mein Freund, laß uns ganz davongehen!
In dem Kentei Khan genannten Landstrich,
Der – wie man sagt – fruchtbar und ohne Fehl,
Wie der Wind so schnell angelangt,
Laß uns zur Ruhe niederliegen!
Mein Freund, laß auf der Stelle uns gehen!
In dem Gebiete am Onon-Fluß gibt es
Lagerplätze mit gutem Wasser – so hat man gesagt –
Und Wald und Weiden viele – so sagt man –
Dort angelangt, wollen wir uns zur Mittagsrast, ohne zu dürsten, legen!
Mein Freund, laß uns ganz davongehen!«

Der kleine Grauschimmel sagte zum großen Grauschimmel: »Weise den Weg!« dann sprach er:
»Mein älterer Graufelliger, was sagst du?
Einen Herren, werden wir einen Herrn finden,
Der unserem Herren gleich ist?
Eine Mutter, werden wir eine solche finden,
Die dem Mütterchen Ermeg Tschagagtschi gleich?
Man sagt, wenn ein Mann sich freut,
Wird seine Stirne deshalb nicht rissig!
Man sagt, wenn man einen Wallach fettfüttert,
Springt sein Fell deshalb nicht auf!
Mein lieber Graufelliger, was sagst du?«
»Hah, mein Lieber,
Hat ein guter Mann nicht viele Freunde?
Hat ein gutes Pferd nicht viele Herren?
Hat der Mann mit Sippe nicht viele Freunde?
Hat die Waise nicht viele Herren?
Hat nicht der kluge Mann viele Zweifel?
Ist nicht dem guten Pferd alles Land nah?
Auf, mein Lieber, laß uns gehen!

Für ein flüchtiges Pferd gibt es viele Fang-
schlingen – so sagt man!
Für den Friedlosen gibt es viele Feinde – so sagt
man!
Für das abgetriebene Pferd gibt es viele Peitschen
– so sagt man!
Die Menschen verfolgen sich alle!
Die Feinde verfolgt man mit Stöcken!
Das Wild fällt man durch des Pfeiles Spitze!«

»Mein lieber Graufelliger, was sagst du?
Laß uns das Gras auf den Felsen und das Gras
vom Vorjahr fressen!
Laß uns das Gras der Stauden und das Stauden-
mark fressen!
Aber sag, wie willst du dein Väterchen Üle
Bughural vergessen,
Der dich gezeugt und großgezogen hat?
Aber sag, wie willst du das Mütterchen Ermeg
Tschagagtschi vergessen,
Die dich getragen und zur Welt gebracht hat?
Bis ihr Rückgrat ermattete, hat sie dich zwölf
Monate getragen,
Hat dich ihre erste gelbe Muttermilch saugen
lassen,
Hat dich ihre starke weiße Milch saugen lassen,
Sag nun, wie willst du deine geliebte Mutter
vergessen?
Mein lieber Graufelliger, was sagst du?
Noch ist dein Stolz nicht unterdrückt,
Noch sind deine Lungen nicht vereitert,
Weshalb willst du da etwas tun?
Unseren Herrscher, der uns voll Liebe beschützt,
Die vielen anderen, mit denen wir in Liebe
aufgewachsen,
Sag, willst du sie alle verlassen und davongehen?
Man sagt –
Es nützt nichts, wenn man ohne Riemen etwas
fest zusammenbindet!

Laß es sein!«
So sprach er.

»Ein guter Mann findet viele Freunde – so sagt man!
Für ein gutes Pferd ist alles Land nah – so sagt man!
Auf, laß uns zusammen gehen!« sagte der kleine Grauschimmel,
Sonst will ich allein gehen! dachte er.
Den großen Grauen ließ er zurück,
Ging nach den »Drei Kerben« zu, dachte:
Wird mein großer Bruder mir folgen?

Mit der Morgensonne folgte der große Graue,
Mittagsglut trocknete seine Nüstern,
Schwarzen Schweiß vergoß er, nach Lebensluft ringend langt er dann an.
»Ach, mein Graufelliger!« – sagte der große Grauschimmel zum kleinen Grauschimmel,
»Die Menschen verfolgen uns alle,
Nennen uns Feind, jagen hinter uns her,
Nennen uns Wild, fällen uns mit der Spitze des Pfeiles!«

Eines Nachts, nachdem die beiden Grauschimmel davongegangen waren, träumte der glückliche Kaiser einen Traum:
»Meine zwei Grauschimmelhengste,
Geschaffen vom mächtigen himmlischen Vater,
Geworfen von der Stute Ermeg Tschagagtschi,
Gingen nach neuer Weide davon« – so sag' ich.
»Meine nicht anzuhaltenden zwei geliebten Grauschimmel,
Gegeben vom heiligen mächtigen Himmel,
Geboren von der gesegneten Stute Tschagagtschi
Entflohen nach neuer Weide« – so sag' ich.
»Meine geliebten zwei Grauschimmel,
Geschaffen vom mächtigen himmlischen Vater,

Geworfen von der jadeweißen Stute,
Gingen nach neuer Weide davon« – so sag' ich.
»Mein Zaumzeug über den Rücken, schritt ich dahin« – so träumte mir.
»Ist dieser mein Traum wahr? Ist er Trug?« und er sprach zu dem Diener:
»Geh zur Herde und schau nach! Ist's ein Trug, komm ohne ein Wort zu sagen zurück!
Ist es wahr, laß frühmorgens sammeln mein Volk der neun Farben und die vier Verbündeten!« So befahl er.

Als der Knecht Betschin zur Herde gekommen,
Stand da der Hengst Üle Bughural neugierig blinzelnd,
Schaute erschrocken hierhin und dahin.
Ermeg Tschagagtschi, die Mutterstute, aber schaute
Hierhin und dahin.
Tränen sah er aus ihren Augen rinnen.

Am Morgen ließ eilig Betschin, der Knecht, das Volk der neun Farben und die vier Verbündeten sammeln.
Sein Roß Altschul boro bestieg der glückliche Herrscher,
Seinen goldenen Köcher ergriff er,
Hing seinen breiten weißen Bogen um,
Machte Arghasun Khurtschi zum Knappen,
Setzte seinen Falken Altschin auf die Faust.
Zur Mutter werden sie doch zurückkehren! dachte er und
Ließ die Stute Ermeg Tschagagtschi mit sich führen.
Als die dann ritten, befahl der Herrscher und Herr,
Der glückliche Kaiser:
»Über den Südhang des Kököi Khan reite einer nach dem andern!

Im Rücken des Altai Khan wollen die Treibjagd wir halten!
Leute der Treibflügel, geht vorwärts!
Leute am Knie der Treiberlinie, geht ohne Zwischenraum.
Es schieße nicht der Mann, der meine zwei Grauschimmel erreicht!
Trachtet darnach, sie zu fangen!
Dem, der sie fängt, werde ich von den
Vier Arten des Viehs zu gleichen Teilen zuteilen!«
So befahl er.
Daraufhin erspähten die beiden Grauschimmel die Umrisse der hinter ihnen folgenden Treibjagd. Der große Grauschimmel sprach zum kleinen Grauschimmel:
»Mein Graufelliger, hab' ich es nicht gesagt:
Was man Menschen nennt, sie alle verfolgen und jagen!
Was man das Wild nennt, es wird mit der Spitze des Pfeiles gefällt!
Sprach ich nicht so?
Ist es nun nicht so?«

Der kleine Grauschimmel sagte darauf:
»Ach, mein Freund!
Hält ein Mann nicht sein gegeben Wort?
Erreicht ein Reitpferd nicht das gesteckte Ziel?
Auf, laß uns gehen!
Was ist geschehen, daß wie ein Weib du zaghaften Sinnes geworden?
Gibt es denn Pferde, die uns einholen können?
Gibt es denn solche, die unsere Umrisse erspähen?
Wenn wir zum Rücken des Altai Khan kommen,
Laß uns die Arghali-Schafe und Böcke zu Tode hetzen!
Wenn wir über die Südseite des Kököi Khan ziehen,
Laß uns die blaufleckigen Hirsche hochjagen,

Die Leute im Zentrum der Treibjagd sollen nur unseren Staub sehen!

Laß uns gemeinsam nach den ›Drei Kerben‹ zu wenden!«

Der große Grauschimmel lief klopfenden Herzens.

Der kleine Grauschimmel lief im leichten Galopp.

Der kleine Grauschimmel sagte zum großen Grauschimmel:

»Mein Freund, was wird es wohl nun tun,

Das Pferd Altschul boro, an das wir wie an einen älteren Bruder dachten?«

Darnach konnte man sie nicht einfangen. Sie aber trabten in die Richtung der »Drei Kerben«.

Der große Grauschimmel war zweierlei Mutes.

Mein geliebter Khan, mein Herr!

Meine geliebte Mutter Tschagagtschi, die dem Khan gehört!

So dachte er, und aus den Augen strömten die Tränen, doch er ging, daß die Knie ihm einknickten und Leber und Zwerchfell sich lösten.

Der glückliche Herrscher kam auf den Köke ündür.

Er erspähte die Umrisse (der Grauschimmel) und war traurig.

Er begab sich auf den Boldogun boro tolughai,

Es klagte dort der Kaiser:

»Zum Herrscher wurde ich nicht durch die Stärke der Männer!

Zum Herrscher wurde ich durch die Bestimmung des mächtigen himmlischen Vaters!

Meine geliebten zwei Grauschimmelhengste,

Von der Stute Ermeg Tschagagtschi geworfen,

Seid ihr nicht woandershin?

Ihr Lieben! Den Sattel tragend, wie soll ich zurückkehren?

Wollt ihr nicht umkehren und kommen?

Ihr Lieben! Nicht durch Raub wurde ich euer Herr!
Zum Herrscher wurde ich durch die Bestimmung des heiligen himmlischen Vaters!
Meine geliebten zwei Grauschimmelhengste,
Von der glücklichen Stute Tschagagtschi geworfen,
Seid ihr nicht irrtümlich woandershin fort?
Meine Lieben! Nicht durch ein Geschenk bin ich euer Herr geworden!
Durch die Gnade des Vaters, des Himmelsherrn wurde ich euer Herr!
Meine geliebten Grauschimmelhengste,
Von der jadeweißen Stute geworfen,
Habt ihr euch nicht abgesondert?
Ihr Lieben! Wollt ihr nicht zurückkommen?
Meine Lieben! Wenn die berühmten Pferderennen sein werden,
Wen soll ich dafür vorbereiten?
Wenn die großen berühmten Treibjagden sein werden,
Wen soll ich da reiten?
Meine geliebten zwei Grauschimmelhengste!
Wenn die vielen fremden Feinde kommen,
Wem soll ich den Panzer auflegen?
Meine geliebten zwei Grauschimmelhengste!«
So sprach der glückliche Herrscher, und dann kehrte er nach seinem Hoflager zurück.

Die zwei Grauschimmel aber lenkten ihre Schritte nach den »Drei Kerben«, langten dort an und machten es für vier Jahre zu ihrem Aufenthaltsort. Der kleine Grauschimmel wurde so fett, daß sein Fell fast platzte. Der große Grauschimmel aber magerte ab wie ein Pferd, das den Sommer über von Ort zu Ort geritten. Als es Winter wurde, bildeten sich an seinen Kinnbacken Eisbrocken von der Größe einer Eßschale. Der kleine Grauschimmel fragte ihn, nachdem er dessen im Kummer traurigen Sinn gewahr geworden war:

»Ach, mein Lieber! Wo du doch das Gras mit dem Kiefer zerkaust,
Wo du doch das Wasser mit den Lippen schlürfst, Lieber,
Wie bist du zu Haut und Sehnen ausgetrocknet?«

So fragte er ihn. Der große Grauschimmel antwortete:
»Mein lieber Graufelliger, was fragst du? Weißt du denn nicht?
Wenn ich an den Herrscher denke, der uns voll Liebe aufgezogen,

Wenn ich an die lieben Gefährten denke, mit welchen wir in Freundschaft zusammengekommen,
Wenn ich an die liebe Mutter denke, die uns geboren,
Vermag ich nicht meine Kiefer zum Gras,
Meine Lippen zum Wasser zu bringen!
Wie kannst du das nicht wissen, mein Lieber?«
Zu der Zeit lachte der kleine Grauschimmel, wenn er ihn gerade ansah, aber er weinte, wenn zur Seite er schaute, und zum großen Grauschimmel sprach er:
»Wie werd' ich dich töten, daß du nur Haut mehr und Sehnen vertrocknet,
Wie werd' ich dein Fell mir anziehen,
Wie werd' ich dein Fleisch verzehren?
Mein Lieber, mein Guter –
Laß auf der Stelle uns umkehren!« so sprach er.

Dreimal schüttelte sich der große Grauschimmel,
Rupfte ein, zwei Gräser aus.
Des großen Grauschimmels Herz klopfte fest, als
Der kleine Grauschimmel zurückzutraben anfing.
»Dreier Monate Weg werden wir in
Drei Tagen und Nächten bewältigen!« – sagte er.

Es träumte zur Mitternacht –
Da diese beiden Grauschimmel kamen –
Einen Traum der glückliche Herrscher:
Meine zwei Grauschimmel,
Geworfen von der Stute Ermeg Tschagagtschi,
Gegeben durch Bestimmung des mächtigen himmlischen Vaters,
Gingen auf die Wanderschaft.
Kamen sie zurück? Träumte ich,
Daß ich den Sattel auflegte?
Ist Wahrheit, ist Trug dieser mein Traum?
Betschin, dem Diener, befahl er: »Geh zur Herde und schau!«

Dem Worte des glücklichen Herrschers folgte dieser,
Und als zur Herde er kam,
Waren zurückgekehrt die beiden Grauschimmel.
Üle Bughural, der Hengst, wieherte zärtlich:
»Für ewig, dacht' ich, seien wir geschieden,
Nun seid ihr heute doch zurückgekehrt!« gähnte er voller Freude.
Ermeg Tschagagtschi, die Mutterstute, vergoß
Tränen der Freude aus beiden Augen. Dies sah er.
Die beiden Grauschimmelhengste beäugten
Die Mutter von hier und von da. – Dies sah er.
Nachdem Betschin, der Diener, dies gesehen,
Wollte er fangen die beiden Grauschimmel.
Aber die beiden Grauschimmel ließen sich nicht einfangen.

Dem glücklichen Herrscher berichtete er:
»Gekommen sind die beiden Grauschimmel;
Gemeinsam mit Üle Bughural, dem Hengst, hab' ich sie gebracht!«
Rasch zog der glückliche Herrscher einen Ärmel über, ging hinaus:
»Eh, meine zwei Grauschimmel,
Seid ihr gesund?« sagte er.
Abseits, aus eines Pfeilschusses Entfernung, sagte
Der kleine Grauschimmel:
»Was gibt's schon für die zwei Grauschimmel,
Nachdem sie die ›Drei Kerben‹ erreichten?
Wiederum aber bist du gesund, mein Herrscher und Herr,
Der du über das Volk der dreißigmal Zehntausend herrschst?«
Der glückliche Herrscher sprach:
»Ah, meine zwei Grauschimmel,
Weshalb, aus welchem Grunde,
Zogt ihr davon?« So fragte er sie.

Keinen Ton brachte der große Grauschimmel hervor,
Kleiner Grauschimmel aber sprach zum glücklichen Herrscher:
»Oh, mein Herrscher und Herr,
Hättest du doch die zwei Grauschimmel geliebt!
Hättest du mich ausgebildet zur Fohlenzeit,
Hättest du meiner gedacht zur Zeit, da ich dreijährig,
Hättest du mich zugeritten zur Zeit, da ich vierjährig,
Hättest du mich zur Probe geritten, da ich fünfjährig!
Zur Zeit, da wir im Altai Khan jagten,
Holten wir Bergschafe und Böcke ein, erlegten sie – aber
Keiner der zehnmal zehntausend Leute der Ringjagd lobte dies!
Zur Zeit, da wir im Kökü̈i Khan mit dem Bogen jagten,
Holten wir die blaugrauen Wölfe ein, erlegten sie – aber
Keiner von deinen vielen Zehntausenden Leuten lobte dies!
Zur Zeit, da wir im Kentei Khan hin- und herzogen und jagten, hat
Keiner von deinen vielen zehntausend Leuten uns gelobt!
Als wir jagten in Steppe und Wald am Onon-Fluß, hat,
Obgleich es gleich blieb, ob nah oder fern es war,
Keiner von deinen vielen Zehntausenden Leuten es gelobt! –
Deshalb sind wir davongezogen!
Als viele Vögel sangen,
Saß in seinem Land des Menschen Sohn,
Dachte an sein Land des Pferdes Sohn,
Mein glücklicher Herrscher und Herr!«

Daraufhin sagte der große Grauschimmel:
»Grauer Bruder, laß es sein!
Mein Herrscher und Herr reite mich!«
Diese Worte hieß der Herrscher gut und für
Acht Jahre ließ er den kleinen Grauschimmel auf der Weide fett werden,
Acht Jahre lang ihn besonderes Futter fressen.

»Zur Jagd werden wir reiten im ersten Herbstmonat!« so hieß es.
Sie ritten zur Jagd,
Sie jagten am nördlichen Hang des Altai Khan entlang,
Zehnmal zehntausend Leute staunten und priesen sie.
Sie jagten und spannten den Bogen am Kökü̈i Khan,
Holten viele Tiere ein und erlegten sie,
Die Leute der Treiblinie staunten und priesen sie.
Sie jagten hin und her im Kentei Khan,
Holten viele Tiere ein und erlegten sie,
Die Leute der Treiblinie staunten und priesen sie.
Sie jagten in Steppe und Wald am Onon-Fluß,
Töteten und erlegten viele zehntausend Tiere,
Alle staunten und priesen sie.
Der beiden Grauschimmel Herz nun war ruhig und sie freuten sich.

Seidene Tücher für den kleinen Grauschimmel
Schlang ihm in die Mähne der glückliche Herrscher.
»Seidene Tücher zu flechten als Brauch stammt vom kleinen Grauschimmel« – so sagt man.

Die Geschichte von den zwei Grauschimmelhengsten
Des Herrschers und Herrn Tschingis Khan geht hier zu Ende.

Phantastische Geschichten und Märchen

Raymond Queneau

Das trojanische Pferd

Ein Mann betrat die Kneipe und da kam Brodem auf. Er schwang sich auf einen Barhocker vor der Theke, worauf mit grimmigem Gesicht ein Limonadenfritze in weißer Jacke auftauchte. Alle Tische waren besetzt, und die Leute dort beschäftigten sich mit sich selber. Der Neuankömmling warf einen langen Blick in die Runde, nein, kein Platz war frei, und so antwortete er auf die Frage, die sein Gegner ihm gerade gestellt hatte.

»Für mich«, sagte er, »ein Glas Wasser.«

»Sehr wohl, der Herr«, antwortete der Barmixer.

Er besah sich den Jemand respektvoll und machte sich an die Arbeit. Er nahm ein großes Bierglas, ließ ein Stück Eis darin kreisen, warf den Eisberg angeekelt weg, benutzte eine Wasserkaraffe, stellte das beschlagene Glas auf die Theke und das Gefäß daneben.

»Bitte sehr, der Herr«, sagte er, dieser Mann.

Der andere goß sich ein Glas Wasser ein und trank davon eine geringe Menge. Dann saß er still und träumte vor sich hin. Die Leute an den Tischen, Männer und Frauen, beschäftigten sich mit sich selber. Der Barmixer hatte sich in andere Schwerstarbeiten vertieft. Draußen war es kalt. Die Zeiger der übrigens elektrischen Wanduhr liefen metaphysisch hintereinander her. Die hübsch mollige Kassiererin döste.

Der Mann nahm das Glas in die Hände und kostete wieder eine geringe Menge Wasser. Das Orchester legte mit einer Tanzmelodie los. Einige Personen standen auf, umschlangen sich und beschrieben auf dem Boden komplizierte Kurven. Der Barmixer goß sich heimlich einen gepfefferten Schluck Gin hinter die Binde. Ein Zeitungsverkäufer kam herein und ging dann wieder hinaus, gebeugt von der Last des bedruckten Universums unter seinem Arm und der Gemeinheit der wirklichen oder transkribierten Welt. Auf dem Zifferblatt hatten sich gerade die Zeiger zusammengefunden, was zweiundzwanzigmal am Tag geschieht. Schließlich öffnete sich die Tür von neuem und eine Frau kam herein.

Sie erblickte sofort den Mann, den sie suchte, und setzte sich neben ihn. Der Barmixer tauchte auf.

»Geben Sie mir ein anderes Glas Wasser«, sagte der Mann, »das hier ist schal geworden.«

»Möchten Sie es diesmal nicht als Mineral?«

»Nein«, antwortete der Mann.

»Und für die Dame?« fragte der Barmixer.

»Nichts«, antwortete die Frau.

»Ist das alles für heute?« fragte der Barmixer mit einem leichten Anflug von Unverschämtheit.

»Ja«, sagte der Mann, »das ist alles.«

Der Barmixer brachte das neue Glas Wasser. Er tat ein Stückchen Eis hinein.

»Na?« fragte die Frau den Mann.

»Nichts, was für ein Leben«, murmelte der Mann.

»Das ist recht unangenehm«, sagte die Frau.

Sie blickte um sich.

Ein Kerl mit Brille, der für die Galerie eine Schau abzog und den Pianisten anlächelte, tanzte mit einer Prostituierten. Der Kerl sah etwas besoffen aus und schien sich nicht ganz wohl zu fühlen.

»Ein Buchhalter, der mit der Kasse durchgebrannt ist«, sagte der Mann.

»Glaubst du«, sagte die Frau.

»Ja. Das sieht man.«

Einige Kerle tanzten mit dem Hut auf dem Kopf.

»Es ist amüsant hier«, sagte der Mann.

»Ja«, sagte die Frau.

Die Musik setzte aus, und der Geiger fuchtelte mit seinem Instrument in der Gegend herum, während er mit einer Frau sprach, die allein an einem Tisch saß. Sie hatte Federn auf dem Kopf. Die Tänzer gingen wieder an ihre Tische zurück. Der Buchhalter tat es mit Exhibitionismus.

Ein Pferd, das an der Theke saß, beugte sich herüber und schlug der Frau einen kleinen Drink vor, sowie auch dem Herrn, der sie begleitete.

»Was will es denn von dir?« sagte der Mann. »Will es dich zum Tanzen auffordern?«

»Nein«, murmelte die Frau, »ich glaube, es will einen für uns ausgeben.«

Das Pferd war von seinem Barhocker heruntergestiegen und verbeugte sich vor ihnen, wobei es mit den Vorderfüßen große Gebärden machte. Es suchte ein wenig nach Worten.

»Sie«, erklärte es, »Sie beide, Sie trinken einen mit mir.«

Der Mann sah es gelangweilt an.

»Danke«, sagte er kalt.

Das Pferd schien sich nicht ganz in seinem Element zu fühlen. Die Frau war etwas erschrocken. Der Mann fragte sie, wie es ihrer Tante Charlotte gehe. Sie war sehr wichtig für die beiden, die Tante Charlotte. Aber die Frau genierte sich, vor dem Pferd von ihr zu erzählen, von der Tante Charlotte. Sie wich aus. Das Pferd wartete übrigens geduldig, bis sie ihre kleine Privatunterhaltung beendet hatten.

Das Orchester, von dem beschwipsten Buchhalter mit viel Pinke-Pinke geschmiert, hatte sich wieder an die Arbeit gemacht und nahm ein Walzerpotpourri 1900 in Angriff. Das Pferd bewegte seine großen Beine und, sich ein Loch in dem Gespräch über die Tante Charlotte zunutze machend, sprach es folgende Worte:

»Sie denken vielleicht, ich sei besoffen? Mitnichten. Mitnichten. Mitnichten.«

Es sprach seine Worte im Takt und machte dabei tiefe, anmutige Bücklinge. Dann sah es sie an und rollte dabei furchtbar die Augen. Es war ein großer, ganz schwarzer, etwas ausgemergelter Gaul mit schöngelackten Hufen und einem geflochtenen Schweif, der von einer violetten Schleife zusammengehalten wurde.

»Nein, nein, ich bin nicht betrunken, aber ich kann meine Gebärden nicht immer mäßigen, meine Worte, meine Sätze, meine . . .«

Es schien nachzudenken:
»Meine Gespräche. Ich muß mich . . . Ich muß mich . . .«
Es schien nachzudenken:
»Anpassen. Ja, ganz richtig: anpassen.«
Es lächelte breit und entblößte ein starkes Gebiß mit gelblichen Zähnen, zwischen denen man hier und da Heuhalme erblickte.
»Anpassen«, sagte es noch einmal glückselig.
»Hat das geladen!« murmelte der Mann.
»Hast du nicht 'ne Zigarette? fragte die Frau, ohne sich um das Pferd zu kümmern. »Ich habe meine vergessen.«
Der Mann hielt ihr ein Päckchen Gauloises hin. Aber das Pferd schob geschwind einen Huf in die Halftertasche seines Sattels und zog eine rot- und goldgestreifte Dose hervor. Es öffnete sie. Sie enthielt Strohhalme, die in Form von Zigarillos gedreht und geflochten waren. Es bot der Frau eines dieser Dinger an.
»Das muß ja zum Kotzen sein«, murmelte die Frau.
»Laß dir nichts andrehen«, riet ihr der Mann diskret.
»Nein, danke«, sagte die Frau, »ich rauche lieber Gauloises.«
Das Pferd wendete sich an den Mann, der ablehnte.
»Ich auch. Außerdem rauche ich nicht nach neun Uhr abends.«
Das Pferd sah sie mißtrauisch an. Sie lächelten liebenswürdig zu ihm hin. Die Frau zündete ihre Gauloise an. Der Mann zündete überhaupt nichts an. Das Pferd schlug sich mit dem Schweif die Flanken. Schließlich steckte es seine Dose wieder in die Satteltasche. In diesem Moment fiel der beschwipste Buchhalter auf den Hintern, und die Kellner warfen mit Papierschlangen und machten dabei ein Gesicht, als amüsierten sie sich köstlich.
»Glaubst du nicht«, sagte der Mann, »daß wir mal versuchen könnten, Tante Charlotte anzupumpen?«
»Sie ist so knickig«, sagte die Frau.
»Immerhin, in unserer Lage.«
»Versuch du es«, sagte die Frau. »Sie mag dich gern.«
»Ja, ich weiß. Wie unangenehm. Was für ein Leben.«
Mit ernstem Gesicht wartete das Pferd, bis sie fertig

waren. Nach dieser letzten Interjektion hielt es den Augenblick für gekommen, sich in die Unterhaltung einzumischen.

»Ich habe auch eine Tante«, sagte es verschmitzt. »Und Sie werden jetzt einen mit mir trinken«, fügte es beinahe drohend hinzu.

»Was für«, setzte der Mann an, aber er unterbrach sich, um einen Schluck Wasser zu trinken.

»Sind Sie Houyhnhm?« fragte die Frau liebenswürdig.

Diese Frage schien das Pferd zu entzücken. Von neuem bewegte es seine großen Beine und rollte die Augen.

»Nicht Houyhnhm«, wieherte es. »Nicht Houyhnhm. Ganz und gar nicht Houyhnhm. Raten Sie!«

Und mit glänzendem Blick beugte es sich zu ihnen hinüber, als wären sie eine Metze Hafer gewesen. Oder gar zwei.

»Nicht Houyhnhm«, beharrte es. »Raten Sie.«

Vor dieses Geheimnis gestellt, wußten der Mann und die Frau nicht, was sie antworten sollten.

»Wann könnten wir denn zu ihr gehen?« fragte der Mann die Frau.

»Nein, nein«, rief das Pferd mit freundlichem Lächeln. »Nicht von anderem reden. Raten Sie.«

»Houyhnhm«, sagte der Mann resigniert.

»Nein, nein, nicht Houyhnhm, nicht Houyhnhm.«

»Dann wissen wir es nicht«, sagte der Mann resigniert.

Das Lächeln des Pferdes wurde immer väterlicher.

»Los, suchen Sie schön. Eine berühmte Stadt. Raten Sie. Raten Sie.«

»Es geht uns auf den Hammer«, brummte der Mann zwischen den Zähnen.

Aber das Pferd hatte immer noch sein freundliches Lächeln und zeigte sie immer noch, die seinen, Zähne. Die Frau machte einen Versuch.

»Auteuil?«

»Nein«, rief das Pferd, aufs höchste entzückt von diesem kleinen Spiel.

»Le Tremblay?«

»Nein, nein.«

»Chantilly?«

»Nein, nein, nein.«

Sie zählte andere Rennplätze auf. Aber es war immer nein.

Am Ende sagte der Mann zu dem Pferd, während er sein Glas Wasser austrank:

»Wir wissen es nicht.«

Und zu der Frau:

»Hast du keinen Durst? Willst du nicht ein Glas Wasser?«

»Ich geb' einen für euch aus«, erklärte das Pferd herrisch. »Einen Augenblick noch. Sie also nicht wissen? Ich meine, Sie wissen nicht?«

»Nein«, sagte die Frau.

»Na schön, ich bin aus Troja.«

»Ach«, machten die andern.

»Ich bin Trojaner«, beharrte der Gaul.

»Ach, Trojaner«, sagten die andern.

»Ja, ich bin aus Troja«, wieherte das Pferd höchst angeregt.

»Es ist nicht besoffen«, murmelte der Mann, »es steht unter dem Einfluß von Drogen.«

»Außerdem«, sagte das Pferd aus Troja, »werde ich Ihnen meinen Pedigree zeigen.«

Es warf eines seiner Vorderbeine nach hinten und wühlte in den Halftertaschen seines Sattels. Es zog ein speckiges Notizbuch heraus und begann fieberhaft darin zu blättern. Manche Seiten sahen aus, als seien sie von Pferdeäpfeln befleckt.

»Na, sehen Sie, ich bin in Troja geboren. Aber Papa ist in Saratoga geboren und Mama in Epsom. Sie hatten beide zwei Beine. Ich sagen wollen: jeder zwei Beine. Aber ich habe Vorfahren, die hatten vier.«

»Nein?« machte der Mann zweifelnd.

Er wandte sich an den Barmixer und bestellte zwei Glas Wasser.

»Morgen bist du wieder abgebrannt«, sagte die Frau.

»Und ist das alles für heute?« fragte der Barmixer.

»Ja«, sagte der Mann.

»Halt, halt«, sagte das Pferd zum Barmixer. »Ich geb' einen aus.« Der Barmixer zögerte.

»Dann geben Sie uns wenigstens ein Glas Wasser für zwei«, sagte der Mann.

»Ja, ja«, sagte das Pferd, »nachher werden wir zusammen einen trinken, aber ich noch etwas stellen Sie erraten. Ich will sagen: ich habe Ihnen noch eine Frage zu stellen.«

»Dann fragen Sie schon«, sagte der Mann mit sauersüßem Ausdruck, der sich von den Mundwinkeln angefangen übers ganze Gesicht erstreckte.

Das Pferd steckte seinen Pedigree wieder in die Halftertasche und zog sein rauchbares Heu hervor.

»Nein? Sie rauchen nicht?«

»Nein«, sagten der Mann und die Frau im Chor.

Es quetschte sich ein Zigarillo zwischen die Zähne und hielt es dem Feuerzeug des Barmixers entgegen. Es machte einige kräftige Züge und stieß dann den Rauch an die Decke. Sein Gesichtsausdruck war sanfter geworden, seine Augen schienen sogar eine gewisse Zufriedenheit auszudrücken. Und sogar Angabe. Es fuhr mit folgenden Worten in seiner Rede fort:

»Sie werden natürlich nie meinen Beruf erraten.«

»Sie treiben Sport!« meinte die Frau schüchtern.

»Ein wenig, von Zeit zu Zeit«, antwortete das Pferd friedlich. »Tatsächlich laufe ich hin und wieder ein Rennen, aber nur in den Herren-Rennen. Nein, das ist nicht mein Beruf. Ich bin Student.«

»In Botanik?« fragte der Mann und versuchte angestrengt, irrational zu sein.

»Nicht schlecht, nicht schlecht«, antwortete das Pferd hochtrabend. »Nein, in Genetik!«

»In was?« fragte die Frau.

Der Barmixer war plötzlich interessiert und versuchte sich in das Gespräch einzumischen.

»Der Herr«, sagte er zu dem Pferd, »beschäftigt sich mit Genetik?«

»Ganz richtig.«

Es gab eine kleine Pause. Die Musiker verleibten sich Erfrischungen ein. Der beschwipste Buchhalter war endgültig einem liederlichen Frauenzimmer besinnungslos in die Arme gefallen. Nur ein leises Getöse gab das geistige Leben der anwesenden Personen wieder.

Eine Art gelangweilten Respekts umgab das Pferd. Das darüber höchst zufrieden war. Es begann große Reden zu halten:

»Ja«, sagte es, »das ist eine Wissenschaft, die in ganz besonderem Maße meine Familie betrifft. Stellen Sie sich vor.«

Es warf mit seinen dicken Augen einen Blick in die Runde, um zu sehen, ob man ihm auch zuhörte.

»Stellen Sie sich vor«, fuhr es fort, »daß mein Großpapa ein Zentaur und meine Großmama eine Stute war. Und hier ist nun, nach den Mendelschen Gesetzen, das Ergebnis.«

Und es schlug sich etwas pedantisch mit den Hufen an die Brust.

»Aber«, fügte es stolz hinzu, »ich habe eine Schwester, die zwei Beine hat. Sie ist Tänzerin im Tabarin.«

Es lächelte schlau.

»Man sieht sie vor allem in dem Bild: *Die Schlacht der Amazonen*.«

Es ließ sich Zeit und schickte eine Heurauchwolke zur Decke.

»Sie spielt die Rolle eines Pferdchens.«

Nach einer Weile.

»Das sind so die kleinen Ironien des Lebens«, schloß es.

Der Barmixer lachte entzückt auf.

Der Mann und die Frau versuchten Gesichter zu schneiden.

»Der läßt einen aber zappeln«, brummte der Mann halblaut vor sich hin.

Das feine Ohr des Barmixers fing die Anspielung auf. Er fragte in munterem Ton:

»Na, was darf es sein für die Herrschaften?«

»Ganz richtig, ganz richtig«, wieherte das Pferd und machte wieder verworrene Gebärden mit den Vorderbeinen. Ich geb' einen für euch aus.«

»Was möchtest du trinken?« fragte der Mann die Frau.

Die Frau zögerte ein wenig.

»Einen Gin-Fizz«, sagte sie schließlich.

»Ein Gin-Fizz für die Dame«, bestätigte der Barmixer mit wachsender Begeisterung.

»Für mich auch einen Gin-Fizz«, sagte der Mann.

»Und für den Herrn?« fragte der Barmixer das Pferd.

»Gin-Fizz«, sagte das Pferd.

»Das sind also drei Gin-Fizz«, blökte der Barmixer. Er stürzte sich auf seine Apparate, während das Orchester auf allgemeines Verlangen der weichbehuteten Tänzer wieder ein Walzerpotpourri 1900 in Angriff nahm.

»Du hast recht«, sagte die Frau zu dem Mann, »was anderes bleibt uns nicht übrig. Du mußt Tante Charlotte anpumpen.«

»Ich werde morgen hingehen«, sagte der Mann. »Aber angenehm ist das nicht.«

»Und wie alt schätzen Sie mich?« fragte sie das Pferd.

Sie wandten den Blick nach ihm.

»Vierzig Jahre«, sagte die Frau mit matter Stimme.

»Du bist ja verrückt«, sagte der Mann leise zu ihr. »In dem Alter ist ein Pferd schon längst krepiert.«

Er wandte sich an das Pferd:

»Nein«, sagte er. »Zweieinhalb, drei Jahre.«

»Richtig«, sagte das Pferd zufrieden.

Dann wurde der Ausdruck seines Gesichtes plötzlich eiskalt.

»Aber«, fragte es den Mann, »warum Sie sagen: krepieren?«

»Ich?« antwortete der Mann mit falscher Unschuldsmiene.

»Ja, Sie«, sagte das Pferd. »Warum Sie sagen: krepieren?«

»Ach, ja«, sagte der Mann mit gleichgültigem Gesicht. »Krepieren. Krepieren.«

»Ja, krepieren«, sagte das Pferd.

Es machte große Gebärden mit den Vorderbeinen und wuchtete dann plötzlich einen energischen Schwinger ins Leere. Die Tänzer wichen respektvoll zurück.

»Krepieren«, wieherte es, »Sie haben gesagt krepieren.«

»Ich sprach von Tante Charlotte«, sagte der Mann.

»Aber ja, ganz richtig«, rief die Frau. »Wir sprachen gerade von Tante Charlotte.«

»Die bald krepieren wird«, fügte der Mann hinzu. Und sie lachten verschmitzt.

»Tante Charlotte«, sagte der Mann.

»Die bald krepieren wird«, fügte die Frau hinzu.

Das Pferd hatte sich offensichtlich beruhigt. Es sah sie jetzt mit strengem und ovalem Auge an.

»Hier sind die drei Gin-Fizz für die Herrschaften«, sagte der Barmixer und stellte die Gläser vor die Gäste.

»Nein«, sagte das Pferd.

Mit einem geschickten, aber würdigen Griff seines Hufs zog es die beiden andern Gin-Fizz zu sich heran.

»Alle drei für mich«, sagte es zu dem Barmixer.

Mit ruhigem, majestätischem Gesicht wandte es sich an seine beiden Freunde.

»Tante Charlotte«, erklärte ihm der Mann, »wird bald krepieren.«

Das Pferd gab ihm keine Antwort.

»Und außerdem geht es uns auf den Hammer«, sagte der Mann zu der Frau. »Komm.«

Sie stiegen von ihren Barhockern herunter.

»Guten Abend«, sagte der Barmixer unparteiisch.

»Guten Abend«, antworteten sie.

Sie blieben auf der Türschwelle stehen.

Es hatte zu schneien begonnen.

»Du wirst wieder nasse Füße bekommen«, sagte der Mann.

»Da kann man eben nichts machen«, sagte die Frau.

Sie drehten sich um und sahen das Pferd, das schon zwei Gin-Fizz geschluckt hatte. Das Pferd tat, als sähe es sie nicht. Es trank nun auch noch den dritten. Mit einem Strohhalm.

Sie gingen hinaus.

»Verfluchtes Scheißwetter«, sagte der Mann.

»Mach dir nichts draus«, sagte die Frau.

»Morgen werde ich Tante Charlotte anpumpen«, sagte der Mann.

Maurice D'Haese

Das Pferd

Das Dienstmädchen klopfte leise an, öffnete die Tür einen Spalt und fragte, ob sie auf ihr Zimmer gehen dürfe. Thomas sah kurz von seinem Buch auf, nickte zerstreut und las dann weiter. Aber schon nach ein paar Zeilen ließ seine Aufmerksamkeit nach, und er horchte gespannt auf die Geräusche im Haus. Er hörte, wie das Mädchen ins Badezimmer ging, und wie kurz danach das Wasser durch den Abfluß lief. Dann ging sie in ihr Schlafzimmer, und er hörte sie zu der Ecke gehen, in der ihr kleiner Toilettentisch stand. Jetzt kämmt sie ihr Haar, dachte Thomas, oder sie ist in ihr Spiegelbild vertieft. Oder sie zieht sich vor dem Spiegel aus, um ihre Brüste zu betrachten. Das machte ihn unruhig, für einen Augenblick beschäftigte ihn der Gedanke, was wohl zum Vorschein komme, wenn sie ihre Unterwäsche auszog. Er legte das Buch beiseite, steckte sich eine Zigarette an und stellte sich ans Fenster. Er schob den schweren Vorhang zur Seite und blickte in die Nacht hinaus. Es regnete noch immer, der Rasen vor dem Haus schimmerte im Licht der Laterne, und der Asphalt auf der Straße glänzte vor Nässe. Ein Wagen fuhr in einer grauen Wolke sprühender Tropfen um die Ecke, und seine Reifen verursachten ein klebriges, saugendes Geräusch. Die Scheinwerfer bohrten sich wie zwei glänzende feste Feuermünder durch den Regen. Dann wurde es wieder still auf der Straße, die Nacht war unendlich groß und leuchtend. Das Mädchen ging jetzt zur Mitte des Zimmers, und Thomas hörte, daß sie ihre Schuhe auszog. Er schob den Vorhang wieder zu und setzte sich an den Kamin. Dann knarrte das Bett. Jetzt setzt sie sich auf ihr Bett, um ihre Strümpfe auszuziehen, dachte er, jetzt sitzt sie dort und zieht ihre warmen, nackten Beine in die Höhe. Er nahm wieder sein Buch, doch er konnte nicht lesen, er sah nur warme, nackte Beine, die in einem dunklen Schatten zusammentrafen. Wahrscheinlich saß sie nun dort oben und blickte vor sich hin und dachte an Gott weiß was, und ihr Herz klopfte unruhig und ein Frösteln durchfuhr ihren Körper. Dann hörte er wieder, wie das Bett knarrte, und dann war es totenstill im Haus. Eines Tages werde ich sie zu ihrer Mutter zurückschicken, dachte Thomas, oder es geschieht etwas, und ich stehe nicht mehr für mich ein. Er warf den Zigarettenstummel ins Feuer, schenkte sich ein Glas ein und trank es in einem Zug leer. Dann war im Zimmer alles wieder wie gewöhnlich, und er fing wieder an zu lesen. Die Oktobernacht wehte unruhig um das Haus, und der Regen rauschte auf die abgefallenen Blätter, und dann und wann hörte man das klebrige Saugen eines Wagens auf der Straße. Das Feuer prasselte im Kamin, und ein grüner Zweig knisterte still vor sich hin. Thomas vertiefte sich wieder in sein Buch und hörte und sah nichts mehr.

Da ertönte plötzlich im Vorgarten dicht vor dem Fenster entsetzlich laut und irr das Gewieher eines Pferdes. Wie ein eisiges spöttisches Lachen klang es durch das Haus und endete in einem prustenden Zusammenklappen von kautschukartigen Pferdelippen. Thomas erschrak heftig. Im ersten Augenblick wußte er nicht, wohin mit dem Buch, legte es dann zögernd beiseite und stand langsam auf. Der Kopf tat ihm weh, und er hörte sein Blut wie eine Trommel in den Ohren schlagen. Draußen war es nun wieder still, nur der Regen rauschte gleichmäßig durch die dürren Blätter auf das Gras. Im Haus rührte sich nichts. Sie muß es gehört haben, dachte Thomas, sie schläft noch nicht. Er machte einige Schritte auf das Fenster zu und blieb wieder stehen. Wenn er den Vorhang aufzog, war er von draußen im Licht des Zimmers gut zu sehen, während der andere den Vorteil der Dunkelheit hatte. Er drehte das Licht aus und ging langsam und tastend zum Fenster. Die Dunkelheit war dicht wie eine Decke. Er öffnete den Samtvorhang einen Spalt am Fensterrahmen und blickte hinaus. Draußen war nichts. Der Garten lag verlassen da, und die

Laterne warf einen blassen glimmenden Schein auf den Rasen des Vorgartens und auf den Asphalt der Straße. Der Regen hatte fast aufgehört, nur noch einige Tropfen fielen von der Trauerweide am Tor. Es war ein Pferd, dachte Thomas, es war sicher ein Pferd, obwohl es seit Jahren in der ganzen Gegend hier keine Pferde mehr gab. Er ließ den Vorhang wieder zufallen und drehte das Licht im Zimmer wieder an. Das Mädchen hatte sich wahrscheinlich sehr erschrocken und lag jetzt ängstlich im Bett und horchte. Ich werde zu ihrer Tür gehen, dachte Thomas, und sie fragen, ob sie das verrückte Gewieher gehört hat. Er lief die Treppe hinauf und klopfte zögernd an ihre Tür, doch sie antwortete nicht. Er sagte leise »Maria«, aber es kam keine Antwort. »Hier ist Thomas, Maria«, sagte er, »hast du das Pferd gehört?« Er klopfte noch einmal, aber in ihrem Zimmer blieb es still. Er drückte die Klinke hinunter und öffnete die Tür einen Spalt. Es war dunkel im Zimmer, nicht einmal das Nachtlichtchen brannte. An der Tür drehte er den Schalter an und trat zögernd ein. Das Bett war unangetastet, doch die Kleider des Mädchens lagen auf einem Stuhl, ihre Schuhe standen auf dem kleinen Teppich und Strümpfe und Unterwäsche hingen über dem Bett.

Da bemerkte Thomas, daß das Fenster weit aufstand, und vor lauter Angst mußte er schlucken. Im Fensterrahmen zeigte sich der Körper eines Pferdes, das sich mit seinen Vorderbeinen auf die Fensterbank stemmte und ins Zimmer blickte. Es sah ihn mit seinen großen trübglänzenden Augen unentwegt an, und das Wasser rann ihm in dunklen Streifen den Hals hinunter. Thomas war wie gelähmt, er hielt sich am Türpfosten fest, während er hinter sich nach dem Lichtschalter suchte. Jetzt bemerkte er neben dem Bett das Mädchen. Sie saß splitternackt auf dem Teppich, in sich zusammengekauert und hatte die Hände vor dem Gesicht. Er blickte wieder zum Fenster, und das Pferd stand immer noch unbeweglich dort und starrte ihn an. Ich darf sie hier nicht allein lassen, dachte Thomas, wir müssen hier hinaus. Einen Augenblick noch blieb er zögernd stehen, dann lief er mit weichen Knien auf das Bett zu und hob das Mädchen auf. Er fühlte ihre Brüste

in seinen Händen, als er sie unter den Armen faßte und sie hochhob, doch sie bedeckte immer noch ihr Gesicht und schien nichts wahrzunehmen. »Komm«, flüsterte er ihr ins Ohr, »komm schnell.« Das Pferd hing immer noch unbeweglich im Fenster. Er führte das Mädchen aus dem Zimmer, zog schnell den Schlüssel ab, machte das Licht aus und schloß die Tür von draußen zu. Der Schweiß stand ihm auf der Stirn, und er hörte das Blut in seinen Schläfen hämmern. Das Mädchen nahm die Hände herunter und sah ihn ängstlich und verlegen an. »Komm«, sagte Thomas. Er nahm sie bei der Hand und brachte sie in sein eigenes Zimmer, das zum Garten lag. Ihre Schultern waren warm und schimmernd. Verfluchtes Pferd, dachte Thomas, verdammter schmieriger Teufel. Was das Tier jetzt auch an der Straßenseite des Hauses anstellen mochte, sie ging das nichts mehr an, die Tür war verschlossen, das Licht abgedreht. Er zog die schweren Vorhänge vor das Fenster, und als er sich umdrehte, stand das Mädchen immer noch nackt und verlegen und ängstlich mitten im Zimmer. Thomas gab ihr seine Hausjacke, und sie setzten sich aufs Bett. Er horchte einige Augenblicke in die Nacht hinaus, doch es war wieder still. »Wie ist es eigentlich dorthin gekommen?« fragte er flüsternd. »Ich weiß nicht«, sagte das Mädchen heiser. »Ich machte das Licht aus, da drückte jemand von draußen das Fenster auf und ...« – »Jemand?« fragte Thomas, »du sagst jemand.« – »Das – das Pferd.« – »Still«, sagte Thomas. Er horchte wieder, aber nichts rührte sich. Es stand aufrecht an der Mauer, dachte er, es war unglaublich groß, und es reichte bis an die Fensterbank der ersten Etage. »Du mußt keine Angst haben«, sagte er, »es ist alles dummes Zeug.« – »Wo kommt denn das ... das Tier her?« fragte das Mädchen. Sie war noch immer sehr ängstlich und hatte sich noch ganz und gar nicht beruhigt. »Es muß aus irgendeinem Zirkus entlaufen sein«, sagte Thomas. »Es hat nichts zu bedeuten.« Aber er war sich dessen nicht ganz sicher, die Nacht war plötzlich voller Unruhe und Seltsamkeiten, die leise um das Haus schlichen. Das Mädchen saß neben ihm und blickte ihn mit großen aufmerksamen Augen an und zog die Hausjacke etwas fester um den Hals. Sie ist verteufelt warm, und sie duftet gut, dachte Thomas, wäre nur das verflixte Tier nicht gewesen. Dann überlegte er, daß sie jetzt nicht in ihr Zimmer zurückkehren konnte und wahrscheinlich die Nacht in seinem Bett zubringen mußte. Wenn sie mich wegschickt, werde ich gehen, dachte er, sonst nicht. Vielleicht wollte sie nun auch nicht mehr allein bleiben. »Was wirst du nun tun?« fragte er. »Ich weiß nicht«, sagte das Mädchen erschrocken. Thomas war sich nicht schlüssig. »Du kannst . . .«, sagte er, aber er brachte den Satz nicht zu Ende.

In diesem Augenblick klopfte es heftig und laut, als ob einer mit einem Eisen an das Fenster schlage. Er stockte mitten im Satz, und das Mädchen schrie kurz auf. Sie schmiegte sich an ihn und ergriff seinen Arm. »Sei still«, flüsterte Thomas, »es ist nichts.« Er spürte, wie ihm der Schweiß ausbrach. Dann sprang mit einem steinharten Schlag das Fenster entzwei, hinter dem Vorhang bewegte sich etwas, und dann schob sich ein großer Pferdekopf herein. Die Augen waren blutunterlaufen, und aus den Nüstern stieß er weißen Dampf in das Zimmer. Das Mädchen schrie entsetzlich. Thomas nahm sie wie eine Feder vom Bett hoch und trug sie aus dem Zimmer. Als er auf der Treppe war, hörte er das Pferd laut und wütend schnauben. Er trug sie die Treppe wieder hinunter und brachte sie ins Wohnzimmer. Als er sie auf dem Sofa niedersetzte, öffnete sich seine Hausjacke, aber sie war offenbar zu entsetzt, um darauf zu achten, sie blickte mit großen erschrockenen Augen zum Fenster hinüber, und ihre Hände zitterten. »Es ist nichts«, flüsterte Thomas, »du brauchst dich nicht zu fürchten.« Er sah abwechselnd von dem Fenster zu dem Mädchen und fluchte leise vor sich hin. Wenn dieses widerwärtige Biest nur nicht da wäre, würde er . . . Das Mädchen machte die Hausjacke zu und setzte sich zusammengekauert und klein in eine Ecke des Sofas. Das Pferd verhielt sich jetzt ruhig. Auf der oberen Etage war nichts mehr zu hören. Er horchte angespannt in die Nacht hinaus, doch es war merkwürdig still. Der Regen hatte aufgehört, und auf der Straße war es menschenleer. Nur das ferne ständige Surren der Fabriken am Hafen drang ins Zimmer. Es schien, als ob keine Hilfe mehr zu erwarten wäre. Er würde nun etwas unternehmen müssen, aber er wußte ganz und gar nicht, was er eigentlich tun sollte. »Es wird wohl jetzt fortgehen . . .«, sagte er, um das Mädchen zu beruhigen.

»Und wenn nicht ...«, sagte das Mädchen. »Wenn nicht ... ja, wenn nicht ...«, antwortete Thomas bestürzt. Er konnte versuchen, das Tier zu verjagen, aber es schien äußerst stark und groß und ungewöhnlich schlau zu sein. Er konnte auch abwarten, was geschehen würde, wenn es sich noch einmal zeigte, aber das schien ihm doch zu gewagt, weil das Pferd dann im Vorteil war und angreifen konnte. Sie saßen einige Minuten regungslos da und horchten, doch es geschah nichts. »Es ist wahrscheinlich schon weg«, sagte Thomas. Er tat so, als wäre er geradezu erleichtert, obwohl er ziemlich sicher war, daß das Pferd irgendwo etwas Neues anstellte und jeden Augenblick auf die eine oder andere widerwärtige Art und Weise ins Zimmer einbrechen konnte. »Morgen werden wir das alles mit anderen Augen ansehen«, sagte er. »Aber jetzt ...«, fragte das Mädchen. Jetzt gibt sie mir auch noch die Schuld, dachte Thomas, so sind sie nun einmal. »Wenn du willst, kannst du auf dem Sofa schlafen«, sagte er. »Wir werden das morgen alles untersuchen.« – »Ich werde nicht schlafen können«, sagte das Mädchen, »ich habe Angst.« – »Ich werde hierbleiben«, sagte Thomas. Er wollte sich in seinen Sessel am Kamin setzen, aber sie hielt ihn am Rockärmel fest, so daß er neben sie auf das Sofa fiel. Wenn ich die ganze Nacht hier bei ihr sitzen soll, das ist zu viel für mich, dachte Thomas, da stehe ich nicht für mich ein. Wenn das Pferd nicht wäre, dann sähe es anders aus, aber so wäre es gemein von mir. »Ich bleibe im Zimmer«, sagte Thomas, »du brauchst wirklich keine Angst zu haben.« Aber im Handumdrehen waren seine ehrlichen Absichten verflogen, und er blieb dicht neben ihr auf dem Sofa sitzen. Der Teufel mochte wissen, was sie vorhatte, wenn das Pferd sie nun in Ruhe ließ. Vielleicht war sie gar nicht so ängstlich wie sie vorgab. »Hör mal zu«, sagte Thomas, »wenn das Pferd nun nicht wieder kommt und du so nackt neben mir sitzen bleibst, dann ...« Er hatte erwartet, daß sie ihm irgendeine anzügliche Antwort geben würde, aber sie machte ein verlegenes Gesicht. »Ich kann nicht nach oben gehen, um mich anzuziehen«, sagte sie schüchtern. »Das ist auch nicht nötig«, sagte Thomas. Sie hatte allem Anschein nach keine Ahnung von seiner schwierigen Situation. Er streichelte ihre Hand, aber sie wurde immer verlegener und unruhiger. »Kommt das Pferd jetzt nicht wieder?« fragte sie. »Ich weiß nicht«, sagte Thomas, obwohl er davon überzeugt war, daß das Pferd noch etwas im Schilde führte. Er suchte nach einer Möglichkeit, das Tier unschädlich zu machen, aber er fühlte sich nicht dazu imstande und versuchte diese fatale Angelegenheit abzutun. »Es ist eine merkwürdige Nacht«, sagte das Mädchen. »Ja«, sagte Thomas. Er horchte noch einmal, ob sich nichts rührte, legte dann den Arm um ihre Schultern und flüsterte leise und inbrünstig. »Thomas«, sagte das Mädchen heiser, »hörst du das . . . Thomas.«

Er hob den Kopf. Es scheuerte etwas an der Haustür. Es war ein widerwärtiges kratzendes Geräusch, das nach und nach lauter wurde und zu einem harten Klopfen anwuchs. Die Tür krachte in allen Fugen, und es hörte sich an, als ob jemand mit einer wuchtigen Axt die Tür zersplittert hätte. Die Bretter krachten, und die Späne flogen in die Diele. Das Mädchen wurde totenblaß und begann leise zu weinen. Sie verbarg ihr Gesicht an seiner Brust und zitterte wie ein Vögelchen. »Schnell«, flüsterte Thomas, »steh auf.« Doch sie rührte sich nicht, sie schluchzte nur. »Steh auf, Maria«, wiederholte er, aber sie war wie gelähmt und rührte sich nicht. Er legte ihre Arme um seinen Hals und hob sie wie ein Kind in die Höhe. Während er sie keuchend die Treppe hinauftrug, blickte er sich um und sah nach der Tür, die langsam nachzugeben schien. Die Schläge dröhnten laut und furchtbar durch das ganze Haus, und durch ein Loch in den Brettern sah er die Finsternis der Nacht. Auf dem Treppenabsatz blieb er einen Augenblick ratlos stehen, trug das Mädchen dann in die Rumpelkammer und schloß die Tür. Es war kein Licht in dieser Kammer, und es war dunkel wie in einer Novembernacht. In diesem Augenblick sprang die Haustür mit einem fürchterlichen Krachen aus den Angeln, und das Pferd galoppierte wiehernd in die Diele. Die Hufeisen klirrten auf dem Boden und zertrümmerten die dünnen Bohlen. Sich vorwärts tastend und über allerlei Gerümpel stolpernd trug Thomas das Mädchen in eine Ecke der Kammer, wo ein altes Sofa stand, dort legte er sie nieder. Die Hausjacke war verlorengegangen, und seine Hand fühlte die warme nackte Haut ihres Rückens. Sie lag ganz still da, zitterte und keuchte, und Thomas beugte sich in der Dunkelheit zu ihr nieder, bis seine Lippen ihre Schulter berührten. Das Pferd hatte nun das Wohnzimmer erreicht und trabte durch die offenstehende Tür hinein. Einen Augenblick wurden die Pferdehufe durch den Teppich gedämpft, und dann hörte Thomas, wie das Tier die Stühle umwarf und den schweren Tisch wie eine Streichholzschachtel zerstampfte. Es wieherte und lachte laut und bösartig und trat gegen die Möbel. Eine Weile lauschte Thomas mit unbehaglichem Gefühl diesem höllischen Spektakel, doch allmählich empfand er ihn als etwas völlig Unwirkliches, und er beugte sich wieder zu dem Mädchen hinab. In der undurchdringlichen Dunkelheit tasteten seine Hände nach ihrem Gesicht, und als er ihre Wimpern an seinen Fingerspitzen spürte, streichelte er sie wie ein Kind. Das Mädchen rührte sich nicht, nur ihr Atem streifte wie ein Sommerwind seine Wangen. »Maria«, flüsterte er fast unhörbar, »weißt du, du mußt nicht ängstlich sein, es ist nichts. Nur so konnte es geschehen . . .«

Das Pferd galoppierte schnaubend durch das Haus, hin und wieder fielen Scherben auf den Boden, und mit einem dumpfen Schlag stürzte der schwere Leuchter nieder. »Wir wußten es schon lange, nicht wahr, Maria?« fuhr er flüsternd fort. Sie umklammerte ihn, und er fühlte durch sein Hemd hindurch die harten Hügel ihrer Brüste.

Unten lief das Pferd wie rasend herum und stürmte unheimlich schnaubend und lachend durch das Zimmer. Aber die Geräusche kamen wie von weit her und wurden unwichtig und wesenlos. Ihr Mund war feucht und unendlich gut, und manchmal sagte sie: »Thomas, Thomas«, und er fühlte die Worte in seinem Mund wie Kinderhände. Dann hallte das Gewieher mit ekelhafter Wollust durch das Haus, das Pferd kletterte die Treppe hinauf, und die Hufe hämmerten wie Keulenschläge auf die Stufen.

Gottfried August Bürger

Münchhausen

Der Freiherr von Münchhausen reiset nach Rußland. Verrichtet ein Liebeswerk. Bindet sein Pferd aus Irrtum an eine Kirchturmspitze. Zerschießt den Halfter und bekommt es wieder. Wird von einem Wolfe angefallen. Peitschet ihn in ein Pferd.

Ich trat meine Reise nach Rußland von Haus ab mitten im Winter an, weil ich ganz richtig schloß, daß Frost und Schnee die Wege durch die nördlichen Gegenden von Deutschland, Polen, Kur- und Livland, welche, nach der Beschreibung aller Reisenden, fast noch elender sind als die Wege nach dem Tempel der Tugend, endlich, ohne besondere Kosten hochpreislicher wohlfürsorgender Landesregierungen, ausbessern müßte. Ich reisete zu Pferde, welches, wenn es sonst nur gut um Gaul und Reiter steht, die bequemste Art zu reisen ist. Denn man riskiert alsdann weder mit irgendeinem höflichen deutschen Postmeister eine Affaire d'honneur zu bekommen, noch von seinem durstigen Postillon vor jede Schenke geschleppt zu werden. Ich war nur leicht bekleidet, welches ich ziemlich übel empfand, je weiter ich gegen Nordost hin kam.

Nun kann man sich einbilden, wie bei so strengem Wetter unter dem rauhesten Himmelsstriche einem armen alten Manne zumute sein mußte, der in Polen auf einem öden Anger, über den der Nordost hinschnitt, hilflos und schaudernd dalag und kaum hatte, womit er seine Schamblöße bedecken konnte.

Der arme Teufel dauerte mich von ganzer Seele. Ob mir gleich selbst das Herz im Leibe fror, so warf ich dennoch meinen Reisemantel über ihn her. Plötzlich erscholl eine

Stimme vom Himmel, die dieses Liebeswerk ganz ausnehmend herausstrich und mir zurief:

»Hol' mich der Teufel, mein Sohn, das soll dir nicht unvergolten bleiben!«

Ich ließ das gut sein und ritt weiter, bis Nacht und Dunkelheit mich überfielen. Nirgends war ein Dorf zu hören, noch zu sehen. Das ganze Land lag unter Schnee; und ich wußte weder Weg noch Steg.

Des Reitens müde, stieg ich endlich ab und band mein Pferd an eine Art von spitzem Baumstaken, der über dem Schnee hervorragte. Zur Sicherheit nahm ich meine Pistolen unter den Arm, legte mich nicht weit davon in den Schnee nieder und tat ein so gesundes Schläfchen, daß mir die Augen nicht eher wieder aufgingen, als bis es heller lichter Tag war. Wie groß war aber mein Erstaunen, als ich fand, daß ich mitten in einem Dorfe auf dem Kirchhofe lag! Mein Pferd war anfänglich nirgends zu sehen; doch hörte ich's bald darauf irgendwo über mir wiehern. Als ich nun emporsah, so wurde ich gewahr, daß es an den Wetterhahn des Kirchturms gebunden war und von da herunterhing. Nun wußte ich sogleich, wie ich dran war. Das Dorf war nämlich die Nacht über ganz zugeschneit gewesen; das Wetter hatte sich auf einmal umgesetzt; ich war im Schlafe nach und nach, sowie der Schnee zusammengeschmolzen war, ganz sanft herabgesunken; und was ich in der Dunkelheit für den Stummel eines Bäumchens, der über dem Schnee hervorragte, gehalten, und daran mein Pferd gebunden hatte, das war das Kreuz oder der Wetterhahn des Kirchturms gewesen.

Ohne mich nun lange zu bedenken, nahm ich eine von meinen Pistolen, schoß nach dem Halfter, kam glücklich so wieder an mein Pferd und verfolgte meine Reise.

Hierauf ging alles gut, bis ich nach Rußland kam, wo es eben nicht Mode ist, des Winters zu Pferde zu reisen. Wie es nun immer meine Maxime ist, mich nach dem bekannten: *ländlich sittlich,* zu richten, so nahm ich dort einen kleinen Rennschlitten auf ein einzelnes Pferd und fuhr wohlgemut auf St. Petersburg los. Nun weiß ich nicht mehr recht, ob es in Estland oder in Ingermanland war, so viel aber besinne ich mich noch wohl, es war mitten in einem fürchterlichen Walde, als ich einen entsetzlichen Wolf mit aller Schnelligkeit des gefräßigsten Winterhungers hinter mir ansetzen sah. Er holte mich bald ein; und es war schlechterdings unmöglich, ihm zu entkommen. Mechanisch legte ich mich platt in den Schlitten nieder und ließ mein Pferd zu unserem beiderseitigen Besten ganz allein agieren. Was ich zwar vermutete, aber kaum zu hoffen und zu erwarten wagte, das geschah gleich nachher. Der Wolf bekümmerte sich nicht im mindesten um meine Wenigkeit, sondern sprang über mich hinweg, fiel wütend auf das Pferd, riß ab und verschlang auf einmal den ganzen Hinterteil des armen Tieres, welches vor Schrecken und Schmerz nur desto schneller lief. Wie ich nun auf die Art selbst so unbemerkt und gut davongekommen war, so erhob ich ganz verstohlen mein Gesicht und nahm mit Entsetzen wahr, daß der Wolf sich beinahe über und über in das Pferd hineingefressen hatte. Kaum aber hatte er sich so hübsch hineingezwängt, so nahm ich mein Tempo wahr und fiel ihm tüchtig mit meiner Peitschenschnur auf das Fell. Solch ein unerwarteter Überfall in diesem Futteral verursachte ihm keinen geringen Schreck; er strebte mit aller Macht vorwärts, der Leichnam des Pferdes fiel zu Boden, und siehe! an seiner Statt steckte mein Wolf in dem Geschirre. Ich meines Orts hörte nun noch weniger auf zu peitschen, und wir langten in vollem Galopp gesund und wohlbehalten in St. Petersburg an, ganz gegen unsere beiderseitigen respektiven Erwartungen und zu nicht geringem Erstaunen aller Zuschauer.

Der Baron setzt mit einem Pferde zum Fenster hinein und reitet auf einem Teetische die Schule, ohne weder Kannen noch Tassen zu zerbrechen. Das Pferd wird in zwei Stücke zerschlagen.

Ich gedenke mit dem größten Vergnügen meines vortrefflichen litauischen Pferdes, welches nicht mit Geld zu bezahlen war. Dies bekam ich durch ein Ohngefähr, welches mir

Gelegenheit gab, meine Reitkunst zu meinem nicht geringen Ruhm zu zeigen. Ich war nämlich einst auf dem prächtigen Landsitze des Grafen Przobofsky in Litauen und blieb im Staatszimmer bei den Damen zum Tee, indessen die Herren hinunter in den Hof gingen, um ein junges Pferd von Geblüte zu besehen, welches soeben aus der Stuterei angelangt war. Plötzlich hörten wir einen Notschrei. – Ich eilte die Treppe hinab und fand das Pferd so wild und unbändig, daß niemand sich getraute, sich ihm zu nähern oder es zu besteigen. Bestürzt und verwirrt standen die entschlossensten Reiter da; Angst und Besorgnis schwebte auf allen Gesichtern, als ich mit einem einzigen Sprunge auf seinem Rücken saß und das Pferd durch diese Überraschung nicht nur in Schrecken setzte, sondern es auch durch Anwendung meiner besten Reitkünste gänzlich zu Ruhe und Gehorsam brachte. Um dies den Damen noch besser zu zeigen und ihnen alle unnötige Besorgnis zu ersparen, so zwang ich den Gaul, durch eins der offenen Fenster des Teezimmers mit mir hineinzusetzen. Hier ritt ich nun verschiedene Male bald Schritt, bald Trott, bald Galopp herum, setzte endlich sogar auf den Teetisch und machte da im kleinen überaus artig die ganze Schule durch, worüber sich denn die Damen ganz ausnehmend ergötzten. Mein Rößchen machte alles so bewundernswürdig geschickt, daß es weder Kannen noch Tassen zerbrach. Dies setzte mich bei den Damen und dem Herrn Grafen so hoch in Gunst, daß er mit seiner gewöhnlichen Höflichkeit mich bat, das junge Pferd zum Geschenk von ihm anzunehmen und auf selbigem in dem Feldzuge gegen die Türken, welcher in kurzem unter Anführung des Grafen Münnich eröffnet werden sollte, auf Eroberung auszureiten.

Ein angenehmeres Geschenk hätte mir nun wohl nicht leicht gemacht werden können, besonders da es mir soviel Gutes von einem Feldzuge weissagte, in welchem ich mein erstes Probestück als Soldat ablegen wollte. Ein Pferd, so gefügig, so mutvoll und feurig – Lamm und Bucephal zugleich – mußte mich allezeit an die Pflichten eines braven Soldaten und an die erstaunlichen Taten erinnern, welche der junge Alexander im Felde verrichtet hatte.

Wir zogen, wie es scheint, unter anderen auch in der Absicht zu Felde, um die Ehre der russischen Waffen, welche in dem Feldzuge unter Zar Peter am Pruth ein wenig gelitten hatte, wiederherzustellen. Dieses gelang uns auch vollkommen durch verschiedene, zwar mühselige, aber doch rühmliche Feldzüge, unter Anführung des großen Feldherrn, dessen ich vorhin erwähnte.

Die Bescheidenheit verbietet es Subalternen, sich große Taten und Siege zuzuschreiben, wovon der Ruhm gemeiniglich den Anführern, ihrer Alltagsqualitäten ungeachtet, ja wohl gar verkehrt genug Königen und Königinnen in Rechnung gebracht wird, welche niemals anderes als Musterungspulver rochen, nie außer ihren Lustlagern ein Schlachtfeld, noch außer ihren Wachtparaden ein Heer in Schlachtordnung erblickten.

Ich mache also keinen besonderen Anspruch an die Ehre von unseren größeren Affären mit dem Feinde. Wir taten insgesamt unsere Schuldigkeit, welches in der Sprache des Patrioten, des Soldaten, und kurz des braven Mannes ein sehr viel umfassenderer Ausdruck, ein Ausdruck von sehr wichtigem Inhalt und Belang ist, obgleich der große Haufen müßiger Kannengießer sich nur einen sehr geringen und ärmlichen Begriff davon machen mag. Da ich indessen ein Korps Husaren unter meinem Kommando hatte, so ging ich auf verschiedene Expeditionen aus, wo das Verhalten meiner eigenen Klugheit und Tapferkeit überlassen war. Den Erfolg hiervon, denke ich denn doch, kann ich mit gutem Fug auf meine eigene und die Rechnung derjenigen braven Gefährten schreiben, die ich zu Sieg und Eroberung führte.

Einst, als wir die Türken in Oczakow hineintrieben, ging's bei der Avantgarde sehr heiß her. Mein feuriger Litauer hätte mich beinahe in des Teufels Küche gebracht. Ich hatte einen ziemlich entfernten Vorposten und sah den Feind in einer Wolke von Staub gegen mich anrücken, wodurch ich wegen seiner wahren Anzahl und Absicht gänzlich in Ungewißheit blieb. Mich in eine ähnliche Wolke von Staub einzuhüllen, wäre freilich wohl ein Alltagspfiff gewesen, würde mich aber ebensowenig klüger gemacht als überhaupt der Absicht näher gebracht haben, warum ich vorausgeschickt war. Ich ließ daher meine Flankeurs zur Linken und Rechten auf beiden Flügeln sich zerstreuen und so viel Staub erregen, als sie nur immer konnten. Ich selbst aber ging gerade auf den Feind los, um ihn näher in Augenschein zu nehmen. Dies gelang mir. Denn er stand und focht nur so lange, bis die Furcht vor meinen Flankeurs ihn in Unordnung zurücktrieb. Nun war's Zeit, tapfer über ihn herzufallen. Wir zerstreuten ihn völlig, richteten eine gewaltige Niederlage an und trieben ihn nicht allein in seine Festung zu Loche, sondern auch durch und durch, ganz über und wider unsere blutgierigsten Erwartungen.

Weil nun mein Litauer so außerordentlich geschwind war, so war ich der Vorderste beim Nachsetzen, und da ich sah, daß der Feind so hübsch zum gegenseitigen Tore wieder hinausfloh, so hielt ich's für ratsam, auf dem Marktplatze anzuhalten und da zum Rendezvous blasen zu lassen. Ich hielt an, aber stellt euch, ihr Herren, mein Erstaunen vor, als ich weder Trompeter, noch irgendeine lebendige Seele von meinen Husaren um mich sah. »Sprengen sie etwa durch andere Straßen? Oder was ist aus ihnen geworden?« dachte ich. Indessen konnten sie, meiner Meinung nach, unmöglich fern sein und mußten mich bald einholen. In dieser Erwartung ritt ich meinen atemlosen Litauer zu einem Brunnen auf dem Marktplatze und ließ ihn trinken. Er soff ganz unmäßig und mit einem Heißdurste, der gar nicht zu löschen war. Allein das ging ganz natürlich zu. Denn als ich mich nach meinen Leuten umsah, was meint ihr wohl, ihr Herren, was ich da erblickte? – Der ganze Hinterteil des armen Tieres, Kreuz und Lenden waren fort und wie rein abgeschnitten. So lief denn hinten das Wasser ebenso wieder heraus, als es von vorn hineingekommen war, ohne daß es dem Gaule zugute kam oder ihn erfrischte. Wie das zugegangen sein mochte, blieb mir ein völliges Rätsel, bis endlich mein Reitknecht von einer ganz entgegengesetzten Seite angejagt kam und, unter einem Strome von treuherzigen Glückwünschen und kräftigen Flüchen, mir folgendes zu vernehmen gab. Als

ich *pêle-mêle* mit dem fliehenden Feinde hineingedrungen wäre, hätte man plötzlich das Schutzgatter fallen lassen, und dadurch wäre der Hinterteil meines Pferdes rein abgeschlagen worden. Erst hätte besagter Hinterteil unter den Feinden, die ganz blind und taub gegen das Tor angestürzt wären, durch beständiges Ausschlagen die fürchterlichste Verheerung angerichtet, und dann wäre er siegreich nach einer nahegelegenen Weide hingewandert, wo ich ihn wahrscheinlich noch finden würde. Ich drehte sogleich um, und in einem unbegreiflich schnellen Galopp brachte mich die Hälfte meines Pferdes, die mir noch übrig war, nach der Weide hin. Zu meiner großen Freude fand ich hier die andere Hälfte gegenwärtig, und zu meiner noch größeren

Verwunderung sah ich, daß sich dieselbe mit einer Beschäftigung amüsierte, die so gut gewählt war, daß bis jetzt noch kein *maître des plaisirs* mit allem Scharfsinne imstande war, eine angemessenere Unterhaltung eines kopflosen Subjekts ausfindig zu machen. Mit einem Worte, der Hinterteil meines Wunderpferdes hatte in den wenigen Augenblicken schon sehr vertraute Bekanntschaft mit den Stuten gemacht, die auf der Weide umherliefen, und schien bei den Vergnügungen seines Harems alles ausgestandene Ungemach zu vergessen. Hierbei kam nun freilich der Kopf so wenig in Betracht, daß selbst die Fohlen, die dieser Erholung ihr Dasein zu danken hatten, unbrauchbare Mißgeburten waren, denen alles das fehlte, was bei ihrem Vater, als er sie zeugte, vermißt wurde.

Da ich so unwidersprechliche Beweise hatte, daß in beiden Hälften meines Pferdes Leben sei, so ließ ich sogleich unseren Kurschmied rufen. Dieser heftete, ohne sich lange zu besinnen, beide Teile mit jungen Lorbeersprößlingen, die gerade bei der Hand waren, zusammen. Die Wunde heilte glücklich zu, und es begab sich etwas, das nur einem so ruhmvollen Pferde begegnen konnte. Nämlich die Sprossen schlugen Wurzeln in seinem Leibe, wuchsen empor und wölbten eine Laube über mir, so daß ich hernach manchen ehrlichen Ritt im Schatten meiner sowohl als meines Rosses Lorbeern tun konnte.

Der Baron reitet auf Kanonenkugeln durch die Luft. Setzt mit seinem Pferde durch eine Kutsche. Reißt sich nebst seinem Pferde selbst an seinem Haarzopfe aus einem Morast.

Einem Manne, meine Herren, der einen Gaul, wie mein Litauer war, zu reiten vermochte, können Sie auch wohl noch ein anderes Voltigier- und Reiterstückchen zutrauen, welches außerdem vielleicht ein wenig fabelhaft klingen möchte. Wir belagerten nämlich, ich weiß nicht mehr welche Stadt, und dem Feldmarschall war ganz erstaunlich viel an genauer Kundschaft gelegen, wie die Sachen in der Festung stünden. Es schien äußerst schwer, ja fast unmöglich, hineinzugelangen; auch war kein tüchtiges Subjekt vorhanden, wodurch man so etwas glücklich auszurichten hätte hoffen können. Vor Mut und Diensteifer fast ein wenig allzu rasch, stellte ich mich neben eine der größten Kanonen, die soeben nach der Festung abgefeuert ward, und sprang im Hui auf die Kugel, in der Absicht, mich in die Festung hineintragen zu lassen. Als ich aber halbweges durch die Luft geritten war, stiegen mir allerlei nicht unerhebliche Bedenklichkeiten zu Kopfe. »Hum«, dachte ich, »hinein kommst nun wohl, allein wie hernach sogleich wieder heraus? Und wie kann's dir in der Festung ergehen? Man wird dich sogleich als einen Spion erkennen und an den nächsten Galgen hängen.« Nach diesen und ähnlichen Betrachtungen entschloß ich mich kurz, nahm die glückliche Gelegenheit wahr, als eine Kanonenkugel aus der Festung einige Schritte weit von mir vorüber nach unserem Lager flog, sprang von der meinigen auf diese hinüber und kam, zwar unverrichteter Sache, jedoch wohlbehalten bei den lieben Unserigen wieder an.

So leicht und fertig ich im Springen war, so war es auch mein Pferd. Einst setzte ich hinter einem Hasen her, der querfeldein über die Heerstraße lief. Eine Kutsche mit zwei schönen Damen fuhr gerade zwischen mir und dem Hasen vorbei. Mein Gaul setzte so schnell und ohne Anstoß mitten durch die Kutsche hindurch, wovon die Fenster aufgezogen waren, daß ich kaum Zeit hatte, meinen Hut abzuziehen und die Damen wegen dieser Freiheit untertänigst um Verzeihung zu bitten.

Ein anderes Mal wollte ich über einen Morast setzen, der mir anfänglich nicht so breit vorkam, als ich ihn fand, da ich mitten im Sprunge war. Schwebend in der Luft wendete ich daher wieder um, wo ich hergekommen war, um einen größeren Anlauf zu nehmen. Gleichwohl sprang ich auch zum zweiten Male noch zu kurz und fiel nicht weit vom anderen Ufer bis an den Hals in den Morast. Hier hätte ich unfehlbar umkommen müssen, wenn nicht die Stärke meines eigenen Armes mich an meinem eigenen Haarzopfe, samt dem Pferde, welches ich fest zwischen meine Knie schloß, wieder herausgezogen hätte.

Jonathan Swift

Eine Reise in das Land der Houyhnhnms

(Auszug)

*Der Verfasser wird in einem unbekannten Lande ans Ufer gesetzt.
Er reist in das Innere des Landes.
Beschreibung der Yahoos, einer sonderbaren Tierart.
Der Verfasser begegnet zwei Houyhnhnms.*

Am 9. Mai 1711 kam ein gewisser James Welch in meine Kajüte und sagte, er habe vom Kapitän Befehl, mich ans Ufer zu setzen. Ich machte ihm Vorstellungen, jedoch vergeblich. Er wollte mir nicht einmal sagen, wer denn der neue Kapitän sei. Man zwang mich, das Beiboot zu besteigen, erlaubte mir, meinen besten Anzug anzulegen, der noch so gut wie neu war, ein Bündel Wäsche, aber keine Waffen mitzunehmen, mit Ausnahme meines Hirschfängers. Auch erwiesen sie mir die Höflichkeit, meine Taschen nicht zu durchsuchen, worin ich mein Geld und kleine Gebrauchsgegenstände trug. Sie ruderten ungefähr eine Stunde und setzten mich dann auf einem Strande aus. Ich bat sie, mir zu sagen, in welchem Lande ich mich befände. Sie schworen jedoch, dies ebensowenig zu wissen wie ich. Der Kapitän (wie sie ihn nannten) habe beschlossen, sobald die Ladung verkauft sei, sich meiner sogleich zu entledigen, wenn man Land entdecken werde. Sie rieten mir zu eilen, stießen, ohne zu zögern, ab, damit sie von der Flut nicht überrascht würden, und sagten mir Lebewohl.

In diesem traurigen Zustand ging ich vorwärts und kam bald auf festen Boden, wo ich mich auf eine Erhöhung niedersetzte, um auszuruhen und zu überlegen, was ich am zweckmäßigsten beginnen könne. Als ich mich ein wenig erholt hatte, ging ich in das Innere des Landes und beschloß, mich den ersten Wilden, die ich anträfe, auszuliefern und mit Armbändern, Glasringen und anderem Spielzeug, womit sich die Seefahrer auf solchen Reisen zu versehen pflegen und wovon ich einiges bei mir trug, mein Leben zu erkaufen. Das Land war von langen Reihen von Bäumen, die jedoch nicht regelmäßig gepflanzt waren, sondern natürlich wuchsen, durchzogen; auch befanden sich dort sehr viele Wiesen und mehrere Haferfelder. Ich ging sehr vorsichtig weiter, aus Furcht, überrascht oder von der Seite oder von hinten mit Pfeilen beschossen zu werden. So gelangte ich auf einen betretenen Pfad, wo ich viele Spuren von Menschenfüßen und auch von Kühen sah, am meisten jedoch solche von Pferden. Schließlich sah ich auf einem Felde mehrere Tiere und eines oder zwei derselben Art auch auf einem Baum. Ihre Gestalt war sehr sonderbar und häßlich, so daß ich ein wenig aus der Fassung kam und mich hinter einen Busch legte, um sie besser beobachten zu können. Einige kamen der Stelle näher, wo ich lag, und boten mir dadurch Gelegenheit, ihre Gestalt besser zu erkennen. Kopf und Brust waren mit dichtem Haar besetzt, teils gelockt und teils strähnig herabhängend. Sie hatten Bärte wie Ziegen, einen langen Haarstreifen auf dem Rücken und an den vorderen Teilen ihrer Beine und Füße; der übrige Teil ihres Körpers war kahl, so daß ich die Haut erkennen konnte, die von schmutzigdunklem Braun war. Sie waren nicht geschwänzt und hatten auch kein Haar am Hintern, außer um den After herum. Die Natur hatte, so vermutete ich, diesen Körperteil mit Haaren versehen, um sie zu schützen, wenn sie sich auf die Erde setzten, denn ich sah, daß diese Geschöpfe sich häufig auf den Boden hockten, aber auch niederlegten oder auf den Hinterfüßen standen. Sie erklommen hohe Bäume so behend wie Eichhörnchen, denn sie besaßen vorne und hinten starke und lange Klauen, die in scharfen Krallen endeten. Sie pflegten mit wunderbarer Behendigkeit zu hüpfen und zu springen. Die Weibchen waren nicht so groß wie die Männchen: sie hatten lang herabhängendes Haar auf dem Kopfe und nur eine Art Flaum auf dem übrigen Körper, ausgenommen an After und Scham. Ihre Brüste hingen ihnen zwischen den Vorderpfoten herab und erreichten beim Laufen fast den Boden. Das Haar beider Geschlechter war von verschiedenen Farben, braun, rot, schwarz und gelb. Im ganzen sah ich auf allen meinen Reisen niemals ein so widerliches Tier oder eines, gegen das ich eine ähnliche Abneigung empfunden hätte. Da ich genug gesehen zu haben vermeinte, stand ich voll Verachtung und Abscheu auf und ging auf dem betretenen Weg weiter, da ich hoffte, er werde mich zu der Hütte eines Indios führen. Ich war noch nicht weit gegangen, als ich mich einem jener Geschöpfe, welches geraden Weges auf mich zukam, genau gegenüber sah. Als das häßliche Ungeheuer mich erblickte, verzerrte es alle Züge seines Gesichtes und starrte mich an, als habe es einen ähnlichen Gegenstand noch nie gesehen; dann kam es näher und hob seine Vorderpfoten in die Höhe, vielleicht aus Neugier, vielleicht auch aus Bosheit. Ich aber zog meinen Hirschfänger und gab ihm einen derben Schlag mit der flachen Klinge. Mit der Schneide wagte ich nicht zu schlagen, denn ich besorgte, die Einwohner möchten gegen mich aufgereizt werden, wenn sie erführen, ich hätte ein Stück ihres Viehes getötet oder verstümmelt. Als das Tier den Schmerz empfand, fuhr es zurück und brüllte so laut, daß eine Herde von wenigstens vierzig Stück vom nächsten Felde herüberkam und mich umringte, wobei sie laut heulten und mir boshafte Gesichter schnitten. Ich aber lief auf einen Baumstamm zu, lehnte meinen Rücken dagegen und wehrte die Tiere durch das Schwingen meines Hirschfängers ab. Mehrere dieser verfluchten Brut konnten jedoch die hinteren Zweige ergreifen, sprangen auf den Baum und beschmutzten meinen Kopf mit ihrem Kot; ich kam übrigens noch gut davon, denn ich drückte mich dicht an den Stamm, ward aber beinahe von dem Gestank des Kotes erstickt, der an allen Seiten neben mir herabfiel.

Mitten in meiner Not bemerkte ich plötzlich, wie sie alle, so schnell sie konnten, davonliefen. Hierauf wagte ich es, den Baum zu verlassen und den Weg weiter zu verfolgen, voll Erstaunen, was jene Tiere wohl so erschreckt haben könnte. Als ich aber nach links blickte, sah ich ein Pferd, das langsam über ein Feld ging; dieses Tier, das meine

Verfolger schon früher entdeckt hatten, war die Ursache ihrer Flucht. Das Pferd fuhr ein wenig zurück, als es mich bemerkte, erholte sich jedoch bald von seinem Schrecken und sah mir mit deutlichen Zeichen des Erstaunens ins Gesicht. Es besah meine Hände und Füße und ging mehrere Male um mich herum. Ich wollte meinen Weg verfolgen; es stellte sich mir jedoch in den Weg, obgleich mit sehr sanftem Gesichtsausdruck und ohne die geringste Neigung zur Gewalttätigkeit zu zeigen. Wir blieben stehen, indem wir eine Zeitlang einander ansahen; schließlich war ich so kühn, meine Hand zu seinem Halse zu erheben, in der Absicht, es zu streicheln, und pfiff dabei, wie dies Reitknechte zu tun pflegen, wenn sie es mit einem fremden Pferd zu tun haben. Dies Tier aber schien meine Freundlichkeit mit Verachtung aufzunehmen, schüttelte sein Haupt, senkte seine Brauen und erhob sanft seinen Vorderfuß, um meine Hand fortzuschieben. Alsdann wieherte es drei- oder viermal, jedoch jedesmal in so verschiedenem Tonfall, daß ich auf den Gedanken kam, es spreche mit sich selbst in einer ihm eigentümlichen Sprache.

Als wir beide uns auf diese Weise miteinander abgaben, kam ein zweites Pferd hinzu. Dies begann sich in einer sehr förmlichen Weise an das andere zu wenden; alsdann berührten sie sanft ihre Vorderhufe, wieherten abwechselnd mehrere Male und veränderten dabei den Ton so, daß es beinahe artikuliert klang. Sie gingen einige Schritte zurück, als wollten sie sich miteinander beraten, spazierten nebeneinander her, rückwärts und vorwärts, wie Personen, die sich über eine wichtige Angelegenheit unterhalten, wobei sie häufig ihre Blicke zu mir hinwendeten, als wollten sie mich bewachen, damit ich nicht entwischte. Ich erstaunte, ein solches Benehmen bei unvernünftigen Tieren zu bemerken, und dachte bei mir selbst, wenn die Einwohner dieses Landes einen entsprechenden Grad von Vernunft besäßen, so müßten sie das weiseste Volk der Erde sein. Dieser Gedanke gab mir so viel Trost, daß ich beschloß, weiterzugehen, bis ich ein Haus oder ein Dorf entdecken oder mit den Eingeborenen zusammentreffen würde, und die beiden Pferde sich nach Belieben miteinander unterhalten zu lassen. Das erste Pferd jedoch, ein Apfelschimmel, wieherte, als ich mich fortstehlen wollte, in so ausdrucksvollem Tone, daß ich glaubte, seinen Willen zu verstehen; ich drehte mich also um und ging wieder auf das Tier zu, um seine ferneren Befehle zu erwarten, wobei ich jedoch meine Furcht so gut wie möglich zu verbergen suchte. Ich begann nämlich Besorgnis zu fühlen, wie dies Abenteuer enden werde, und der Leser wird leicht glauben, daß ich mit meiner gegenwärtigen Lage nicht sehr zufrieden war.

Die beiden Pferde kamen mir näher und besahen sehr ernsthaft mein Gesicht und meine Hände. Das graue rieb meinen Hut mit dem Vorderhuf und verrückte ihn so sehr, daß ich genötigt war, ihn abzunehmen, um ihn wieder richtig aufzusetzen, worauf beide (das andere Pferd war kastanienbraun) sehr ernst schienen. Das letztere befühlte meinen Rockschoß, und als es fand, daß dieser locker um mich herumhing, sahen mich beide mit neuen Zeichen der Verwunderung an. Es streichelte meine rechte Hand und schien die Zartheit und Farbe derselben zu bewundern, drückte sie aber so stark zwischen Huf und Fesselgelenk, daß ich aufzuschreien genötigt wurde, worauf sie mich mit größtmöglicher Zartheit behandelten. Sie kamen auch sehr in Verlegenheit über meine Schuhe und Strümpfe, die sie oft befühlten, während sie einander unter allerlei Gesten zuwieherten, die denen eines Philosophen glichen, der ein neues und schwieriges Problem lösen will.

Im ganzen war das Benehmen dieser Tiere so ordentlich und vernünftig, so scharfsinnig und klug, daß ich zuletzt daraus schließen mußte, es seien Zauberer, die sich zu irgendeinem Zweck verwandelt und beschlossen hätten, sich mit irgendeinem Fremden, den sie unterwegs träfen, einen Scherz zu machen, vielleicht waren sie wirklich erstaunt über den Anblick eines Menschen, der sich in Kleidung, Gesichtszügen und Farbe so sehr von jenen Menschen unterschied, die in diesem entfernten Lande wohnen mochten. Infolge dieses Schlusses wagte ich es, sie folgendermaßen anzureden: »Meine Herrn, wenn Sie Zauberer sind, wie ich zu vermuten Ursache habe, so müssen

Sie jede Sprache verstehen können. Ich bin darum so frei, Euer Gnaden wissen zu lassen, daß ich ein armer, unglücklicher Engländer bin, der durch Unglück an Ihre Küste verschlagen wurde. Deshalb bitte ich einen von Ihnen, mich auf seinem Rücken reiten zu lassen, als wären Sie wirkliche Pferde, und mich zu einem Hause oder zu einer Stadt zu bringen, wo ich Hilfe finden kann. Als Belohnung für diese Gefälligkeit werde ich Ihnen dieses Messer und dieses Armband geben.« Und ich nahm beides aus meiner Tasche. Die beiden Geschöpfe schwiegen, während ich sprach, schienen mir jedoch mit großer Aufmerksamkeit zuzuhören. Als ich geendet hatte, wieherten sich beide mehrere Male zu, als wären sie in ein ernsthaftes Gespräch vertieft. Ich bemerkte deutlich, daß ihre Sprache die Leidenschaften sehr gut ausdrückt und daß die Wörter in ein Alphabet aufgelöst werden konnten, das bei weitem einfacher sein mußte als das chinesische.

Ich konnte häufig das Wort Yahoo unterscheiden, welches mehrere Male von ihnen wiederholt wurde, und obgleich es mir unmöglich war, die Bedeutung zu erraten, so bemühte ich mich, während die beiden Pferde sich miteinander unterhielten, es mit meiner Zunge zu üben. Sobald sie schwiegen, rief ich also kühn mit lauter Stimme: »Yahoo«, indem ich zugleich, so gut wie möglich, das Wiehern eines Pferdes nachahmte. Hierüber schienen beide sehr erstaunt, und der Grauschimmel wiederholte mir das Wort zweimal, als wolle er mich den richtigen Akzent lehren. Ich sprach es ihm so gut wie möglich nach und fand, daß ich mich jedesmal verbesserte, obgleich ich von der Vollkommenheit noch weit entfernt war. Alsdann machte der Braune mit mir den Versuch hinsichtlich eines zweiten Wortes, welches noch schwerer auszusprechen war; um es durch unsere Orthographie auszudrücken, werde ich es Houyhnhnm schreiben müssen. Dieses Wort gelang mir nicht so gut wie das erste; nach zwei oder drei Versuchen hatte ich jedoch mehr Glück, und beide schienen über meine Fähigkeit erstaunt zu sein.

Nach einem weiteren Gespräch, von dem ich vermutete, daß es sich auf mich bezog, nahmen die beiden Freunde voneinander Abschied, indem sie sich, wie zuvor, die Hufe reichten. Das braune Pferd gab mir ein Zeichen, ich solle ihm vorangehen, und ich hielt es für geraten, ihm zu gehorchen, bis ich einen besseren Führer finden würde. Als ich anfing, etwas langsamer zu gehen, schrie es: »Hhuun! Hhuun!« Ich erriet seinen Willen und gab ihm so gut wie möglich zu verstehen, ich sei müde und könne nicht schneller gehen, worauf es stehenblieb, um mich ausruhen zu lassen.

Der Verfasser wird von einem Houyhnhnm in sein Haus geführt.
Beschreibung des Hauses. Aufnahme des Verfassers.
Die Nahrung der Houyhnhnms. Der Verfasser kommt in Not wegen Mangels an Speise, wird aber zuletzt daraus erlöst.
Seine Ernährungsweise in diesem Lande.

Als wir ungefähr drei Meilen gegangen waren, kamen wir zu einer Art von Haus, das aus eingerammten und durch Flechtwerk verbundenen Balken bestand. Das Dach war niedrig und mit Stroh bedeckt. Ich faßte somit wieder einigen Mut und zog einiges Spielzeug, das die Reisenden als Geschenke für Wilde in Amerika und in anderen Erdteilen mitzubringen pflegen, aus der Tasche, denn ich hoffte, die Bewohner des Hauses würden dadurch bewogen werden, mich freundlich aufzunehmen. Das Pferd gab mir ein Zeichen, als erster hineinzugehen; ich kam in einen sehr großen Raum mit einem Lehmboden und mit Trögen und Krippen, die sich an der Wand hinzogen. Ich sah dort drei Hengste und zwei Stuten, die jedoch nicht fraßen. Einige von ihnen saßen zu meinem Erstaunen auf ihren Schenkeln; noch mehr aber wunderte ich mich, als ich sah, daß die übrigen sich mit der Haushaltung beschäftigten, obgleich sie nur gewöhnliches Vieh waren. Dies bestätigte meine Vermutung, ein Volk, welches unvernünftige Tiere so sehr zu zivilisieren verstehe, müsse notwendig alle Nationen der Welt an Weisheit übertreffen. Der Grauschimmel kam gleich hinter mir herein und verhinderte dadurch eine schlimme Behandlung, die ich vielleicht von den andern hätte erleiden können. Er wieherte mehrere Male in befehlendem Tone und erhielt auch Antwort.

Außer diesem Raume befanden sich in dem Hause noch drei andere, die sich über die ganze Länge des Gebäudes erstreckten und in die man, ganz nach Art einer Zimmerflucht, durch drei gegenüberliegende Türen gelangte. Wir gingen durch den zweiten Raum zum dritten. Hier trat der Grauschimmel zuerst ein, indem er mir winkte zu warten. Ich blieb im zweiten Raume und hielt meine Geschenke für den Herrn und die Herrin des Hauses bereit. Sie bestanden aus zwei Messern, drei Armbändern aus falschen Perlen, einem kleinen Spiegel und einem Halsband aus gläsernen Kugeln. Das Pferd wieherte zwei- oder dreimal, und ich erwartete eine Menschenstimme als Erwiderung zu hören, vernahm jedoch nur Antworten in derselben Sprache und ein paar Töne, die ein wenig schriller klangen; deshalb dachte ich, dies Haus gehöre einer Person von Ansehen unter diesem Volke, weil so viele Zeremonien gemacht wurden, bevor ich Zutritt erhielt. Der Umstand, daß ein Mann von Stande nur durch Pferde bedient werden sollte, ging jedoch über meinen Verstand, und ich besorgte, mein Gehirn sei durch mein Unglück und meine Leiden verwirrt worden; ich raffte mich auf und sah mich in dem Raume um, wo ich allein gelassen war; der Raum war mit den gleichen Möbeln ausgestattet wie der erste, jedoch bei weitem eleganter. Ich rieb mir die Augen, allein ich sah stets nur die gleichen Gegenstände. Ich kniff mir in die Arme und die Seiten, um mich zu wecken, denn ich hoffte, alles sei nur ein Traum. Dann kam ich zu dem Schluß, der ganze Schein könne nur durch Zauberei und Magie bewirkt sein. Ich hatte jedoch keine Zeit, meine Gedanken weiter zu verfolgen; denn der Grauschimmel kam aus der Tür und gab mir ein Zeichen, ihm in den dritten Raum zu folgen, wo ich eine sehr schöne Stute mit zwei Füllen sah, die mit ihren Hinterfüßen auf recht geschickt geflochtenen und vollkommen reinen Strohmatten saßen.

Nachdem ich eingetreten war, erhob sich die Stute, trat nahe an mich heran, untersuchte genau mein Gesicht und meine Hände und warf mir einen im höchsten Grade verächtlichen Blick zu; alsdann wandte sie sich zu dem Hengste, und ich hörte, wie das Wort Yahoo von beiden häufig ausgesprochen wurde. Die Bedeutung desselben konnte ich aber noch nicht verstehen, obgleich es das erste war, dessen Aussprache ich erlernt hatte. Allein bald wurde ich zu meiner ewigen Demütigung darüber unterrichtet. Der Hengst winkte mir mit dem Kopfe und wiederholte mir wie unterwegs das Wort hhuun! hhuun!, was ich bereits verstand und womit er andeutete, ich solle ihm folgen. Alsdann führte er mich in den Hof, wo ein anderes Gebäude in einiger Entfernung vom Hause stand. Wir traten ein, und ich sah drei dieser scheußlichen Kreaturen, die ich nach meiner Landung zuerst angetroffen hatte; sie fraßen Wurzeln und das Fleisch von Hunden und Eseln und bisweilen auch von krepierten Kühen. Mit dem Halse waren sie durch starke Weidenruten an einen Balken gebunden. Sie hielten ihre Nahrung mit den Vorderpfoten und zerrissen sie mit ihren Zähnen.

Das Herr-Pferd befahl einem Rotfuchs, der sein Diener war, das größte dieser Tiere loszubinden und in den Hof zu bringen. Die Bestie und ich wurden dicht nebeneinandergestellt und unsere Gesichtszüge sowohl vom Herrn als auch vom Diener aufmerksam verglichen, worauf sie beide das Wort Yahoo mehrere Male wiederholten. Ich kann meinen Abscheu und mein Erstaunen nicht beschreiben, als ich in diesem verabscheuungswürdigen Tiere eine vollkommen menschliche Gestalt erblickte. Das Gesicht war zwar flach und breit, die Nase eingedrückt, die Lippen wulstig und der Mund sehr groß. Diese Unterschiede von unserer Gesichtsbildung sind aber allen wilden Völkern gemein, die ihre Kinder auf dem Boden umherkriechen lassen oder sie auf dem Rücken tragen, so daß sie ihr Gesicht gegen die Schultern der Mutter drücken. Die Vorderpfoten des Yahoo unterschieden sich von meinen Händen nur durch die Länge der Nägel, durch die Rauheit und Bräune der Handflächen und durch den behaarten Rükken. Die gleiche Ähnlichkeit bestand zwischen unsern Füßen, wie ich sehr wohl wußte, die Pferde jedoch nicht ahnten, weil ich Schuhe und Strümpfe trug. Ebenso war es mit allen anderen Teilen unseres Körpers, mit Ausnahme der Behaarung und der Hautfarbe, die ich schon beschrieben habe.

Die größte Schwierigkeit, die sich den beiden Pferden zu bieten schien, bestand darin, daß sie meinen Körper von dem des Yahoo so sehr unterschieden fanden. Dies verdankte ich meinen Kleidern, von denen sie keinen Begriff hatten. Der Fuchshengst bot mir eine Wurzel, die er nach Art der Houyhnhnms, die ich an passender Stelle beschreiben werde, zwischen seinem Huf und dem Hufgelenk hielt; ich nahm sie in meine Hand, roch daran und gab sie so höflich, wie es mir möglich war, wieder zurück. Alsdann brachte er aus dem Stall des Yahoos ein Stück Eselsfleisch; es stank aber so furchtbar, daß ich es mit Ekel zurückwies. Hierauf warf er es dem Yahoo zu, der es mit Gier verschlang. Dann zeigte er mir ein Bündel Heu und einen Kübel voll Hafer, allein ich schüttelte den Kopf, um anzudeuten, beides sei kein Futter für mich. Und ich fürchtete wirklich schon Hungers sterben zu müssen, wenn ich kein Individuum meiner Gattung fände; denn was die schmutzigen Yahoos betraf, so muß ich gestehen, daß ich nie so in jeder Hinsicht verabscheuungswürdige Geschöpfe gesehen habe, obgleich es damals nur wenige gab, welche die Menschheit so liebten wie ich. Je öfter ich ihnen nahe kam, solange ich im Lande blieb, desto verhaßter sind sie mir geworden. Dies bemerkte das Herr-Pferd aus meinem Benehmen und schickte deshalb den Yahoo in seinen Stall zurück. Alsdann legte es seinen Vorderhuf an den Mund, worüber ich sehr erstaunte, obgleich es diese Bewegung ungezwungen und ganz natürlich ausführte; zugleich gab es mir auch durch andere Zeichen zu verstehen, ich möge andeuten, was ich zu essen wünsche. Ich konnte ihm aber keine Antwort geben, die es zu begreifen vermochte, und wäre dies auch der Fall gewesen, so sah ich doch keine Möglichkeit, mir irgendeine Nahrung zu verschaffen. Während wir uns so gegenseitig verständlich zu machen suchten, bemerkte ich, daß eine Kuh vorbeiging; ich zeigte auf diese und drückte meinen Wunsch aus, sie melken zu dürfen. Dies hatte Wirkung. Das Pferd führte mich ins

Haus zurück und befahl einer Dienst-Stute, mir ein Zimmer zu öffnen, wo ein ziemlicher Vorrat von Milch in irdenen und hölzernen Gefäßen, reinlich verwahrt war. Die Magd gab mir hierauf eine große Schale voll Milch, die ich mit großem Appetit trank und die mich sehr erfrischte.

Gegen Mittag sah ich eine Art Fuhrwerk, einem Schlitten ähnlich, das von vier Yahoos gezogen wurde, auf das Haus zukommen; darin befand sich ein altes Pferd, welches eine Person von Stande zu sein schien. Es stieg mit den Hinterfüßen herunter, da es sich unglücklicherweise am linken Vorderfuße verletzt hatte. Es wollte mit unserm Pferde zu Mittag speisen und wurde von diesem mit großer Höflichkeit empfangen. Sie speisten im besten Zimmer und erhielten als zweiten Gang Hafer in Milch gekocht. Das alte Pferd aß diese Speise warm, die übrigen aber kalt. Die Tröge wurden in Kreisform aufgestellt und in mehrere Abteilungen geschieden. Die Pferde saßen davor mit ihren Hinterschenkeln auf Strohbündeln. In der Mitte befand sich eine große Krippe mit Winkeln, die jeder Abteilung der Tröge entsprach, so daß jedes Pferd sein ihm zustehendes Heu nebst dem Gemisch von Milch und Hafer sehr anständig und in Ruhe aß. Das Benehmen der männlichen und weiblichen Füllen war sehr bescheiden und das des Herren und seiner Gemahlin außerordentlich heiter und gefällig gegen den Gast. Der Apfelschimmel befahl mir, mich an seine Seite zu stellen; er und sein Freund unterhielten sich lange über mich, wie ich aus den Blicken des Fremden und aus der häufigen Wiederholung des Wortes Yahoo bemerken konnte.

Ich trug zufällig meine Handschuhe. Als dies das Herr-Pferd bemerkte, schien es sehr erstaunt und gab mir durch Zeichen seine Verwunderung zu verstehen, was ich mit meinen Händen angefangen habe; er legte seinen Huf drei- oder viermal auf meine Hände, als wolle er mir andeuten, ich solle ihnen die frühere Form wiedergeben. Dies tat ich auch; denn ich zog sogleich meine Handschuhe aus und steckte sie in die Tasche. Dies veranlaßte ein weiteres Gespräch, und ich sah, daß die Gesellschaft mit meinem Betragen zufrieden war. Auch bemerkte ich bald die guten

Folgen. Mir wurde befohlen, die wenigen Worte, die ich verstand, auszusprechen. Während die Gesellschaft bei Tische saß, lehrte mich der Herr die Namen für Hafer, Milch, Feuer, Wasser und einige andere Gegenstände, diese konnte ich sehr bald ihm nachsprechen, da ich von früher Jugend an viel Gewandtheit im Erlernen fremder Sprachen besessen habe.

Als das Mittagessen vorbei war, nahm das Herr-Pferd mich beiseite und gab mir durch Zeichen und Worte zu verstehen, es tue ihm sehr leid, daß ich nichts zu essen habe. Hafer wird in der Sprache der Houyhnhnms Hlunnh genannt. Obgleich ich diese Speise zuerst zurückgewiesen hatte, so fiel mir doch gleich darauf ein, ich könne vielleicht daraus eine Art Brot machen, das nebst der Milch genügen würde, mich am Leben zu erhalten, bis ich in ein anderes Land und zu Geschöpfen meines eigenen Geschlechts fliehen könne. Das Pferd befahl sogleich einer weißen Magd-Stute aus seinem Hause, mir eine genügende Menge Hafer in einer Art hölzernen Mulde zu bringen. Dieses Getreide erhitzte ich so gut wie möglich am Feuer, bis die Hülsen absprangen, worauf ich diese mit vieler Mühe vom Korn zu scheiden suchte; letzteres mahlte und zerquetschte ich zwischen zwei Steinen, vermischte es mit Wasser und machte daraus einen Teig oder Brei, den ich am Feuer röstete und warm mit Milch aß. Anfänglich schien mir dies eine sehr unschmackhafte Speise, obgleich sie in vielen Teilen Europas weit verbreitet ist; sie wurde mir aber mit der Zeit erträglich, und da ich schon oft in meinem früheren Leben zu magerer Kost genötigt gewesen war, so beobachtete ich hier nicht zum erstenmal, wie leicht man die Natur befriedigen kann. Auch muß ich erwähnen, daß ich mich nie auch nur eine Stunde lang krank gefühlt habe, solange ich auf der Insel blieb. Allerdings fing ich mir auch mit Schlingen aus Yahoo-Haar mit vieler Mühe bisweilen Kaninchen oder Vögel; oft auch sammelte ich heilkräftige Kräuter, die ich kochte und als Salat zum Brote aß. Bisweilen machte ich mir als etwas Besonderes ein wenig Butter und trank die Molken; zuerst war mir der Mangel an Salz empfindlich, allein die

Gewohnheit söhnte mich bald mit dieser Entbehrung aus. Ich hege jetzt die Überzeugung, daß der häufige Gebrauch des Salzes bei uns eine Folge des Luxus ist und zuerst als ein Reizmittel zum Trinken eingeführt wurde, mit Ausnahme des Falles, wo es dazu dient, Fleisch auf langen Reisen oder an Orten, die von großen Märkten weit entfernt liegen, vor Fäulnis zu bewahren. Wir können beobachten, daß kein Tier außer dem Menschen das Salz liebt, und was mich betrifft, so hat es mich viele Mühe gekostet, den Geschmack desselben in irgendeiner Speise zu ertragen, nachdem ich das Land der Houyhnhnms verlassen hatte.

Dies genüge, um meine Lebensart hinsichtlich der Speisen zu schildern, womit andere Reisende ihre Bücher füllen, als ob es die Leser persönlich interessiere, ob wir gut oder schlecht aßen. Es war jedoch notwendig, dieses Thema zu berühren, sonst würde die Welt es für unmöglich halten, daß ich drei Jahre lang in solch einem Lande und unter solchen Einwohnern meine Nahrung fand.

Gegen Abend befahl das Herr-Pferd, mir einen Ort zur Wohnung zu bereiten. Dieser war nur sechs Ellen vom Hause entfernt und von dem Stall der Yahoos getrennt. Ich bekam etwas Stroh, bedeckte mich mit meinen Kleidern und schlief einen gesunden Schlaf. In kurzer Zeit wurde ich jedoch besser untergebracht, wie der Leser später erfahren wird, wenn ich über meine Lebensweise genauer sprechen werde.

Der Verfasser sucht die Sprache der Houyhnhnms zu erlernen; sein Herr ist ihm dabei behilflich.
Beschreibung der Sprache.
Mehrere Houyhnhnms von Stande kommen aus Neugier, den Verfasser zu sehen. Er gibt seinem Herrn einen kurzen Bericht von seiner Reise.

Meine hauptsächlichste Bemühung war die Erlernung der Sprache, worin mich mein Herr (von nun an werde ich ihn so nennen), dessen Kinder und das Gesinde des Hauses unterrichteten. Sie betrachteten es nämlich als ein Wunder, daß ein unvernünftiges Tier so viel Merkmale eines vernünftigen Geschöpfes offenbare. Ich zeigte auf jedes Ding, fragte nach dem Namen, zeichnete diesen in meinem Tagebuche auf, wenn ich allein war, und suchte meine Aussprache dadurch zu verbessern, daß ich die Mitglieder der Familie bat, mir die Wörter öfter vorzusprechen. Bei dieser Beschäftigung zeigte sich der Rotfuchs, einer der geringern Bedienten, im höchsten Grade hilfsbereit.

Die Houyhnhnms sprechen hauptsächlich durch die Nase und die Kehle. Ihre Sprache kommt von allen europäischen, die ich kenne, dem Deutschen am nächsten, sie ist aber bei weitem zierlicher und ausdrucksvoller. Kaiser Karl V. machte die gleiche Beobachtung, indem er sagte, wenn er mit seinem Pferde sprechen müßte, so würde er deutsch reden.

Die Neugier und Ungeduld meines Herrn war so groß, daß er viele Mußestunden damit zubrachte, mich zu unterrichten. Er war überzeugt (wie er mir später sagte), ich sei ein Yahoo; indes meine Gelehrigkeit, Höflichkeit und Reinlichkeit setzten ihn in Erstaunen; jene Eigenschaften waren nämlich denen der Yahoos durchaus entgegengesetzt. Er war sehr in Verlegenheit hinsichtlich meiner Kleider und dachte öfters bei sich, sie müßten ein Teil meines Leibes sein; ich legte sie nämlich nicht ab, bis die Familie eingeschlafen war, und zog sie wieder an, bevor sie des Morgens aufwachte. Mein Herr war begierig zu erfahren, woher ich käme, wie ich mir diesen Anschein der Vernunft erworben habe, die ich in allen meinen Handlungen zeige, und er wünschte, meine Geschichte aus meinem eigenen Munde zu hören; er hoffte, ich würde bei den großen Fortschritten, die ich in Erlernung der Wörter und Sätze mache, bald imstande sein, sie ihm zu erzählen. Um mein Gedächtnis zu unterstützen, schrieb ich alles, was ich erlernt hatte, im englischen Alphabet nieder und fügte die Übersetzung hinzu. Nach einiger Zeit wagte ich, dies in Gegenwart meines Herrn zu tun. Es kostete viel Mühe, ihm auseinanderzusetzen, was ich tat, denn die Einwohner haben keinen Begriff von Büchern oder Literatur.

Nach ungefähr zehn Wochen war ich imstande, die meisten seiner Fragen zu verstehen, nach drei Monaten konnte ich ihm erträgliche Antworten geben. Er war außerordentlich neugierig zu erfahren, aus welchem Teil des Landes ich gekommen sei und wie ich gelernt habe, vernünftige Geschöpfe nachzuahmen, da die Yahoos (denen ich in Gesicht, Kopf und Händen gleiche, den einzig sichtbaren Teilen) die ungelehrigsten aller Tiere seien, obgleich sie einen gewissen Anschein von List und die stärkste Neigung zur Bosheit zeigten. Ich erwiderte, ich sei von einem sehr entfernten Lande mit vielen andern meines Geschlechts übers Meer gekommen, in einem großen hohlen Gefäße, das aus dem Holz der Bäume gemacht sei. Meine Gefährten hätten mich gezwungen, an dieser Küste zu landen, und mich alsdann verlassen, damit ich für mich selbst sorgen möge. Nur mit Schwierigkeit und durch viele Zeichen brachte ich ihn dahin, daß er mich verstand. Er antwortete, ich müsse mich notwendig irren oder habe »gesagt, was es nicht gibt«. (Die Houyhnhnms haben nämlich in ihrer Sprache kein Wort, das Lüge oder Falschheit bedeutet.) Er wisse, es sei unmöglich, daß sich noch ein Land jenseits des Meeres befinde und daß ein Haufen vernunftloser Tiere ein hölzernes Gefäß auf dem Wasser nach Belieben lenken könne. Er sei überzeugt, kein Houyhnhnm könne solch ein Gefäß anfertigen, und wenn, so würde die Leitung niemals einem Yahoo anvertraut.

Das Wort Houyhnhnm bezeichnet in der Landessprache ein Pferd und seinem Sinn nach die Vollkommenheit der Natur. Ich sagte meinem Herrn, ich sei noch in Verlegenheit hinsichtlich der Ausdrücke, würde diesem Mangel jedoch so schnell wie möglich abhelfen und hoffe in kurzer Zeit imstande zu sein, ihm wunderbare Dinge berichten zu können. Er hatte die Güte, seiner eigenen Stute, seinen beiden Füllen und den Bedienten der Familie Befehl zu erteilen, jede Gelegenheit zu meinem Unterricht zu benutzen. Jeden Tag gab er sich zwei oder drei Stunden lang selbst die Mühe. Mehrere Hengste und Stuten von Stande kamen aus der Nachbarschaft, als sich das Gerücht von einem wunderbaren Yahoo verbreitete, der wie ein

Houyhnhnm sprechen könne und in seinen Worten und Handlungen eine Spur von Vernunft offenbare. Diese fanden Vergnügen daran, sich mit mir zu unterhalten; sie legten mir mehrere Fragen vor, und ich antwortete so gut ich konnte. Durch alle diese Hilfe machte ich so bedeutende Fortschritte, daß ich in fünf Monaten nach meiner Ankunft alles verstand, was gesprochen wurde, und daß ich mich ziemlich klar ausdrücken konnte.

Die Houyhnhnms, die meinen Herrn besuchten, um mich zu sehen und um mit mir zu sprechen, wollten kaum glauben, daß ich ein wirklicher Yahoo sei, weil mein Körper eine andere Hülle habe, als sie die übrigen Yahoos hatten. Sie erstaunten, mich nicht mit der gewöhnlichen Behaarung und Haut, mit Ausnahme an Kopf und Händen, zu sehen, allein ich hatte dies Geheimnis meinem Herrn nach einem Ereignis entdeckt, das ungefähr vierzehn Tage zurücklag.

Ich habe dem Leser schon gesagt, daß es jede Nacht meine Gewohnheit war, mich auszuziehen und mit meinen Kleidern zu bedecken, sobald die Familie zu Bett gegangen war.

Einst geschah es, daß mein Herr mich des Morgens früh durch den Fuchshengst holen ließ, der sein Bedienter war. Als er kam, schlief ich noch fest, meine Kleider waren an einer Seite heruntergefallen, und mein Hemd hatte sich bis über die Hüften hinaufgestreift. Ich erwachte bei dem Geräusch, das er machte, und bemerkte, daß er sich seiner Botschaft mit einiger Verlegenheit entledigte; hierauf ging er zu meinem Herrn und gab ihm mit einigem Schrecken einen verwirrten Bericht von dem, was er gesehen hatte. Dies bemerkte ich sogleich; als ich nämlich angekleidet war und Seiner Gnaden meine Aufwartung gemacht hatte, fragte er mich nach der Bedeutung des Berichtes, den ihm der Diener gegeben habe, daß ich nämlich im Schlafe nicht dasselbe Geschöpf sei, das ich zu anderen Zeiten zu sein scheine; sein Diener habe ihm versichert, ein Teil von mir sei weiß, ein anderer gelb oder wenigstens nicht so weiß und einige andere Teile sogar von brauner Farbe.

Bis dahin hatte ich das Geheimnis meiner Kleidung

bewahrt, um mich soviel wie möglich von jenem verfluchten Geschlecht der Yahoos zu unterscheiden; jetzt aber merkte ich, daß dies nicht länger möglich war. Außerdem überlegte ich, daß meine Kleider und Schuhe bald abgenutzt sein würden, denn sie waren schon sehr abgetragen, und ich mußte sie durch irgendein Mittel aus den Fellen der Yahoos oder anderer Tiere wieder ersetzen. Dadurch hätte das Geheimnis ohnehin verraten werden müssen. Somit sagte ich meinem Herrn, in dem Lande, aus dem ich komme, bedeckten sich alle meines Geschlechtes den Leib mit den Haaren verschiedener Tiere, die man künstlich zubereite. Dies geschehe sowohl des Anstandes wegen, als auch um den unangenehmen Einflüssen der Luft, sowohl der Hitze wie der Kälte, zu entgehen. Was mich selbst betreffe, so wolle ich ihn sogleich hiervon überzeugen, wenn er die Güte habe, mir den Befehl zu erteilen. Ich bäte allein um Verzeihung, wenn ich diejenigen Teile nicht bloßstelle, deren Verheimlichung uns die Natur verbiete. Er antwortete, meine Rede sei sonderbar, besonders aber der letzte Teil; er könne nicht begreifen, weshalb die Natur uns zu verheimlichen lehre, was sie uns gegeben habe. Weder er noch seine Angehörigen schämten sich irgendeines Körperteiles. Ich möge jedoch tun, was mir beliebe. Hierauf knöpfte ich meinen Rock auf und zog ihn aus, ebenso auch meine Weste. Alsdann legte ich Schuhe, Strümpfe und Beinkleider ab. Ich ließ mein Hemd bis an den Bauch herabfallen, zog den unteren Teil herauf und befestigte es wie einen Gürtel um die Mitte meines Leibes, meine Blöße zu bedecken.

Mein Herr beobachtete mein ganzes Verfahren mit den Zeichen großer Neugier und Verwunderung. Er nahm alle meine Kleider mit dem Fußgelenke auf und untersuchte eines nach dem andern mit großer Genauigkeit, alsdann streichelte er sanft meinen Leib und besah mich von allen Seiten. Hierauf sagte er, ich sei ein vollkommener Yahoo, jedoch von den übrigen meines Geschlechtes durch die Weiße und Sanftheit meiner Haut sehr unterschieden; ebenso durch den Mangel an Haar an mehreren Teilen meines Körpers, durch die Form und Größe meiner Vorder- und Hinterklauen, endlich auch durch mein eitles Bestreben, fortwährend auf meinen Hinterfüßen zu gehen. Er wünschte nichts weiter zu sehen und erlaubte mir, meine Kleider wieder anzulegen, denn ich schauderte vor Kälte.

Ich sagte ihm, wie unangenehm es mir sei, daß der Name eines Yahoos, dieses verhaßten Tieres, gegen das ich den äußersten Haß und große Verachtung hege, mir so häufig beigelegt werde, und bat ihn deshalb, er möge das Wort nicht ferner auf mich anwenden und es auch seiner Familie und seinen Freunden untersagen, denen er erlaube, mich zu besuchen. Ich bat ihn ferner, das Geheimnis meiner falschen Körperbedeckung zu wahren, solange meine gegenwärtige Kleidung aushalten werde, und was den Rotfuchs betreffe, so möge Seine Gnaden ihm befehlen zu schweigen.

Zu alledem gab mein Herr sehr gnädig seine Einwilligung, und so wurde das Geheimnis bewahrt, bis meine Kleider abgenutzt waren, so daß ich genötigt wurde, sie auf verschiedene Weise zu ersetzen. Alsdann sprach er seinen Wunsch aus, ich möge unterdessen mit größtem Eifer fortfahren, die Landessprache zu erlernen. Er sei nämlich über meine Fähigkeit der Rede und Vernunft noch mehr erstaunt als über die Gestalt meines Körpers, sei er nun bedeckt oder nicht. Auch warte er voll Ungeduld auf die wunderbaren Dinge, die ich ihm erzählen wolle.

Von da an verdoppelte er seine Mühe, mich zu unterrichten; er brachte mich in alle Gesellschaften und trug Sorge, daß ich höflich behandelt wurde; er sagte nämlich seinen Freunden insgeheim, dies werde mich bei guter Laune erhalten und mich noch unterhaltender machen.

Jeden Tag, wenn ich ihm meine Aufwartung machte, legte er mir mehrere Fragen, meine Person betreffend, vor, die ich so gut wie möglich beantwortete; hierdurch hatte er bereits einige allgemeine Vorstellungen von uns erlangt, obgleich sie noch sehr unvollkommen waren. Es würde zu weit führen, das ganze Verfahren darzulegen, wodurch ich allmählich zu einer regelrechten Unterhaltung befähigt wurde. Der erste Bericht, den ich in einiger Ordnung und Ausführlichkeit von mir gab, war folgenden Inhalts:

Ich sei, wie ich bereits versucht habe, ihm zu erzählen, aus einem sehr entfernten Lande gekommen, nebst fünfzig andern meines Geschlechts; wir seien in einem großen hölzernen Gefäß, das bei weitem größer sei als das Haus Seiner Gnaden, über das Meer gereist. Ich beschrieb ihm das Schiff so gut wie möglich und erklärte ihm durch mein Schnupftuch, wie der Wind es vorwärtstreibe. Nach einem Zwist unter uns sei ich hier an der Küste ausgesetzt worden und weitergegangen, ohne zu wissen wohin, bis er mich von der Verfolgung der verabscheuungswürdigen Yahoos befreit habe. Mein Herr fragte mich hierauf, wie das Schiff gebaut sei und wie die Houyhnhnms des Landes es den Händen vernunftloser Tiere überlassen könnten. Meine Antwort war, ich würde in meinem Bericht nicht fortzufahren wagen, wenn er mir nicht sein Wort gebe, nicht beleidigt zu sein, und dann würde ich ihm die Wunder erzählen, die ich so oft versprochen. Er bewilligte meine Bitte, und ich gab ihm die Versicherung, das Schiff sei von Geschöpfen, die mir gleichen, verfertigt. In meinem Vaterlande wie auch in allen anderen Ländern, die ich bereiste, seien die Yahoos allein die vernünftigen und regierenden Tiere; bei meiner Ankunft sei ich ebenso erstaunt gewesen, daß die Houyhnhnms wie vernünftige Geschöpfe handelten, wie er und seine Freunde sich verwunderten, einige Spuren von Vernunft bei einem Geschöpfe zu finden, das er Yahoo zu nennen beliebe. Ich gestand ein, daß ich den Yahoos in jedem Teil meines Körpers gliche, daß ich mir jedoch ihre entartete und viehische Natur nicht erklären könne. Ich sagte ferner, wenn mich das Glück jemals in mein Vaterland zurückführen sollte, um meine Reise in dieses Land zu erzählen, wie ich beschlossen habe, so würde jeder glauben, ich habe etwas berichtet, »was es nicht gibt«, und hätte die Geschichte selbst erdacht; ich müsse bei aller Achtung, die ich gegen ihn, seine Familie und Freunde hege, und unter der Bedingung, daß er sich nicht beleidigt fühle, offen eingestehen, daß meine Landsleute mir schwerlich glauben würden, daß in irgendeiner Nation der Houyhnhnm das herrschende Geschöpf sei und der Yahoo das Vieh.

Eduard Mörike

Der Bauer und sein Sohn

(Ein Märchen)

Morgens beim Aufstehn sagt einmal der Peter ganz erschrocken zu seinem Weib: »Ei, schau doch, Ev', was hab' ich da für blaue Flecken! Am ganzen Leib schwarzblau! und denkt mir doch nicht, daß ich Händel hatte!«

»Mann!« sagte die Frau, »du hast gewiß wieder den Hansel, die arme Mähr, halb lahm geschlagen? Vom Ehni hab' ich das wohl öfter denn hundertmal gehört: wenn einer sein Vieh malträtiert, sei's Stier, sei's Esel oder Pferd, da schickt es seinem Peiniger bei Nacht die blauen Mäler zu. Jetzt haben wir's blank.«

Der Peter aber brummte: »Hum, wenn's nichts weiter zu bedeuten hat!« schwieg still und meinte, die Flecken möchten ihm den Tod ansagen; deshalb er auch etliche Tage zahm und geschmeidig war, daß es dem ganzen Haus zugut kam. Kaum aber ist ihm die Haut wieder heil, da ist er wie immer der grimmige Peter mit seinem roten Kopf und lauter Flüchen zwischen den Zähnen. Der Hansel sonderlich hatte böse Zeit, dazu noch bittern Hunger, und wenn ihm oft die Knochen alle weh taten von allzu harter Arbeit, sprach er wohl einmal vor sich hin: »Ich wollt', es holte mich ein Dieb, den würd' ich sanft wegtragen!«

Es hatte aber der Bauer einen herzguten Jungen, Frieder mit Namen, der tat dem armen Tier alle Liebe. Wenn die Stalltür aufging, etwas leiser wie sonst, drehte der Hansel gleich den müden Kopf herum, zu sehn, ob es der Frieder sei, der ihm heimlich sein Morgen- oder Vesperbrot brachte. So kommt der Junge auch einmal hinein, erschrickt aber nicht wenig; denn auf des Braunen seinem Rücken sitzt ein schöner Mädchenengel mit einem silberhellen Rock und einem Wiesenblumenkranz im gelben Haar und streicht dem Hansel die Bückel und Beulen glatt mit seiner weißen Hand. Der Engel sieht den Frieder an und spricht:

»Dem wackern Hansel geht's noch gut,
Wenn ihn die Königsfrau reiten tut.
Arm Frieder
Wird Ziegenhüter,
Kriegt aber Überfluß,
Wenn er schüttelt die Nuß,
Wenn er schüttelt die Nuß!«

Solches gesagt, verschwand der Engel wieder und war nicht mehr da. Den Knaben überlief's, er huschte hurtig aus der Tür. Als er aber den Worten, die er vernommen, weiter nachsann, ward er fast traurig. Ach! dachte er, der Ziegenbub vom Flecken sein, das ist doch gar ein faul und ärmlichs Leben, da kann ich meiner Mutter nicht das Salz in die Suppe verdienen. Aber Nüss'! woher? In meines Vaters Garten wachsen keine, und wenn ich sie auch ganzer Säcke voll schütteln sollte, davon wird niemand satt. Ich weiß, was ich tun will, wann ich die Ziegen hüten muß: ich sammle Besenreisig nebenher und lerne Besen binden, da schafft sich doch ein Kreuzer.

Solche Gedanken hatte Frieder jenen ganzen Tag, sogar in der Schule, und schaute darein wie ein Träumer.

»Wieviel ist sechs mal sechs?« fragte der Schulmeister beim Einmaleins. »Nun, Frieder, was geht dir heut' im Kopf herum? schwätz!«

Der Bub, voll Schrecken, wußte nicht, sollt' er sagen »Besenreisig« oder »sechsunddreißig«, denn eigentlich war beides richtig; er sagte aber: »Besenreisig!« Da gab es ein Gelächter, daß alle Fenster klirrten, und blieb noch lang' ein Sprichwort in der Schule, wenn einer in Gedanken saß: Der hat Besenreisig im Kopf.

In der Nacht konnte Frieder nicht schlafen. Einmal kam es ihm vor, als sei es im Hof nicht geheuer; er richtete sich auf und sah durchs Fenster über seinem Bett. Sieh da! drang eine Helle aus dem Stall und kam der Hansel heraus und der Engel auf ihm, der ritt ihn aus dem Hof so sachten Tritts, als ging es über Baumwolle weg. Im ersten Augenblick will Frieder schreien, doch gleich besinnt er sich und denkt: Es ist ja Hansens Glück! legte sich also geruhig wieder hin und weint nur still in die Kissen, daß jetzt der Hansel fort sein soll und nimmer wiederkommen.

Wie nun die zwei auf offener Straße waren und der Gaul im hellen Mondschein seinen Schatten sah, sprach er für sich: »Ach! bin ich nicht ein dürres Bein! eine Königin säße mir nimmermehr auf!«

Der Engel sagte weiter nichts hiegegen und lenkte bald seitwärts in einen Feldweg ein, wo sie nach einer guten Strecke an eine schöne Wiese kamen; sie war voll goldener Blumen und hieß die *unsichtbare,* denn sie von ordinären Leuten nicht gesehen ward und ging bei Tage immer in einen nahen Wald hinein, daß sie kein Mensch ausfand. Kam aber guter armer Leute Kind mit einem Kühlein oder Geiß daher, dem zeigte der Engel die Wiese; es wuchs ein herrliches Futter auf ihr, auch mancherlei seltsame Kräuter, davon ein Tier fast wunderbar gedieh.

Auf demselbigen Platz stieg der Engel jetzt ab, sprach: »Weide, Hans!« lief dann am Bach hinunter und schwand in die Lüfte, nur wie ein Stern am Himmel hinzückt. Der Hansel seinerseits fraß aber tapfer zu, und als er satt war, tat's ihm leid, so fett und milchig war das zarte Gras. Endlich kommt ihm der Schlaf; also legt er sich stracks an den Hügel dort bei den runden Buchen und ruht bei vier Stunden.

Weckt ihn mit eins ein Jägerhorn, da war es Tag und stund die Sonne hell und klar am Himmel. Risch, springt er auf, sieht seinen Schatten auf dem grünen Rasen, verwundert sich und spricht: »Ei, was bin ich für ein schmucker Kerl geworden! unecket, glatt und sauber.« So war es auch, und glänzte seine Haut als wie in Öl gebadet.

Nun aber jagte der König des Landes schon etliche Tage in selbiger Gegend und ging just aus dem Wald hervor mit seinen Leuten.

»Ah, schaut! ah, schaut!« rief er, »was für ein schönes Roß! Wie es die stolzen Glieder übt in Sprüngen und luftigen Sätzen!« So sprechend trat er nahe herzu mit den Herren vom Hofe, die vernahmen sich alle über das Pferd und klopften ihm liebkosend auf den Hals. Sagte der König: »Reit, Jäger, in das Dorf hinein, zu fragen, ob dieses Tier nicht feil! Sag ihnen, es käm' an keinen schlechten Herrn!«

Derselbe Jägersmann ritt eine Schecke, welche dem Hansel wohlgefiel, derhalben er von selbst mit in den Flecken trabte, wo die Bauern alsbald neugierig die Köpfe aus den Fenstern streckten.

»Hört, Leute! wessen ist der feine Braun?« ruft der Jäger durch die Gassen.

»Mein ist er nicht. – Das ist kein hiesiger«, hieß es von allen Seiten.

»Sieh, Frieder, guck!« sagte der Peter, »das ist ein ungrischer. Ich wollt', der wär' mein.«

Zuletzt beteuerte der Hufschmied, ein solches Tier sei auf sechs Meilen im Revier gar nicht zu Hause. Da ritt der Jäger samt dem Hansel zum König zurück, vermeldend: »Das Roß ist herrenlos.«

»Behalten wir's denn!« versetzte der König, und ging der Zug also weiter.

Indessen meint der Peter, es wäre Zeit, sein Vieh zu füttern, und stößt mit Gähnen die Stalltür auf. Hu! macht der Rüpel Augen, wie er den leeren Stand der Mähre sieht. Lang waren ihm alle Gedanken wie pelzen.

»Zum Kuckuck!« fuhr er endlich auf, »wird nicht viel fehlen, war da vorhin der fremde Gaul mein Hansel, und ist's mit des Teufels Blendwerk geschehen, daß ihn kein Mensch dafür erkannte.« Der Peter wollte sich die Haar' ausraufen: allein was konnte er machen? Der Gaul war fort. Es haben mich nur die zwei Öchslein gedauert. An denen ließ der Unmensch seinen Grimm in diesen Tagen aus, und mußten sie für ihrer drei arbeiten. Was ihnen aber, nächst Püffen, Schlägen, Hungerleiden, das Leben vollends ganz verleidete, das war das Heimweh nach dem braven Hans. Sie trauerten und wurden wie verstockt und taten alles hinterstfür; deshalb der Peter leis zu seinem Weibe sprach: »Es ist schon nicht anders, die Ochsen sind mir auch verhext.«

Bald wurden die Eheleute eins, daß sie das Paar für ein

Spottgeld dem Metzger abließen; der schlachtete sie in der Stadt. Allein was geschieht? In einer Nacht, da alles schlief, klopft es dem Peter am Laden; schreit er: »Wer ist da drauß?«

Antworten ihm zwo tiefe Baßstimmen:

»Der Walse und der Bleß
Müssen wandeln deinetwegen,
Wollen zu fressen,
fressen in ihre kalten Mägen.«

Dem Peter schauerte die Haut, er zupfte sein Weib: »Steh du auf, Ev'!«

»Ich nicht«, antwortete die Frau, »sie wollen halt ihr Sach von dir.«

So stund der Großmaul auf mit Zittern, warf ihnen Futter hinaus, und wie sie damit fertig waren, gingen sie wieder.

Nun kam das Unglück Schlag auf Schlag. Der Peter brachte zwar vom nächsten Markt wieder zween Stiere heim, allein da zeigte sich's, es wollte mit aller Lieb kein Vieh mehr in dem Stalle bleiben: die beiden Stiere samt der Kuh wurden krank, man mußte sie mit Schaden aus dem Hause tun. Der Peter läuft zu einem Hexenbanner, will sagen: Erzspitzbuben, legt ihm gutwillig einen Taler hin, dafür kriegt er ein Pulver, mit dem soll er den Stall durchräuchern, Schlag zwölfe um Mittag. Er räucherte auch wirklich so handig, daß er die Glut ins Stroh brachte, und schlug der rote Hahn alsbald die Flügel auf dem Dach, das heißt, Stallung und Scheuer ging in lichten Flammen auf; mit knapper Not konnte die Löschmannschaft das Wohnhaus retten. Peter, wo will's mit dir hinaus? Die nächste Nacht klopft es am Kammerladen. – »Wer ist da?«

»Der Walse und der Bleß
Kommen in Wind und Regen,
Wollen zu fressen,
fressen in ihre kalte Mägen.«

Da fuhr der Peter in Verzweiflung aus dem Bett, schlug die Hände überm Kopf zusammen und rief: »Ach mein! ach mein! soll ich die Toten füttern und hab' doch bald für die Lebendigen nichts mehr!«

Das erbarmte die Tiere, sie gingen fort, kamen auch nimmermehr.

Anstatt daß der Peter jetzt in sich geschlagen hätte und seinen Frevel gutgemacht, bot er dem Jammer Trutz im Wirtshaus unter lustigen Gesellen. Je mehr sein Weib ihn schalt und lamentierte, um desto weniger schmeckt's ihm daheim; er machte dabei Schulden, kein General hätt' sich dran schämen dürfen, und bald kam es so weit, daß man ihm Haus und Gut verkaufte. Jetzt mußte er taglöhnen, und auch sein armes Weib spann fremder Leute Faden. Der Frieder aber, der saß richtig vor dem Dorf, hielt einen Stecken in der Hand und wartete der Ziegen oder band Besenreis auf den Verkauf.

Drei Jahre waren so vergangen: begab sich's einmal wieder, daß der König das Wildschwein jagte, und war auch die Königin diesmal dabei. Weil es aber Winterszeit war und sehr kalt, wollten die Herrschaften das Mittagsmahl nicht gern im Freien nehmen, sondern die königlichen Köche machten ein Essen fertig im Greifenwirtshaus, und speiste man im obern Saal vergnüglich, dazu die Spielleute bliesen. Das Volk aber stund auf der Gasse, zu horchen.

Als nunmehr nach der Tafel die Pferde wieder vorgeführt wurden und man nun auch das Leibroß der Königin zäumte, stund vornean der Ziegenbub, der sprach gar keck zum Reitknecht hin: »Das Roß ist meines Vaters Roß, daß Ihr's nur wißt!«

Da lachte alles Volk laut auf; der Braune aber wieherte dreimal für Freuden und strich mit seinem Kopf an Frieders Achsel auf und nieder.

Dies alles sah und hörte die Königin vom Fenster hochverwundert und sagt' es gleich ihrem Gemahl. Derselbe läßt den Ziegenbuben rufen, und dieser tritt bescheidentlich, doch munter in den Saal, mit Backen rosenrot, und war er auch sonst ein sauberer Bursche mit lachenden Augen, ging aber barfuß.

Red't ihn der König an: »Du sagtest ja, das schöne Pferd da unten wär' deines Vaters, nicht?«

»Und ist auch wahr, Herr, mit Respekt zu melden.«

»Wie willst du das beweisen, Bursch?«

»Ich will es wohl, wenn Ihr's vergönnt. Den Reitknecht hört' ich rühmen, das Roß ließe niemand aufsitzen außer die Königin, der es gehöre. Nun sollt Ihr aber sehn, ob mir's nicht stille hält und nachläuft, wenn ich ihm Hansel rufe; danach mögt Ihr denn richten, ob ich die Wahrheit sprach.«

Der König schwieg ein Weilchen, sprach dann zu einem seiner Leute: »Bringt mir drei wackre Männer aus der Gemeinde her, damit wir hören, was sie dem Knaben zeugen!«

Als nun die Männer kamen und über das Pferd gefragt wurden, so fiel ihr Ausspruch nicht zu Frieders Gunsten aus. Da tät der Knabe seinen Mund selbst auf und hub an, treu und einfältig die Geschichte vom Engel zu erzählen, wie er den Hansel entführte, auch wie er ihm unlängst wieder erschienen sei und ihm die unsichtbare Wiese gezeigt habe, welche den Hansel so stattlich gemacht.

Darüber waren freilich die Anwesenden hoch erstaunt, etliche blickten schelmisch, allein die Königin sagte: »Gewiß, das ist ein frommer Sohn und steht ihm die Wahrheit an der Stirn geschrieben.«

Der König selbst schien dem Buben wohlgesinnt, doch weil er guter Laune war, sprach er: »Das Probstück wollen wir ihm nicht erlassen.« Hiermit rief er den Frieder an ein Seitenfenster, das nach dem Freien ging auf einen Grasplatz, weit und flach, in dessen Mitte stund ein großer Nußbaum; es lag aber alles dicht überschneit, denn es im Christmond war.

»Du siehst«, sagte der König, »die große Wiese hier.«

»O ja, warum denn nicht?« rief ein Hofmann, des Königs Spaßmacher, halblaut dazwischen. »Es ist zwar eine von den unsichtbaren, denn sie ist über und über mit Schnee zugedeckt.«

Die Hofleute lachten, der König aber sprach zum Knaben: »Laß dich ein loses Maul nicht irren! Schau! du sollst mir auf dem Hansel einen Ring rund um den Nußbaum in den Schnee hier reiten, und wenn es gut abläuft, soll aller Boden innerhalb des Rings dein eigen sein.«

Da freuten sich die Schranzen, meinend, es gäbe einen rechten Schnack; der Frieder wurde aber so freundlich, daß er die weißen Zähne nicht wieder unterbringen konnte. Das Roß ward vorgeführt (nachdem man ihm zuvor den goldnen Frauensattel abgenommen), es jauchzte hellauf und alles Volk mit ihm, und Frieder saß oben mit einem Schwung. Erst ritt er langsam bis zur Wiese vor, hielt an und maß mit dem Aug' nach allen Seiten den Abstand vom Baum, dann setzt' er den Hansel in Trab und endlich in gestreckten Lauf, das ging wie geblasen, und war es eine Lust ihm zuzusehen, wie sicher und wie leicht der Bursche saß. Er war aber nicht dumm und nahm den Kreis so weit, als er nur konnte; gleichwohl lief derselbe am Ende so schön zusammen, als wär' er mit dem Zirkel gemacht. Mit Freudengeschrei ward der Frieder empfangen, im Nu saß er ab, küßte den Hansel auf den Mund, und der König am Fenster winkt' ihm herauf in den Saal.

»Du hast«, sprach er zu ihm, »dein Probstück wohl gemacht; die Wiese ist dein. Den Hansel anbelangend, den kann ich dir nicht wiedergeben: ich hab' ihn meiner Königin geschenkt; soll aber dein Schade nicht sein.« Mit diesen Worten drückte er ihm ein Beutelein in die Hand, gespickt voll Dublonen. Des war der Knabe sehr zufrieden, zumal die Königin hinzusetzte, er möge alle Jahre zur Stadt kommen, in ihrem Schloß vorsprechen und den Hansel besuchen.

»Ja«, rief der Frieder, »und da bring' ich Euch zur Kirchweih allemal ein Säcklein grüne Nüss' vom Baum.«

»Bleib es dabei!« sagte die Königin. So schieden sie. Der Frieder lief heim durch all das Volksgewühl und Gejubel hindurch zu seinen Eltern. Der Peter hatte den Ritt von weitem heimlich mit angesehen, und jetzt tat er in seinem Herzen ein Gelübde – ich brauche ja wohl nicht zu sagen, worin das bestand. Genug, der Hansel und der Frieder hatten ihm wieder auf einen grünen Zweig geholfen: er wurde ein braver, ehrsamer Mann, dazu ein reicher, der einen noch reichern Sohn hinterließ. Seit dieser Zeit hat sich im ganzen Dorf kein Mensch an einem Tier mehr versündigt.

Quellennachweis

Der Verlag dankt für die freundliche Genehmigung zum Abdruck folgender Beiträge:

Bruno Brehm: *Die freien Pferde*
Aus: Bruno Brehm, »Die schrecklichen Pferde; Der Welserzug nach El Dorado«. P. Neff Verlag, Berlin, Wien.

Die Geschichte von den zwei Grauschimmelhengsten des Tschingis Khan.
Aus: »Helden-, Höllenfahrts- und Schelmengeschichten der Mongolen«. Manesse Verlag, Zürich. Übersetzung: Walther Heissig.

William Faulkner: *Scheckige Mustangs*
Aus: William Faulkner, »Scheckige Mustangs«, Fretz & Wasmuth Verlag, Zürich. Übersetzung: Kurt Alboldt.

Svend Fleuron: *Pferd und Mann*
Aus: Svend Fleuron, »Torleifs Pferde«, Eugen Diederichs Verlag, Düsseldorf/Köln. Übersetzung: Thyra Dorenburg.

Maurice D'Haese: *Das Pferd*
Aus: Maurice D'Haese, »Das Pferd und andere Geschichten«. Carl Hanser Verlag, München. Prosa Viva Band 10.
Übersetzung: Mira Dinger-Hinterkausen.

Hugo von Hofmannsthal: *Reitergeschichte*
Aus: Hugo von Hofmannsthal, »Gesammelte Werke in Einzelausgaben. Die Erzählungen«. Suhrkamp Verlag vorm. S. Fischer.

Robert Musil: *Kann ein Pferd lachen?*
Aus: Robert Musil, »Prosa, Dramen, späte Briefe«. Rowohlt Verlag GmbH, Hamburg.

Pandelis Prevelakis: *Mönche und Pferde*
Aus: Pandelis Prevelakis, »Der Engel im Brunnen«. Herder Verlag, Freiburg. Übersetzung: Gisela von der Trenck.

Raymond Queneau: *Das trojanische Pferd*
Aus: Raymond Queneau, »Das trojanische Pferd und andere Erzählungen«. Limes Verlag, Wiesbaden und München.
Übersetzung: Eugen Helmlé.

Scholem Alejchem: *Methusalem – Lebensgeschichte eines jüdischen Pferdes*
Aus: »Jiddische Geschichten aus aller Welt«. Edition Erdmann Verlags GmbH, Tübingen. Übersetzung: Hermann Hakel.

Sadko G. Solinski: *Dur*
Aus: »Abenteuer Camargue: Reiter- und Pferdegeschichten aus der Camargue«. Verlag Paul Parey, Berlin und Hamburg.

Leo N. Tolstoj: *Der Leinwandmesser*
Aus: Leo N. Tolstoj, »Sämtliche Werke, III. Serie Dichterische Schriften Band 6«. Eugen Diederichs Verlag, Düsseldorf/Köln.
Übersetzung: Raphael Löwenfeld.